Modern Standard Arabic Vocabulary

Matthew Aldrich
with
Ahmed Younis

lingualism

ISBN: 978-1-949650-68-6

website: www.lingualism.com

email: contact@lingualism.com

Table of Contents

Table of Contents i

Introduction iv

How to Use This Book vi

Phonemic Transcription vii

1. Life and Death 1

2. Family 7

3. Love, Marriage, and Sex 13

4. Names and Addressing People 17

5. The Human Body & Describing People 19

6. Clothing, Jewelry, and Accessories 37

7. The House 47

8. Food and Drink 65

9. Work 87

10. School and Education 97

11. Health and Medicine 109

12. Technology 117

13. Getting Around 122

14. Around Town 133

15. Buildings and Construction 135

16. Bank 137

17. Post Office 139

18. Books and Stationery 140

19. Shopping 143
20. Restaurant 147
21. Recreation and Relaxation 148
22. Music 160
23. Games and Sports 163
24. Travel and Vacations 173
25. Government and Politics 183
26. Crime and Justice 187
27. Money 191
28. Business and Commerce 194
29. Agriculture 196
30. Military 199
31. The Mind 201
32. Feelings 203
33. Personality 206
34. Likes and Dislikes 208
35. Opinions and Agreement 210
36. Desires and Intentions 212
37. Religion 214
38. Language 220
39. Countries and Nationalities 228
40. The Arab World 233
41. Earth and Space 238
42. Weather 244

43. Animals 250
44. Plant Life 257
45. Colors 260
46. Shapes, Sizes, and Measurements 262
47. Quantity 265
48. Numbers 267
49. Time 275
50. Pronouns 287
51. Question Words 289
52. Adverbs 292
53. Conjunctions 298
54. Prepositions 302
55. Verbs 306
56. Adjectives 315
Notebook 320
Index 330

Introduction

Vocabulary, much more than grammar, is the key to effective communication in Arabic. You need words to speak; you need words to listen and understand.

Knowing grammar inside and out won't save you if you don't have the right word to plug into the structure. You can walk into a shop armed with grammatical structures such as "I would like some __." or "Do you have any __?" but if you don't know the word for the thing you want, you may very well leave the shop empty handed. On the other hand, if you walk into that same shop and simply say "sugar," you're almost certain to get what went there for.

And without an extensive repertoire of vocabulary, you will understand very little of what others are talking about. Arabic, to your foreign ears, will remain little more than gibberish. But once you can understand the majority of what you hear, something magical happens. The input becomes manageable–you will be able to use contextual clues from what you do understand to guess the meaning of new words and start to make rapid progress in Arabic.

It is therefore very important to build up a large store of words as soon as possible. **Modern Standard Arabic Vocabulary** is an enormously effective means to this end. By presenting practical words and phrases categorized by topic and arranged with a logical flow, mental connections that assist in vocabulary retention are fostered. The page layout in parallel columns of English translation, phonemic transcription, and Arabic script provides a variety of ways to study the vocabulary by allowing you to cover columns and test yourself.

The accompanying MP3s, free to download and stream from our website at **www.lingualism.com/msav**, make up an invaluable part of the learning process, allowing you to hear and mimic native speakers' pronunciation, pitch, intonation, and rhythm. Additional materials (Anki digital flashcards, premium audio, eBook) are available separately from our website and provide even more powerful tools for rapid vocabulary acquisition.

Although extremely important, vocabulary still only makes up one aspect of learning a language. **Modern Standard Arabic Vocabulary** is the ideal supplementary tool to reinforce vocabulary acquisition. However, it is not meant to be a stand-alone course. It is expected that you have followed, are following, or plan to follow, a course in Modern Standard Arabic (MSA).

I would like to extend a special thanks to Ahmed Younis for collaborating with me to make this book possible, providing authentic Arabic words and phrases for the items in this book, proof-reading the text, giving me valuable feedback and cultural insights to ensure the accuracy of the information, and recording the audio tracks.

Audio

Visit **www.lingualism.com/msav**, where you can find free accompanying audio to download or stream (at variable playback rates).

How to Use This Book

Modern Standard Arabic Vocabulary is made up of 56 thematic sections, each dedicated to a different topic.

You may study the sections and individual vocabulary items in any order or work through the book systematically. It is encouraged that you mark up and highlight the book as you use it. Make it your own. There is also a Notebook after the last section where you can add in more words you have learned from other sources.

Many words could logically belong to more than one topic. While some words do appear in more than one section, to avoid superfluous repetition of words, most appear only once. To your surprise, you might not be able to find common animals such as *cow* and *horse* in the section "Animals," for instance. This is because farm animals appear in the section "Agriculture" instead. This might not be entirely intuitive, so to solve this, an Alphabetical English index can be found at the back of the book.

- For nouns and adjectives having an irregular plural form, the plural appears in parentheses.
- If a noun is listed in its dual or plural ([pl.]) form, this is indicated.
- A noun ending in ـة is feminine, and a noun *not* ending in ـة is masculine. The gender is marked [m.] and [f.] for nouns which do not follow this rule.
- All countries (except those marked [m.]) and all cities are feminine. Keep this in mind as countries and cities are not individually marked [f.].
- Normally, only the masculine version of nouns denoting humans is listed when the feminine equivalent can be formed by adding ـة. For example, مُعَلِّم is a male teacher. A female teacher would be مُعَلِّمَة.
- For the sake of consistency and simplicity, the masculine singular form is used in most expressions. You will need to use your knowledge of Arabic grammar to produce the feminine or plural equivalents.
- Each verb appears in its base form (its most basic form without any prefixes or suffixes), which is the masculine singular perfect (past) tense, literally "he did"; however, the English translation appears in its standard citation form: "to do." In order to use a verb in a sentence, it must be conjugated. Verbs are followed by references to their conjugation pattern as laid out in our book *Modern Standard Arabic Verbs: Conjugation Tables*.

Phonemic Transcription

Phonemic transcription appears alongside the Arabic script for learners who do not yet have the ability to read Arabic script with ease. Below is a quick reference key to show which letters and sounds the phonemic transcription represents. More information on the system, Arabic script, and pronunciation can be found in the Resources section at www.lingualism.com/msav.

Vowels

a	ـَ	*ā*	ا	*aw*	ـَوْ	*ay*	ـَيْ
i	ـِ	*ī*	ي	*ō**	ـوْ	*ē**	ـيْ
u	ـُ	*ū*	و				

**used in some foreign borrowings*

Consonants

b	ب	*ḥ*	ح	*r*	ر	*w*	و
d	د	*j*	ج	*s*	س	*x*	خ
đ	ذ	*k*	ك	*š*	ش	*y*	ي
ḍ	ض	*l*	ل	*ṣ*	ص	*z*	ز
f	ف	*m*	م	*t*	ت	*ẓ*	ظ
ɣ	غ	*n*	ن	*ŧ*	ث	*ʔ*	ء
h	ه	*q*	ق	*ṭ*	ط	*3*	ع

Grammatical Case Endings

Case endings (i3raab) are written both in the phonemic transcription and Arabic script although they are omitted in speech before a pause or at the end of an utterance, including words in isolation. Because case endings can be omitted or changed for case depending on a words role in a sentence, they are not seen as part of a word iteself and are thus de-emphasized using small superscript.

u	ـُ	*a*	ـَ	*i*	ـِ
un	ـٌ	*an*	ـً/ـًا	*in*	ـٍ

1 Life and Death

life	*ɦayā*^{tun} *(ɦayawāt*^{un}*)*	حَياةٌ (حَيَواتٌ)
to live	*3āša* [1h2]	عاشَ
I live in Dubai.	*ʔana ʔa3īš*^{u} *fī dubayy*^{i}*.*	أنا أَعيشُ فِي دُبَيِّ.
alive	*ɦayy*^{un} *(ʔaɦyāʔ*^{un}*)*	حَيٌّ (أَحْياءٌ)

to give birth to	*waladat* [1a2] *waḍa3at* [1a1] *mawlūdahā*	وَلَدَتْ وَضَعَتْ مَوْلودَها
to be born	*wulida* [p]	وُلِدَ
birth	*wilāda*^{tun}	وِلادَةٌ
newborn	*mawlūd*^{un} *(mawālīd*^{u}*)*	مَوْلودٌ (مَواليدُ)
baby, infant	*raḍī3*^{un} *(ruḍḍa3*^{un}*)* *ṭifl*^{un} *raḍī3*^{un} *(ʔaṭfāl*^{un} *ruḍḍa3*^{un}*)*	رَضيعٌ (رُضَّعٌ) طِفْلٌ رَضيعٌ (أَطْفالٌ رُضَّعٌ)
to be breastfed, suckle	*raḍi3a* [1s4]	رَضِعَ
to breastfeed	*ʔarḍa3at* [4s]	أَرْضَعَتْ
toddler	*ṭifl*^{un} *ɦadīt*^{u} *-lmašy*^{i} *(ʔaṭfāl*^{un} *ɦadītī -lmašy*^{i}*)*	طِفْلٌ حَديثُ المَشْيِ (أَطْفالٌ حَديثِي المَشْيِ)
diaper	*ɦaffāẓa*^{tun}	حَفّاظَةٌ

child	*ṭifl*^{un} *(ʔaṭfāl*^{un}*)*	طِفْلٌ (أَطْفالٌ)

well-behaved	*muhađđab*^{un}	مُهَذَّبٌ
naughty, mischievous	*šaqyy*^{un} *(ʔašqyāʔ*^{un}*)*	شَقِيٌّ (أَشْقِياءُ)
childish, immature	*ţufūliyy*^{un}	طُفولِيٌّ
mature(-acting)	*wā3*^{in}	واعٍ
boy	*walad*^{un} *(ʔawlād*^{un}*)*	وَلَدٌ (أَوْلادٌ)
girl	*bint*^{un} *(banāt*^{un}*)*	بِنْتٌ (بَناتٌ)
adolescent, teenager	*murāhiq*^{un}	مُراهِقٌ
to grow up, get older	*kabura* [1s6]	كَبُرَ

person (people)	*šaxş*^{un} *(ʔašxāş*^{un}*)*	شَخْصٌ (أَشْخاصٌ)
people	*nās*^{un}	ناسٌ
young man	*šābb*^{un} *(šabāb*^{un}*)*	شابٌّ (شَبابٌ)
young woman	*šābba*^{tun} *fatā*^{tun} *(fatayāt*^{un}*)* *bint*^{un} *(banāt*^{un}*)*	شابَّةٌ فَتاةٌ (فَتَياتٌ) بِنْتٌ (بَناتٌ)
man	*rajul*^{un} *(rijāl*^{un}*)*	رَجُلٌ (رِجالٌ)
woman	*imraʔa*^{tun} *(nisāʔ*^{un}*)*	اِمْرَأَةٌ (نِساءٌ)
adult, grown-up	*bāliɣ*^{un} *wā3*^{in}	بالِغٌ واعٍ
young people, youth	*šabāb*^{un}	شَبابٌ
young	*şaɣīr*^{un} *(şiɣār*^{un}*)*	صَغيرٌ (صِغارٌ)

in one's fifties	*fī -lxamsīnāt*^{i} *[min 3umrih*^{i}*]*	فِي الخَمْسيناتِ [مِنْ عُمْرِهِ]
middle-aged	*fī muntaṣaf*^{i} *3umrih*^{i}	فِي مُنْتَصَفِ عُمْرِهِ
old	*3ajūz*^{un}	عَجوزٌ
old man	*rajul*^{un} *3ajūz*^{un}	رَجُلٌ عَجوزٌ
old woman	*imraʔa*^{tun} *3ajūz*^{un}	اِمْرَأَةٌ عَجوزٌ
to age, grow old	*kabura* [1s6] *fī -ssinn*^{i}	كَبُرَ فِي السِّنِّ
Everyone gets old.	*aljamī3*^{u} *yakbur*^{u} *fī -ssinn*^{i}.	الجَميعُ يَكْبُرُ فِي السِّنِّ.

childhood	*ṭufūla*^{tun}	طُفولَةٌ
in one's childhood	*fī ṭufūlatih*^{i}	فِي طُفولَتِهِ
adolescence	*murāhaqa*^{tun}	مُراهَقَةٌ
youth	*šabāb*^{un}	شَبابٌ
in one's youth	*fī šabābih*^{i}	فِي شَبابِهِ
old age	*3umr*^{un} *kabīr*^{un}	عُمْرٌ كَبيرٌ

birthday	*yawm*^{u} *mīlād*^{in} *(ʔayyām*^{u} *mīlād*^{in}*)*	يَوْمُ ميلادٍ (أَيّامُ ميلادٍ)
Happy Birthday!	*kull*^{u} *3ām*^{in} *wa-ʔant*^{a} *bi-xayr*^{in}*!* *3īd*^{u} *mīlād*^{in} *sa3īd*^{in}*!*	كُلُّ عامٍ وَأَنْتَ بِخَيْرٍ! عيدُ ميلادٍ سَعيدٍ!
Thank you! (response to 'Happy Birthday!')	*wa-ʔant*^{a} *bi-xayr*^{in}*!*	وَأَنْتَ بِخَيْرٍ!
Happy birthday and may you have many more!	*kull*^{u} *3ām*^{in} *wa-ʔant*^{a} *bi-xayr*^{in}, *ʔatamannā lak*^{a} *-l3umr*^{a} *-lmadīd*^{a}*!*	كُلُّ عامٍ وَأَنْتَ بِخَيْرٍ، أَتَمَنّى لَكَ العُمْرَ المَديدَ!

When is your birthday?	*matā yawm^{u} mīlādik^{a}?*	مَتى يَوْمُ ميلادِكَ؟
My birthday is in May.	*yawm^{u} mīlādī fī šahr^{i} ʔayyār^{a}.*	يَوْمُ ميلادي فِي شَهْرِ أَيّارَ.
age, life span	*3umr^{un} (ʔa3mār^{un})*	**عُمْرٌ (أَعْمارٌ)**
all one's life	*ṭūl^{u} -l3umr^{i}*	**طولُ العُمْرِ**
year	*kull^{u} ɧayātih^{i}*	**كُلُّ حَياتِهِ**
How old are you?	*kam 3umruk^{a}?*	كَمْ عُمْرُكَ؟
I'm 20 years old.	*3umrī 3išrūn^{a}.*	عُمْري عِشْرونَ.
to turn __ years old	*balaɣa* [1s3] *__ min 3umrih^{i}* *balaɣa* [1s3] *min^{a} -l3umr^{i} __ sana^{tan}*	**بَلَغَ ___ مِنْ عُمْرِهِ** **بَلَغَ مِنَ العُمْرِ ___ سَنَةً**
He's turning ten years old next week.	*sa-yabluɣ^{u} -l3āšira^{ta} min 3umrih^{i} -lʔusbū3^{a} -lmuqbil^{a}.*	سَيَبْلُغُ العاشِرَةَ مِنْ عُمْرِهِ الأُسْبوعَ المُقْبِلَ.
I turned thirty last month.	*laqad balaɣt^{u} -ŧŧalāŧīn^{a} sana^{tan} -ššahr^{a} -lmāḑiy^{a}.*	لَقَدْ بَلَغْتُ الثَّلاثينَ سَنَةً الشَّهْرَ الماضِيَ.
a ten-year-old child	*ṭifl^{un} fī -l3āšira^{ti} min 3umrih^{i}*	**طِفْلٌ فِي العاشِرَةِ مِنْ عُمْرِهِ**
a fifty-year-old woman	*amraʔa^{tun} 3umruhā xamsūn^{a}*	**امْرَأَةٌ عُمْرُها خَمْسونَ**
When were you born?	*matā wulidt^{a}?*	مَتى وُلِدْتَ؟
What year were you born?	*fī ʔayy^{i} sana^{tin} wulidt^{a}?*	فِي أَيِّ سَنَةٍ وُلِدْتَ؟
I was born in 1980.	*wulidt^{u} 3ām^{a} ʔalf^{in} watis3imiʔa^{tin} waŧamānīn^{a}.*	وُلِدْتُ عامَ أَلْفٍ وَتِسْعِمائَةٍ وَثَمانينَ.

death	*mawt*^{un}	مَوْتٌ
to die	*māta* [1h3]	ماتَ
dead	*mayyit*^{un}	مَيِّتٌ
death, passing	*mawt*^{un} *wafā*^{tun}	مَوْتٌ وَفاةٌ
to pass away	*tuwuffiya* [p] *jāʔa* [1h2(a)] *ʔajaluh*^{u}	تُوُفِّيَ جاءَ أَجَلُهُ
deceased	*mutawaffā*	مُتَوَفّى
corpse, body	*juŧŧa*^{tun} (*juŧaŧ*^{un})	جُثَّةٌ (جُثَثٌ)
funeral	*jināza*^{tun}	جِنازَةٌ
to bury	*dafana* [1s2]	دَفَنَ
to be buried	*dufina* [p]	دُفِنَ
burial	*dafn*^{un}	دَفْنٌ
coffin	*na3š*^{un} (*nu3ūš*^{un})	نَعْشٌ (نُعوشٌ)
cemetary	*maqbara*^{tun} (*maqābir*^{u})	مَقْبَرَةٌ (مَقابِرُ)
grave	*qabr*^{un} (*qubūr*^{un})	قَبْرٌ (قُبورٌ)
gravestone, headstone	*šāhid*^{u} *-lqabr*^{i} (*šawāhid*^{u} *-lqubūr*^{i})	شاهِدُ القَبْرِ (شَواهِدُ القُبورِ)
to mourn	*ɧazina* [1s4]	حَزِنَ
mourning	*ɧidād*^{un}	حِدادٌ
period of mourning	*fatra*^{tu} *-lɧidād*^{i}	فَتْرَةُ الحِدادِ

to cremate	*ɧaraqa* [1s3] *-ljuŧŧa*^{ta}	حَرَقَ الجُثَّةَ
cremation	*ɧarq*^{u} *-ljuŧŧa*^{ti}	حَرْقُ الجُثَّةِ

2 Family

(extended) family	*3āʔila^{tun}*	**عائِلَةٌ**
(immediate) family	*ʔusra^{tun} (ʔusar^{un})*	**أُسْرَةٌ (أُسَرٌ)**
relative	*qarīb^{un} (ʔaqārib^{u}, ʔaqribāʔ^{un})*	**قَرِيبٌ (أَقارِبُ، أَقْرِباءُ)**
I have some relatives that live in New York.	*ladayy^{a} ba3ḍ^{un} min^{a} -lʔaqārib^{i} ya3īšūn^{a} fī nyōyōrk^{a}.*	لَدَيَّ بَعْضٌ مِنَ الأَقارِبِ يَعيشونَ فِي نْيويورْكَ.
to be related to	*3alā ṣila^{ti} qarāba^{tin} bi-*	**عَلى صِلَةِ قَرابَةٍ بِ**
Are you two related?	*hal ʔantumā ʔaqārib^{u}?*	هَلْ أَنْتُما أَقارِبُ؟
I'm not related to him.	*ʔana lastu 3alā ṣila^{ti} qarāba^{tin} bih^{i}.* *ʔana lā ʔaqrubuh^{u}.*	أَنا لَسْتُ عَلى صِلَةِ قَرابَةٍ بِهِ. أَنا لا أَقْرُبُهُ.

father	*ʔab^{un} (ʔābāʔ^{un})*	**أَبٌ (آباءٌ)**
mother	*ʔumm^{un} (ʔummahāt^{un})*	**أُمٌّ (أُمَّهاتٌ)**
my mother and father, my mom and dad	*ʔummī waʔabī*	أُمّي وَأَبي
Hi, Dad!	*marḥaban ʔabī!*	مَرْحَبًا أَبي!
Where are you, Mom?	*ʔayn^{a} ʔant^{i} yā ʔummī?*	أَيْنَ أَنْتِ يا أُمّي؟
parents	*wālidān^{i}* *ʔābāʔ^{un}*	**والِدانِ** **آباءٌ**

son, (male) child	*ibn^{un} (ʔabnāʔ^{un})*	**اِبْنٌ (أَبْناءٌ)**

daughter, (female) child	*bint*^{un} *(banāt*^{un}*)*	بِنْتٌ (بَنَاتٌ)
Do you have any children?	*hal ladayk*^{a} *ʔaṭfāl*^{un}*?*	هَلْ لَدَيْكَ أَطْفالٌ؟
How many children do you have?	*kam ṭifl*^{an} *ladayk*^{a}*?*	كَمْ طِفْلًا لَدَيْكَ؟
to have (a child)	*ʔanjaba* [4s] *ṭifl*^{an}	أَنْجَبَ طِفْلًا
They had triplets.	*ʔanjabū ŧalāŧa*^{ta} *tawāʔim*^{a}.	أَنْجبوا ثَلاثَةَ تَوائِمَ.
siblings	*ʔixwa*^{tun}	إِخْوَةٌ
brother	*ʔax*^{un} *(ʔixwa*^{tun}*)*	أَخٌ (إِخْوَةٌ)
My brother and my friend's brother came with me.	*jāʔa ʔaxī wa-ʔaxū ṣadīqī ma3ī.*	جاءَ أَخي وَأَخو صَديقي مَعي.
sister	*ʔuxt*^{un} *(ʔaxawāt*^{un}*)*	أُخْتٌ (أَخَواتٌ)
older brother	*ʔax*^{un} *kabīr*^{un}	أَخٌ كَبيرٌ
younger sister	*ʔuxt*^{un} *ṣaɣīra*^{tun}	أُخْتٌ صَغيرَةٌ
Do you have any brothers or sisters?	*hal ladayk*^{a} *ʔixwa*^{tun} *ʔaw ʔaxawāt*^{un}*?*	هَلْ لَدَيْكَ إِخْوَةٌ أَوْ أَخَواتٌ؟
I have two older sisters and one younger brother.	*ladayy*^{a} *ʔuxtān*^{i} *kabīratān*^{i} *wa-ʔax*^{un} *ʔaṣɣar*^{un}.	لَدَيَّ أُخْتانِ كَبيرَتانِ وَأَخٌ أَصْغَرُ.
I'm the youngest in my family.	*ʔana -lʔaṣɣar*^{u} *fī 3āʔilatī.*	أَنا الأَصْغَرُ في عائِلَتي.
I'm the middle child/son.	*ʔana -libn*^{u} *-lʔawsaṭ*^{u}.	أَنا الِابْنُ الأَوْسَطُ.
I'm an only child.	*ʔana -libn*^{u} *-lwaħīd*^{u}.	أَنا الِابْنُ الوَحيدُ.
twin	*tawʔam*^{un} *(tawāʔim*^{u}*)*	تَوْأَمٌ (تَوائِمُ)

Are you two twins?	*hal ʔantumā tawʔamān^{i}?*	هَلْ أَنْتُما تَوْأَمانِ؟
I have a twin brother.	*ladayy^{a} ʔax^{un} tawʔam^{un}.*	لَدَيَّ أَخٌ تَوْأَمٌ.
full brother	*šaqīq^{un} (ʔašiqqāʔ^{u})*	شَقيقٌ (أَشِقّاءُ)
full sister	*šaqīqa^{tun}*	شَقيقَةٌ
half-brother	*ʔax^{un} ɣayr^{u} šaqīq^{in}*	أَخٌ غَيْرُ شَقيقٍ
half-sister	*ʔuxt^{un} ɣayr^{u} šaqīqa^{tin}*	أُخْتٌ غَيْرُ شَقيقَةٍ
He's my half-brother.	*ʔinnah^{u} ʔaxī ɣayr^{u} -ššaqīq^{i}.*	إِنَّهُ أَخي غَيْرُ الشَّقيقِ.

husband	*zawj^{un} (ʔazwāj^{un})*	زَوْجٌ (أَزْواجٌ)
wife	*zawja^{tun}*	زَوْجَةٌ
His wife came with him.	*jāʔat zawjatuh^{u} ma3ah^{u}.*	جاءَتْ زَوْجَتُهُ مَعَهُ.

Rather than using a single term meaning 'step-' in Arabic, relationships are described.

stepfather	*zawj^{u} ʔumm^{in}* [lit. mother's husband]	زَوْجُ أُمٍّ
stepmother	*zawja^{tu} ʔab^{in}*	زَوْجَةُ أَبٍ
stepson	*rabīb^{un}* *ibn^{u} -zzawj^{i}* *ibn^{u} -zzawja^{ti}*	رَبيبٌ اِبْنُ الزَّوْجِ اِبْنُ الزَّوْجَةِ
stepdaughter	*rabība^{tun}* *ibna^{tu} -zzawj^{i}* *ibna^{tu} -zzawja^{ti}*	رَبيبَةٌ اِبْنَةُ الزَّوْجِ اِبْنَةُ الزَّوْجَةِ

grandfather, grandpa	*jadd*^{u} (*ʔajdād*^{un}, *judūd*^{un})	جَدٌّ (أَجْدادٌ، جُدودٌ)
grandmother, grandma	*jadda*^{tun}	جَدَّةٌ
great-grandfather	*aljadd*^{u} *-lʔakbar*^{u} *ʔabū -ljadd*^{i}	الجَدُّ الأَكْبَرُ أَبو الجَدِّ
grandson	*ɦafīd*^{un} (*ʔaɦfād*^{un})	حَفيدٌ (أَحْفادٌ)
granddaughter	*ɦafīda*^{tun}	حَفيدَةٌ
grandchildren	*ʔaɦfād*^{un}	أَحْفادٌ

uncle (father's brother)	*3amm*^{un} (*ʔa3mām*^{un})	عَمٌّ (أَعْمامٌ)
aunt (father's brother's wife)	*zawja*^{tu} *-l3amm*^{i}	زَوْجَةُ العَمِّ
aunt (father's sister)	*3amma*^{tun}	عَمَّةٌ
uncle (father's sister's husband)	*zawj*^{u} *-l3amma*^{ti}	زَوْجُ العَمَّةِ
uncle (mother's brother)	*xāl*^{un} (*ʔaxwāl*^{un})	خالٌ (أَخْوالٌ)
aunt (mother's brother's wife)	*zawja*^{tu} *-lxāl*^{i}	زَوْجَةُ الخالِ
aunt (mother's sister)	*xāla*^{tun}	خالَةٌ
uncle (mother's sister's husband)	*zawj*^{u} *-lxāla*^{ti}	زَوْجُ الخالَةِ

Rather than having a word for 'cousin' in Arabic, relationships are described.

cousin (father's brother's son)	*ʔibn*^{u} *3amm*^{i} (*ʔabnāʔ*^{u} *3amm*^{in})	إِبْنُ عَمٍّ (أَبْناءُ عَمٍّ)
cousin (father's brother's daughter)	*bint*^{u} *3amm*^{i} (*banāt*^{u} *3amm*^{in})	بِنْتُ عَمٍّ (بَناتُ عَمٍّ)

cousin (father's sister's son)	*ibn^{u} 3amma^{tin} (ʔabnāʔ^{u} 3amma^{tin})*	اِبْنُ عَمَّةٍ (أَبْناءُ عَمَّةٍ)
cousin (father's sister's daughter)	*ibna^{tu} 3amma^{tin} (banāt^{u} 3amma^{tin})*	اِبْنَةُ عَمَّةٍ (بَناتُ عَمَّةٍ)
cousin (mother's brother's son)	*ibn^{u} xāl^{in} (ʔabnāʔ^{u} xāl^{in})*	اِبْنُ خالٍ (أَبْناءُ خالٍ)
cousin (mother's brother's daughter)	*ibna^{tu} xāl^{in} (banāt^{u} xāl^{in})*	اِبْنَةُ خالٍ (بَناتُ خالٍ)
cousin (mother's sister's son)	*ibn^{u} xāla^{tin} (ʔabnāʔ^{u} xāla^{tin})*	اِبْنُ خالَةٍ (أَبْناءُ خالَةٍ)
cousin (mother's sister's daughter)	*ibna^{tu} xāla^{tin} (banāt^{u} xāla^{tin})*	اِبْنَةُ خالَةٍ (بَناتُ خالَةٍ)
We're cousins.	*naħnu ʔabnāʔ^{u} 3amm^{in}.* *naħnu ʔabnāʔ^{u} 3umūma^{tin}.*	نَحْنُ أَبْناءُ عَمٍّ. نَحْنُ أَبْناءُ عُمومَةٍ.

orphan	*yatīm^{un} (ʔaytām^{un})*	يَتيمٌ (أَيْتامٌ)
orphanage	*dār^{u} [f.] -lʔaytām^{i}* *maytam^{un} (mayātim^{u})*	دارُ الأَيْتامِ مَيْتَمٌ (مَياتِمُ)
to adopt	*tabannā* [5d]	تَبَنّى
adoption	*tabann^{in}*	تَبَنٍّ
adopted	*mutabannā*	مُتَبَنّى
I was adopted.	*ʔana mutabannā.*	أَنا مُتَبَنّى.
an adopted son	*ibn^{un} bi-ttabannī*	اِبْنٌ بِالتَّبَنّي
adoptive parents	*ʔābāʔ^{un} bi-ttabannī*	آباءٌ بِالتَّبَنّي

ancestors, forefathers	*ʔaslāf*^{un} *ʔajdād*^{un}	**أَسْلافٌ** **أَجْدادٌ**
descendants	*ʔaḫfād*^{un}	**أَحْفادٌ**

3 Love, Marriage, and Sex

to love, be in love	*ʔaɦabba* [4g]	أَحَبَّ
love	*ɦubb*^{un}	حُبٌّ
I love you!	*ʔuɦibbuk*^{a}*!*	أُحِبُّكَ!
darling	*maɦbūb*^{un}	مَحْبوبٌ
romance	*rōmānsiyya*^{tun}	روْمانْسِيَّةٌ
to love passionately	*3ašiqa* [1s4]	عَشِقَ
passion	*šaɣaf*^{un} *wala3*^{un} *hawā*	شَغَفٌ وَلَعٌ هَوى
lover	*3āšiq*^{un} *(3uššāq*^{un}*)*	عاشِقٌ (عُشّاقٌ)
date (romantic)	*maw3id*^{un} *maw3id*^{un} *ɣarāmyy*^{un}	مَوْعِدٌ مَوْعِدٌ غَراميٌّ
to go on a date with __	*đahaba* [1s1] *fī maw3id*^{in} *[ɣarāmyy*^{in}*] ma3a*	ذَهَبَ فِي مَوْعِدٍ [غَراميٍّ] مَعَ
dating, in a relationship	*wā3ad*^{a} *fī 3alāqa*^{tin} *[ɣarāmyya*^{tin}*]*	واعَدَ فِي عَلاقَةٍ [غَرامِيَّةٍ]
a couple; going out, dating	*murtabiţān*^{i} *zawjān*^{i}	مُرْتَبِطانِ زَوْجانِ
boyfriend	*ɦabīb*^{un} *(ʔaɦbāb*^{un}*, ʔaɦibbāʔ*^{un}*, ʔaɦibba*^{tun}*)*	حَبيبٌ (أَحْبابٌ، أَحِبّاءُ، أَحِبَّةٌ)

girlfriend	*ɦabība^{tun}*	حَبيبَةٌ
to break up	*infaşala* [7s]	اِنْفَصَلَ
to break someone's heart	*faţara* [1s3] *qalbah^{u}* *kasara* [1s2] *qalbah^{u}*	فَطَرَ قَلْبَهُ كَسَرَ قَلْبَهُ

engagement	*xuţūba^{tun}*	خُطوبَةٌ
to propose, get engaged	*xaţaba* [1s3]	خَطَبَ
to ask her father for her hand in marriage	*ţalaba* [1s3] *yadahā min wālidihā li-zzawāj^{i}*	طَلَبَ يَدَها مِنْ والِدِها لِلزَّواجِ
fiancé	*xaţīb^{un} (xuţabāʔ^{u})*	خَطيبٌ (خُطَباءُ)
fiancee	*xaţība^{tun}*	خَطيبَةٌ
Her fiancé works abroad.	*ya3mal^{u} xaţībuhā fī -lxārij^{i}.*	يَعْمَلُ خَطيبُها فِي الخارِجِ.

married to	*mutazawwij^{un} min*	مُتَزَوِّجٌ مِنْ
Are you married?	*hal ʔant^{a} mutazawwij^{un}?*	هَلْ أَنْتَ مُتَزَوِّجٌ؟
single, unmarried	*ʔa3zab^{u} (3uzb^{un})* *ɣayr^{u} mutazawwij^{in}*	أَعْزَبُ (عُزْبٌ) غَيْرُ مُتَزَوِّجٍ
to get married, marry, wed	*tazawwaja* [5s]	تَزَوَّجَ
marriage	*zawāj^{un}*	زَواجٌ
arranged marriage	*zawāj^{un} taqlīdiyy^{un}*	زَواجٌ تَقْليدِيٌّ
They got married last year.	*laqad tazawwajā -l3ām^{a} -lmāḑiy^{a}.*	لَقَدْ تَزَوَّجا العامَ الماضِيَ.

He married her last year.	*tazawwajahā -l3ām*^{a} *-lmāḍiy*^{a}.	تَزَوَّجَها العامَ الماضِيَ.
wedding	*zifāf*^{un}	**زِفافٌ**
groom	*3arīs*^{un}	**عَريسٌ**
bride	*3arūs*^{un}	**عَروسٌ**
honeymoon	*šahr*^{u} *-l3asal*^{i}	**شَهْرُ العَسَلِ**
newlyweds	*ħadīŧā -zzawāj*^{i}	**حَديثا الزَّواجِ**
(wedding) anniversary	*đikrā -zzawāj*^{i} *3īd*^{u} *-zzawāj*^{i}	**ذِكْرى الزَّواجِ** **عيدُ الزَّواجِ**
They celebrated their tenth anniversary.	*iħtafalū bi-đđikrā -ssanawiyya*^{ti} *-l3āšira*^{ti} *[li-zawājihim].*	اِحْتَفَلوا بِالذِّكْرى السَّنَوِيَّةِ العاشِرَةِ [لِزَواجِهِمْ].

divorce	*ṭalāq*^{un}	**طَلاقٌ**
to get divorced	*taṭallaqa* [5s] *infaṣala* [7s]	**تَطَلَّقَ** **اِنْفَصَلَ**
divorcee	*muṭallaq*^{un}	**مُطَلَّقٌ**
to remarry	*tazawwaja* [5s] *li-lmarra*^{ti} *-ŧŧāniya*^{ti}	**تَزَوَّجَ لِلْمَرَّةِ الثّانِيَةِ**
My father remarried last year.	*tazawwaja wālidī marra*^{tan} *ŧāniya*^{tan} *-l3ām*^{a} *-lmāḍiy*^{a}.	تَزَوَّجَ والِدي مَرَّةً ثانِيَةً العامَ الماضِيَ.
to be widowed	*tarammala* [5s]	**تَرَمَّلَ**
widower	*ʔarmal*^{u} *(ʔarāmil*^{u}*)*	**أَرْمَلُ (أَرامِلُ)**
widow	*ʔarmala*^{tun} *(ʔarāmil*^{u}*)*	**أَرْمَلَةٌ (أَرامِلُ)**

to cheat on __ with, have an affair with	*xāna* [1h3] *ma3a* *ʔaqāma* [4h] *3alāqatan* *[ɣarāmiyyatan] ma3a*	**خانَ مَعَ** **أَقامَ عَلاقَةً [غَرامِيَّةً] مَعَ**
He was cheating on his wife with his secretary.	*kāna yaxūnu zawjatahu ma3a sikritēratihi.*	كانَ يَخونُ زَوْجَتَهُ مَعَ سِكْرِتيْرَتِهِ.

kiss	*qublatun*	**قُبْلَةٌ**
to kiss	*qabbala* [2s]	**قَبَّلَ**
sex	*jinsun*	**جِنْسٌ**
to have sex	*mārasa* [3s] *-ljinsa*	**مارَسَ الجِنْسَ**
to sleep with	*nāma* [1h1] *ma3a*	**نامَ مَعَ**
to sleep together	*nāmā* [1h1] [dual] *ma3an*	**ناما مَعًا**

4 Names and Addressing People

name; first name	*ism^{un} (ʔasmāʔ^{un})* *alism^{u} -lʔawwal^{u}*	**اِسْمٌ (أَسْماءٌ)** **الِاسْمُ الأَوَّلُ**
What's your name?	*mā huwa -smuk^{a}?*	ما هُوَ اسْمُكَ؟
My name is __.	*ismī __.*	اِسْمي ___.
last name	*ism^{u} -l3āʔila^{ti}*	**اِسْمُ العائِلَةِ**
full name	*alism^{u} -lkāmil^{u}*	**الِاسْمُ الكامِلُ**
to name	*sammā* [2d]	**سَمّى**
to be called, named	*summiya* [p]	**سُمِّيَ**
to call	*nādā* [3d]	**نادى**
How should I address you?	*kayf^{a} yumkinunī munādātuk^{a}?*	كَيفَ يُمْكِنُني مُناداتُكَ؟
Just call me __.	*faqaṭ nādīnī __.*	فَقَطْ ناديني ___.
title; nickname	*laqab^{un} (ʔalqāb^{un})*	**لَقَبٌ (أَلْقابٌ)**
There's no need for titles.	*lā dā3iy^{a} li-lʔalqāb^{i}.*	لا داعِيَ لِلأَلْقابِ.
I don't have a nickname.	*lays^{a} ladayy^{a} laqab^{un}.*	لَيْسَ لَدَيَّ لَقَبٌ.
alias, pseudonym	*ism^{un} musta3ār^{un}*	**اِسْمٌ مُسْتَعارٌ**

A teknonym is an epithet used in Arab culture to show familiarity and respect. It consists of the word أَبو *ʔabū* for a man and أُمّ *ʔumm^{u}* for a woman followed by the name of his or her eldest son, or if there is no son, eldest daughter.

teknonym	*kunya*^{tun}	كُنْيَةٌ
Abu Khaled	*ʔabū xālid*^{in}	أَبو خالِدٍ
Umm Ali	*ʔumm*^{u} *3aliyy*^{in}	أُمُّ عَلِيٍّ

Sir!	*sayyidī!*	سَيِّدي!
Ma'am!	*sayyidatī!*	سَيِّدَتي!
Miss!	*ʔānisatī!*	آنِسَتي!

The following are titles that precede someone's name. Unlike English, titles usually precede one's given (first) name.

Mr. __	*sayyid*^{un} __	سَيِّدٌ___
Mrs. __	*sayyida*^{tun} __	سَيِّدَةٌ___
Miss __, **Ms.** __	*ʔānisa*^{tun} __	آنِسَةٌ___
Dr. (medical or Ph.D.)	*dduktōr*^{un} __	دُكْتورٌ___

Yes? (response to someone calling your name)	*na3am*^{un}*?*	نَعَمْ؟

5 The Human Body & Describing People

body	*jism*^{un} (*ʔajsām*^{un})	جِسْمٌ (أَجْسامٌ)
head	*raʔs*^{un} [m. or f.] (*ruʔūs*^{un})	رَأْسٌ (رُؤوسٌ)
brain, mind	*3aql*^{un} (*3uqūl*^{un})	عَقْلٌ (عُقولٌ)
skull	*jumjuma*^{tun} (*jamājim*^{u})	جُمْجُمَةٌ (جَماجِمُ)
face	*wajh*^{un} (*wujūh*^{un})	وَجْهٌ (وُجوهٌ)
He has a round face.	*ladayh*^{i} *wajh*^{un} *mustadīr*^{un}.	لَدَيْهِ وَجْهٌ مُسْتَديرٌ.
She has an oblong face.	*ladayhā wajh*^{un} *mustaṭīl*^{un}.	لَدَيْها وَجْهٌ مُسْتَطيلٌ.
I have a square face.	*ladayy*^{a} *wajh*^{un} *murabba3*^{un}.	لَدَيَّ وَجْهٌ مُرَبَّعٌ.
You have an oval face.	*ladayk*^{a} *wajh*^{un} *bayḍāwiyy*^{un}.	لَدَيْكَ وَجْهٌ بَيْضاوِيٌّ.
to wash one's face	*ɣasala* [1s2] *wajhah*^{u}	غَسَلَ وَجْهَهُ
forehead	*jabha*^{tun} (*jibāh*^{un})	جَبْهَةٌ (جِباهٌ)
He has a big forehead.	*ladayh*^{i} *jabha*^{tun} *kabīra*^{tun}.	لَدَيْهِ جَبْهَةٌ كَبيرَةٌ.
brow; eyebrow	*ħājib*^{un} (*ħawājib*^{u})	حاجِبٌ (حَواجِبُ)
to frown, knit one's brow, scowl	*3abasa* [1s2] *qaṭṭaba* [2s] *ħājibayh*^{i}	عَبَسَ قَطَّبَ حاجِبَيْهِ
cheek	*xadd*^{un} (*xudūd*^{un})	خَدٌّ (خُدودٌ)
chin	*đaqn*^{un} (*đuqūn*^{un})	ذَقْنٌ (ذُقونٌ)
jaw	*fakk*^{un} (*fukūk*^{un})	فَكٌّ (فُكوكٌ)

eye	*3ayn^{un} [f.] (3uyūn^{un})*	**عَيْنٌ (عُيونٌ)**
My eyes itch.	*3aynāy^{a} taḫukkānī.*	عَيْنايَ تَحُكّاني.
blue eyes	*3aynān^{i} zarqāwatān^{i}*	**عَيْنانِ زَرْقاوَتانِ**
green eyes	*3aynān^{i} xaḍrāwatān^{i}*	**عَيْنانِ خَضْراوَتانِ**
brown eyes	*3aynān^{i} bunniyatān^{i}*	**عَيْنانِ بُنِّيَتانِ**
She has beautiful brown eyes.	*ladayhā 3aynān^{i} bunniyatān^{i} jamīlatān^{i}.*	لَدَيْها عَيْنانِ بُنِّيَتانِ جَميلَتانِ.
What color are his eyes?	*mā huwa lawn^{u} 3aynayh^{i}?*	ما هُوَ لَوْنُ عَيْنَيْهِ؟
His eyes are green.	*3aynāh^{u} xaḍrāwatān^{i}.*	**عَيْناهُ خَضْراوَتانِ.**
eyelid	*jifn^{un} (jufūn^{un})*	**جِفْنٌ (جُفونٌ)**
eyelash	*rimš^{un} (rumūš^{un})*	**رِمْشٌ (رُموشٌ)**
She has long eyelashes.	*ladayhā rumūš^{un} ṭawīla^{tun}.*	لَدَيْها رُموشٌ طَويلَةٌ.
to have thick eyelashes	*ladayh^{i} rumūš^{un} kaṯīfa^{tun}*	**لَدَيْهِ رُموشٌ كَثيفَةٌ**
sclera, the white of one's eyes	*aṣṣulba^{tu}* *bayāḍ^{u} -l3ayn^{i}*	**الصُّلْبَةُ** **بَياضُ العَيْنِ**
iris	*qazaḫiyya^{tun}*	**قَزَحِيَّةٌ**
pupil	*buʔbuʔ^{un}*	**بُؤْبُؤٌ**
to blink	*ramaša [1s2]*	**رَمَشَ**
to wink	*ɣamaza [1s2]*	**غَمَزَ**
to close one's eyes	*ʔaɣlaqa [4s] 3aynayh^{i}*	**أَغْلَقَ عَيْنَيْهِ**

to open one's eyes	*fataḫa* [1s1] *3aynayh^{i}*	**فتحَ عَيْنَيْهِ**
to have dark circles under one's eyes	*ladayh^{i} hālāt^{un} sawdāʔ^{u} taḫt^{a} 3aynayh^{i}*	**لَدَيْهِ هالاتٌ سَوْداءُ تَحْتَ عَيْنَيْهِ**
cross-eyed	*ʔaḫwal^{u}, ḫawlāʔ^{u} (ḫūl^{un})*	**أَحْوَلُ، حَوْلاء (حولٌ)**
blind	*ʔa3mā, 3amyāʔ^{u} (3umy^{un}, 3umyān^{un})*	**أَعْمى، عَمْياءُ (عُمْيٌ، عُمْيانٌ)**
to see	*raʔā* [1d1(b)] *šāhada* [3s]	**رَأى** **شاهَدَ**
I can't see the clock from here.	*lā ʔastaṭī3^{u} ruʔya^{ta} -ssā3a^{ti} min hunā.*	لا أَسْتَطيعُ رُؤْيَةَ السّاعَةِ مِنْ هُنا.
eyesight, vision	*naẓar^{un}* *baṣar^{un}*	**نَظَرٌ** **بَصَرٌ**
I have perfect eyesight.	*naẓarī mumtāz^{un}.*	نَظَري مُمْتازٌ.
to wear glasses	*irtadā naẓẓārāt^{in}*	**اِرْتَدى نَظّاراتٍ**
I think you need glasses.	*ʔa3taqid^{u} ʔannak^{a} bi-ḫāja^{tin} ʔilā naẓẓārāt^{in}.*	أَعْتَقِدُ أَنَّكَ بِحاجَةٍ إِلى نَظّاراتٍ.
to cry	*bakā* [1d2]	**بَكى**
a tear	*dam3a^{tun} (dumū3^{un})*	**دَمْعَةٌ (دُموعٌ)**
Why are your eyes red? Have you been crying?	*li-māđā 3aynāk^{a} ḫamrāwatān^{i}? hal kunt^{a} tabkī?*	لِماذا عَيناكَ حَمْراوَتانِ؟ هَلْ كُنْتَ تَبْكي؟

nose	*ʔanf^{un} (ʔunūf^{un})*	**أَنْفٌ (أُنوفٌ)**

nostril	*fatħa*^{tu} *-lʔanf*^{i}	فَتْحَةُ الأَنْفِ
big/pronounced nose	*ʔanf*^{un} *kabīr*^{un}	أَنْفٌ كَبِيرٌ
petite nose	*ʔanf*^{un} *ṣaɣīr*^{un}	أَنْفٌ صَغِيرٌ
straight/sharp/pointy nose	*ʔanf*^{un} *mustaqīm*^{un}	أَنْفٌ مُسْتَقِيمٌ
hook/crooked nose	*ʔanf*^{un} *multawī*	أَنْفٌ مُلْتَوِي
to sneeze	*3aṭasa* [1s3]	عَطَسَ
snot	*muxāṭ*^{un}	مُخاطٌ
to have a runny nose	*ladayh*^{i} *sayalān*^{un} *bi-lʔanf*^{i} *mazkūm*^{un} *muṣāb*^{un} *bi-zzukām*^{i}	لَدَيْهِ سَيَلانٌ بِالأَنْفِ مَزْكومٌ مُصابٌ بِالزُّكامِ
to blow one's nose	*naẓẓafa* [2s] *ʔanfah*^{u}	نَظَّفَ أَنْفَهُ
to pick one's nose	*3abiŧa* [1s4] *bi-ʔanfih*^{i}	عَبِثَ بِأَنْفِهِ
to smell	*šamma* [1g3]	شَمَّ
sense of smell	*ħāssa*^{tu} *šamm*^{in}	حاسَّةُ شَمٍّ
I don't have a very good sense of smell.	*lays*^{a} *ladayy*^{a} *ħāssa*^{tu} *šamm*^{in} *jayyida*^{tin} *jidd*^{an}.	لَيْسَ لَدَيَّ حاسَّةُ شَمٍّ جَيِّدَةٍ جِدًّا.
I think I smell smoke.	*ʔa3taqid*^{u} *ʔannanī* *ʔašumm*^{u} *rāʔiħa*^{ta} *duxān*^{in}.	أَعْتَقِدُ أَنَّنِي أَشُمُّ رائِحَةَ دُخانٍ.

ear	*ʔuđun*^{un} [f.] (*ʔāđān*^{un})	أُذُنٌ (آذانٌ)
earlobe	*šaħma*^{tu} *-lʔuđun*^{i}	شَحْمَةُ الأُذُنِ

to cup one's ear (put one's hand up to one's ear to hear better)	*waḍa3a* [1a1] *yadah*^{u} *warāʔa ʔuđunih*^{i}	وَضعَ يَدَهُ وَراءَ أُذُنِهِ
to hear	*sami3a* [1s4]	سَمِعَ
Do you hear that noise?	*hal tasma3*^{u} *hađā -ḍḍajīj*^{i}*?*	هَلْ تَسْمَعُ هَذا الضَّجيجِ؟
to have ringing in one's ear	*sami3a* [1s4] *ṭanīn*^{an} *fī ʔuđunih*^{i}	سَمِعَ طَنينًا فِي أُذُنِهِ
to be hard of hearing	*sama3uh*^{u} *ḍa3īf*^{un}	سَمْعُهُ ضَعيفٌ
deaf	*ʔaṣamm*^{u}*, ṣammāʔ*^{u} *(ṣumm*^{un}*)* *ʔaṭraš*^{u}*, ṭaršāʔ*^{u} *(ṭurš*^{un}*)*	أَصَمُّ، صَمّاءُ (صُمٌّ) أَطْرَشُ، طَرْشاءُ (طُرْشٌ)
to wear a hearing aid	*irtadā sammā3āt*^{in} *irtadā musā3adāt*^{i} *-ssam3*^{i}	اِرْتَدى سَمّاعاتٍ اِرْتَدى مُساعَداتِ السَّمْعِ
to have pierced ears	*ʔuđunāh*^{u} *maŧqūbatān*^{i}	أُذُناهُ مَثْقوبَتانِ
ear wax	*šam3*^{u} *-lʔuđun*^{i}	شَمْعُ الأُذُنِ
mouth	*fam*^{un} *(ʔafwāh*^{un}*)*	فَمٌ (أَفْواهٌ)
to smile	*ibtasama* [8s]	اِبْتَسَمَ
to open one's mouth	*fataħa* [1s1] *famah*^{u}	فَتَحَ فَمَهُ
to close one's mouth	*ʔaɣlaqa* [4s] *famah*^{u}	أَغْلَقَ فَمَهُ
tongue	*lisān*^{un} *(ʔalsina*^{tun}*)*	لِسانٌ (أَلْسِنَةٌ)
to taste	*tađawwaqa* [5s]	تَذَوَّقَ
Can you taste the mint in this dessert?	*hal yumkinuk*^{a} *tađawwuq*^{u} *-nna3nā3*^{i} *fī hađih*^{i} *-lħalwā?*	هَلْ يُمْكِنُكَ تَذَوُّقُ النَّعْناعِ فِي هَذِهِ الحَلْوى؟

lip	šafa^{tun} (šifāh^{un})	شَفَةٌ (شِفاهٌ)
upper lip	šafa^{tun} 3ulyā	شَفَةٌ عُلْيا
lower lip	šafa^{tun} suflā	شَفَةٌ سُفْلى
to have thin lips	šafatāh^{u} raqīqatān^{i}	شَفَتاهُ رَقيقَتانِ
full lips	šafatāh^{u} mumtaliʔatān^{i}	شَفَتاهُ مُمْتَلِئَتانِ
chapped (dry) lips	šifāh^{un} mašqūqa^{tun} šifāh^{un} jāffa^{tun}	شِفاهٌ مَشْقوقَةٌ شِفاهٌ جافَّةٌ
tooth	sinn^{u} [f.] (ʔasnān^{un})	سِنٌّ (أَسْنانٌ)
gums	liŧŧa^{tun}	لِثَّةٌ
to brush one's teeth	naẓẓafa [2s] ʔasnānah^{u}	نَظَّفَ أَسْنانَهُ
to floss one's teeth	naẓẓafa [2s] ʔasnānah^{u} bi-lxayṭ^{i}	نَظَّفَ أَسْنانَهُ بِالخَيْطِ
front teeth	ʔasnān^{un} ʔamāmiyya^{tun}	أَسْنانٌ أَمامِيَّةٌ
to bite	3aḍḍa [1g1]	عَضَّ
molar	ḍirs^{un} (ḍurūs^{un})	ضِرْسٌ (ضُروسٌ)
to chew	maḍaɣa [1s1]	مَضَغَ
to spit	baṣaqa [1s3]	بَصَقَ
spit, spittle	buṣāq^{un}	بُصاقٌ
saliva	lu3āb^{un} rīq^{un}	لُعابٌ ريقٌ
to yawn	taŧāʔaba [6s(b)]	تَثاءَبَ

to cough	*sa3ala* [1s3]	**سَعَلَ**
to burp, belch	*tajašša?a* [5s(c)]	**تَجَشَّأَ**
to have bad breath	*rā?iħa^{tu} famih^{i} karīha^{tun}*	**رائِحَةُ فَمِهِ كَريهَةٌ**
tonsils	*lawzatān^{i}*	**لَوْزَتانِ**
neck	*3unuq^{un} (?a3nāq^{un})* *raqaba^{tun} (riqāb^{un})*	**عُنُقٌ (أَعْناقٌ)** **رَقَبَةٌ (رِقابٌ)**
nape of the neck	*mu?axxira^{tu} -l3unuq^{i}* *mu?axxira^{tu} -rraqaba^{ti}*	**مُؤَخِّرَةُ العُنُقِ** **مُؤَخِّرَةُ الرَّقَبَةِ**
throat	*ħalq^{un} (ħulūq^{un})*	**حَلْقٌ (حُلوقٌ)**
larynx	*ħanjara^{tun} (ħanājir^{u})*	**حَنْجَرَةٌ (حَناجِرُ)**
to breathe	*tanaffasa* [5s]	**تَنَفَّسَ**
to take a deep breath	*?axađa* [1s3(a)] *nafas^{an} 3amīq^{an}*	**أَخَذَ نَفَسًا عَميقًا**
breath	*nafas^{un} (?anfās^{un})*	**نَفَسٌ (أَنْفاسٌ)**
to swallow	*ibtala3a* [8s]	**اِبْتَلَعَ**
to choke on	*ixtanaqa bi-*	**اِخْتَنَقَ بِـ**
He started choking on a piece of food.	*ixtanaqa bi-qiṭ3a^{ti} ṭa3ām^{in}.*	اِخْتَنَقَ بِقِطْعَةِ طَعامٍ.
hair	*ša3r^{un}*	**شَعْرٌ**
dark brown hair	*ša3r^{un} bunniyy^{un} dākin^{un}*	**شَعْرٌ بُنِّيٌّ داكِنٌ**
light brown hair	*ša3r^{un} bunniyy^{un} fātiħ^{un}*	**شَعْرٌ بُنِّيٌّ فاتِحٌ**

blond hair	*ša3r^{un} ʔašqar^{u}*	شَعْرٌ أَشْقَرُ
She's blond.	*hiya šaqrāʔ^{u}.*	هِيَ شَقْراءُ.
black hair	*ša3r^{un} ʔaswad^{u}*	شَعْرٌ أَسْوَدُ
red hair	*ša3r^{un} ʔaɧmar^{u}*	شَعْرٌ أَحْمَرُ
gray hair	*ša3r^{un} ramādiyy^{un}* *ša3r^{un} ʔašyab^{u}*	شَعْرٌ رَمادِيٌّ شَعْرٌ أَشْيَبُ
white hair	*ša3r^{un} ʔabyaḍ^{u}*	شَعْرٌ أَبْيَضُ
to dye one's hair	*ṣabaɣa* [1s3] *ša3rah^{u}*	صَبَغَ شَعْرَهُ
She dyes her hair blond.	*hiya taṣbuɣ^{u} ša3rahā bi-llawn^{i} -lʔašqar^{i}.*	هِيَ تَصْبُغُ شَعْرَها بِاللَّوْنِ الأَشْقَرِ.
She's a natural blond.	*ʔinnahā šaqrāʔ^{u} bi-lfiṭra^{ti}.*	إِنَّها شَقْراءُ بِالفِطْرَةِ.
long hair	*ša3r^{un} ṭawīl^{un}*	شَعْرٌ طَويلٌ
short hair	*ša3r^{un} qaṣīr^{un}*	شَعْرٌ قَصيرٌ
shoulder-length hair	*ša3r^{un} bi-ṭūl^{i} -lkatif^{i}*	شَعْرٌ بِطولِ الكَتِفِ
straight hair	*ša3r^{un} mustaqīm^{un}* *ša3r^{un} 3ādiyy^{un}*	شَعْرٌ مُسْتَقيمٌ شَعْرٌ عادِيٌّ
curly hair	*ša3r^{un} muja33ad^{un}*	شَعْرٌ مُجَعَّدٌ
wavy hair	*ša3r^{un} mumawwaj^{un}*	شَعْرٌ مُمَوَّجٌ
She has long, beautiful straight brown hair.	*ša3ruhā bunniyy^{un} ṭawīl^{un} wa-mustaqīm^{un} wa-jamīl^{un}.*	شَعْرُها بُنِّيٌّ طَويلٌ وَمُسْتَقيمٌ وَجَميلٌ.
to comb/brush one's hair	*mašaṭa* [1s3] *ša3rah^{u}*	مَشَطَ شَعْرَهُ

to get a haircut	*qaṣṣa* [1g3] *ša3rah*^{u} *ɧalaqa* [1s2] *ša3rah*^{u}	**قصّ شَعْرَهُ** **حَلق شَعْرَهُ**
bald	*ʔaṣla3*^{u}, *ṣal3āʔ*^{u} (*ṣul3*^{un})	**أَصْلَعُ، صَلْعاءُ (صُلْعٌ)**
to go bald	*ʔaṣbaɧa* [4s] *ʔaṣla3*^{an}	**أَصْبَحَ أَصْلَعًا**
sideburns	*sawālif*^{u} [pl.]	**سَوالِفُ**
pony-tail	*đayl*^{u} *ɧiṣān*^{in}	**ذَيْلُ حِصانٍ**
braids	*ḍafāʔir*^{u} [pl.]	**ضَفائِرُ**
She wears her hair in braids.	*hiya tuṣaffif*^{u} *ša3rahā 3alā šakl*^{i} *ḍafāʔir*^{a}.	هِيَ تُصَفِّفُ شَعْرَها عَلى شَكْلِ ضَفائِرَ.
bun	*ka3ka*^{tun}	**كَعْكَةٌ**
She usually wears her hair in a bun.	*3ādatan mā tuṣaffif*^{u} *ša3rahā 3alā šakl*^{i} *ka3ka*^{tin}.	عادَةً ما تُصَفِّفُ شَعْرَها عَلى شَكْلِ كَعْكَةٍ.
bangs	*ɣurra*^{tun}	**غُرَّةٌ**
You look good with bangs.	*tabdīn*^{a} *jamīla*^{tan} *bi-lɣurra*^{ti}.	تَبْدينَ جَميلَةً بِالغُرَّةِ.
wig, toupee	*ša3r*^{un} *musta3ār*^{un} *bārūka*^{tun} (*bawārīk*^{u})	**شَعْرٌ مُسْتَعارٌ** **باروكَةٌ (بَواريكُ)**
You can tell he wears a toupee.	*yumkinuk*^{a} *-lqawl*^{u} *bi-ʔannah*^{u} *yartadī ša3r*^{an} *musta3ār*^{an}.	يُمْكِنُكَ القَوْلُ بِأَنَّهُ يَرْتَدي شَعْرًا مُسْتَعارًا.
beard	*liɧya*^{tun} (*liɧa*^{n})	**لِحْيَةٌ (لِحًى)**
mustache	*šārib*^{un} (*šawārib*^{u})	**شارِبٌ (شَوارِبُ)**
He has a beard and mustache.	*ladayh*^{i} *liɧya*^{tun} *wa-šārib*^{u}.	لَدَيْهِ لِحْيَةٌ وَشارِبٌ.

goatee	*3uŧnūn^{un}* *liɦya^{tun} ṣaɣīra^{tun}*	عُثْنونٌ لِحْيَةٌ صَغيرَةٌ
to trim one's beard	*qaṣṣa* [1g3] *liɦyatah^{u}*	قَصّ لِحْيَتَه
to shave	*ɦalaqa* [1s2]	حَلَقَ
I shave every morning.	*ʔana ʔaɦliq^{u} kull^{a} ṣabāɦ^{in}.*	أنا أَحْلِقُ كُلَّ صَباحٍ.
clean-shaven	*ɦalīq^{u} -lđaqn^{i}*	حَليقُ الذَقْنِ
stubble	*liɦya^{tun} xafīfa^{tun}*	لِحْيَةٌ خَفيفَةٌ

skin	*jild^{un}* *bašra^{tun}*	جِلْدٌ بَشْرَةٌ
pimple, blemish	*baŧra^{ta} (buŧūr^{un})* *ɦabba^{tun} (ɦubūb^{un})*	بَثْرَةٌ (بُثورٌ) حَبَّةٌ (حُبوبٌ)
I have a huge pimple on my chin!	*ladayy^{a} baŧra^{tun} kabīra^{tun} 3alā đaqanī!*	لَدَيَّ بَثْرَةٌ كَبيرَةٌ على ذَقَني!
acne	*ɦabb^{u} -ššabāb^{i}*	حَبُّ الشَّبابِ
As a teenager, he had a lot of acne.	*kān^{a} ladayh^{i} -lkaŧīr^{u} min ɦabb^{i} -ššabāb^{i} fī fatra^{ti} murāhaqatih^{i}.*	كانَ لَدَيْهِ الكَثيرُ مِنْ حَبِّ الشَّبابِ في فَتْرَةِ مُراهَقَتِهِ.
to have bad skin	*bašratuh^{u} sayyiʔa^{tun}*	بَشْرَتُهُ سَيِّئَةٌ
to have a good complexion	*bašratuh^{u} ṣāfiya^{tun}*	بَشْرَتُهُ صافِيَةٌ
fair-skinned	*bašratuh^{u} fātiɦa^{tun}* *bašratuh^{u} šāɦiba^{tun}*	بَشْرَتُهُ فاتِحَةٌ بَشْرَتُهُ شاحِبَةٌ
dark-skinned	*bašratuh^{u} dākina^{tun}*	بَشْرَتُهُ داكِنَةٌ

to have an olive complexion	bašratuh^{u} zaytūniyya^{tun}	بَشْرَتُه زَيْتونيَّةٌ
to have dry skin	bašratuh^{u} jāffa^{tun}	بَشْرَتُه جافَّةٌ
to put on lotion	waḑa3a [1a1] ɣasūl^{an}	وَضَعَ غَسولًا
to put on sunscreen	waḑa3a [1a1] wāqī šams^{in}	وَضَعَ واقِي شَمْسٍ
freckles	namaš^{un}	نَمَشٌ
She has a lot of freckles.	ladayhā -lkaŧīr^{u} min^{a} -nnamaš^{i}.	لَدَيْها الكَثيرُ مِنَ النَّمَشِ.
mole, birthmark	waħma^{tun} šāma^{tun}	وَحْمَةٌ شامَةٌ
wrinkles	tajā3īd^{u}	تَجاعيدُ
You get wrinkles as you get older.	tataja33ad^{u} bašratuk^{a} kullamā kaburt^{a} fī -ssinn^{i}.	تَتَجَعَّدُ بَشْرَتُكَ كُلَّما كَبُرْتَ فِي السِّنِّ.
scar	nadba^{tun}	نَدْبَةٌ
tattoo	wašm^{un} (wušūm^{un})	وَشْمٌ (وُشومٌ)
He has a tattoo on his left arm.	ladayh^{i} wašm^{un} 3alā đirā3ih^{i} -lyusrā.	لَدَيْهِ وَشْمٌ عَلى ذِراعِهِ اليُسْرى.
Do you have any tattoos?	hal ladayk^{a} ʔayy^{u} wušūm^{in}?	هَلْ لَدَيْكَ أيُّ وُشومٍ؟

arm	đirā3^{un} [f.] (ʔađru3^{un})	ذِراعٌ (أَذْرُعٌ)
elbow	kū3^{un} (ʔakwā3^{un})	كوعٌ (أَكْواعٌ)
armpit	ʔibţ^{un} (ʔābāţ^{un})	إِبْطٌ (آباطٌ)
sweat	3araq^{un}	عَرَقٌ

to sweat	*3ariqa* [1s4]	عَرِقَ
sweaty	*muta3arriq*^{un}	مُتَعَرِّقٌ
He was very sweaty after playing soccer.	*kāna muta3arriq*^{an} *jidd*^{an} *ba3d*^{a} *la3ib*^{i} *kura*^{ti} *-lqadam*^{i}.	كانَ مُتَعَرِّقًا جِدًّا بَعْدَ لَعِبِ كُرَةِ القَدَمِ.
hand, wrist	*yad*^{un} [f.] *(ʔayād*^{in}*)*	يَدٌ (أَيادٍ)
What's in your hand?	*māđā fī yadik*^{a}*?*	ماذا فِي يَدِكَ؟
They're all wearing watches on their wrists.	*jamī3uhum yartadūn*^{a} *sā3āt*^{in} *fī ʔaydīhim*^{i}.	جَمِيعُهُمْ يَرْتَدُونَ ساعاتٍ فِي أَيْدِيهِمِ.
finger	*ʔiṣba3*^{un} *(ʔaṣābi3*^{u}*)*	إِصْبَعٌ (أَصابِعُ)
fingerprint	*baṣma*^{tu} *ʔiṣba3*^{in}	بَصْمَةُ إِصْبَعٍ
thumb	*ʔibhām*^{un} *(ʔabāhīm*^{u}*)*	إِبْهامٌ (أَباهِيمُ)
index finger	*ssabbāba*^{tun}	سَّبّابَةٌ
middle finger	*wusṭā*	وُسْطى
ring finger	*binṣir*^{un} *(banāṣir*^{u}*)*	بِنْصِرٌ (بَناصِرُ)
little finger, pinky	*xinṣar*^{un} *(xanāṣir*^{u}*)*	خِنْصَرٌ (خَناصِرُ)
fingertip	*ṭarf*^{u} *ʔiṣba3*^{in} *(ʔaṭrāf*^{u} *ʔaṣābi3*^{a}*)*	طَرْفُ إِصْبَعٍ (أَطْرافُ أَصابِعَ)
fingernail	*ẓifr*^{un} *(ʔaẓāfir*^{u}*)*	ظِفْرٌ (أَظافِرُ)
palm	*kaff*^{un} *(kufūf*^{un}*)*	كَفٌّ (كُفوفٌ)
back of the hand	*ẓahr*^{u} *yad*^{in}	ظَهْرُ يَدٍ
ball of the hand	*bāṭin*^{u} *yad*^{in}	باطِنُ يَدٍ

knuckles	*mafāṣil^{u}*	مَفاصِلُ
wrist	*rusɣ^{un} (ʔarsuɣ^{un})*	رُسْغٌ (أَرْسُغٌ)
to make a fist	*qabaḍa* [1s2] *yadah^{u}*	قَبَضَ يَدَهُ
to extend one's fingers	*madda* [1g3] *ʔaṣābi3ah^{u}*	مَدَّ أصابِعَهُ
to hold, grip	*ʔamsaka* [4s] *masaka* [1s2]	أَمْسَكَ مَسَكَ
to point to	*ʔašāra* [4h] *ʔilā*	أَشارَ إلى
He pointed at the clock.	*ʔašār^{a} ʔilā -ssā3a^{ti}.*	أَشارَ إلى السّاعَةِ.

leg, foot	*rijl^{un}* [f.] *(ʔarjul^{un})*	رِجْلٌ (أَرْجُلٌ)
thigh	*faxđ^{un} (ʔafxāđ^{un})*	فَخْذٌ (أَفْخاذٌ)
shin	*qaṣaba^{tun}*	قَصَبَةٌ
calf	*3aḍala^{tu} -ssāq^{i}*	عَضَلَةُ السّاقِ
knee	*rukba^{tun} (rukab^{un})*	رُكْبَةٌ (رُكَبٌ)
ankle	*kāħil^{un} (kwāħil^{u})*	كاحِلٌ (كواحِلُ)
sole	*bāṭin^{u} qadam^{in}*	باطِنُ قَدَمٍ
heel	*ka3b^{un} (ku3ūb^{un})*	كَعْبٌ (كُعوبٌ)
toe	*ʔiṣba3^{u} qadam^{in}* *(ʔaṣābi3^{u} qadam^{in})*	إِصْبَعُ قَدَمٍ (أَصابِعُ قَدَمٍ)

shoulder	*katif^{un} (ʔaktāf^{un})*	كَتِفٌ (أَكْتافٌ)

to have broad shoulders	*ladayh*^{i} *ʔaktāf*^{un} *3arīḍa*^{tun}	لَدَيْهِ أَكْتافٌ عَريضَةٌ
chest, bosom	*ṣadr*^{un} (*ṣudūr*^{u})	صَدْرٌ (صُدورٌ)
to be flat chested	*ṣadruh*^{u} *musaṭṭaħ*^{un}	صَدْرُهُ مُسَطَّحٌ
breast, boob	*ŧady*^{un} (*ʔaŧdāʔ*^{un})	ثَدْيٌ (أَثْداءٌ)
nipple	*ħalama*^{tun}	حَلَمَةٌ
abdomen, belly, stomach	*baṭn*^{un} (*buṭūn*^{un})	بَطْنٌ (بُطونٌ)
back	*ẓahr*^{un} (*ẓuhūr*^{un})	ظَهْرٌ (ظُهورٌ)
waist, hips	*xaṣr*^{un} (*xuṣūr*^{un})	خَصْرٌ (خُصورٌ)
navel, belly button	*surra*^{tun}	سُرَّةٌ

internal organs	*ʔa3ḍāʔ*^{un} *dāxiliyya*^{tun}	أَعْضاءٌ داخِلِيَّةٌ
stomach	*ma3ida*^{tun}	مَعِدَةٌ
intestines, bowels	*ʔam3āʔ*^{un}	أَمْعاءٌ
lung	*riʔa*^{tun}	رِئَةٌ
heart	*qalb*^{un} (*qulūb*^{un})	قَلْبٌ (قُلوبٌ)
to beat, palpitate	*nabaḍa* [1s2]	نَبَضَ
heartbeat, pulse	*nabḍ*^{un}	نَبْضٌ
liver	*kabid*^{un} [m. or f.] (*ʔakbād*^{un})	كَبِدٌ (أَكْبادٌ)
kidney	*kulya*^{tun} (*kula*^{n})	كُلْيَةٌ (كُلًى)
bladder	*maŧāna*^{tun}	مَثانَةٌ

gall-bladder	*marāra*^{tun}	مَرارَةٌ
gland	*ɣudda*^{tun} *(ɣudad*^{un}*)*	غُدَّةٌ (غُدَدٌ)
thyroid gland	*ɣudda*^{tun} *darqiyya*^{tun}	غُدَّةٌ دَرْقِيَّةٌ

bone	*3aẓm*^{un} *(3iẓām*^{un}*)*	عَظْمٌ (عِظامٌ)
skeleton	*haykal*^{un} *3aẓmiyy*^{un} *(hayākil*^{u} *3aẓmiyya*^{tun}*)*	هَيْكَلٌ عَظْمِيٌّ (هَياكِلُ عَظْمِيَّةٌ)
spine	*3amūd*^{un} *faqariyy*^{un} *(ʔa3mida*^{tun} *faqariya*^{tun}*)*	عَمودٌ فَقَرِيٌّ (أَعْمِدَةٌ فَقَرِيَةٌ)
rib	*ḍil3*^{un} *(ḍulū3*^{un}*)*	ضِلْعٌ (ضُلوعٌ)
muscle	*3aḍala*^{tun}	عَضَلَةٌ
vein	*warīd*^{un} *(ʔawrida*^{tun}*)*	وَريدٌ (أَوْرِدَةٌ)
artery	*širyān*^{un} *(šarāyīn*^{u}*)*	شِرْيانٌ (شَرايِينُ)
blood	*dam*^{un} *(dimāʔ*^{un}*)*	دَمٌ (دِماءٌ)
nerve	*3aṣab*^{un} *(ʔa3ṣāb*^{u}*)*	عَصَبٌ (أَعْصابُ)

sexual organs, private parts	*ʔa3ḍāʔ*^{un} *tanāsuliyya*^{tun}	أَعْضاءٌ تَناسُلِيَّةٌ
penis	*qaḍīb*^{un} *(quḍbān*^{un}*)*	قَضيبٌ (قُضْبانٌ)
to get an erection	*intaṣaba* [8s]	اِنْتَصَبَ
erection	*intiṣāb*^{un}	اِنْتِصابٌ
testicle	*xiṣya*^{tun} *(xiṣa*^{n}*)*	خِصْيَةٌ (خِصًى)

scrotum, testicles	*kīs*^{u} *ṣafan*^{in} (*ʔakyās*^{u} *ṣafan*^{in})	**كيسُ صَفَنٍ (أَكْياسُ صَفَنٍ)**
vagina	*mahbal*^{un} (*mahābil*^{u})	**مَهْبَلٌ (مَهابِلُ)**

naked, bare	*3ār*^{in} (*3urāt*^{un})	**عارٍ (عُراةٌ)**
buttocks, bottom, posterior	*muʔaxxira*^{tun}	**مُؤَخِّرَةٌ**
anus	*fatħa*^{tu} *šarj*^{in}	**فَتْحَةُ شَرْجٍ**
to urinate, pee	*tabawwala* [5s]	**تَبَوَّلَ**
urine	*bawl*^{un}	**بَوْلٌ**
to defecate, poo, poop	*taɣawwaṭa* [5s] *tabarraza* [5s]	**تَغَوَّطَ** **تَبَرَّزَ**
excrement, feces, poop	*faḍalāt*^{un} *burāz*^{un}	**فَضَلاتٌ** **بُرازٌ**
to fart	*ḍaraṭa* [1s2]	**ضَرَطَ**
fart	*ḍarṭa*^{tun}	**ضَرْطَةٌ**
to pass gas, break wind	*ʔaṭlaqa* [4s] *rīħ*^{an}	**أَطْلَقَ ريحًا**
to go to the bathroom	*đahaba* [1s1] *li-lmirħāḍ*^{i}	**ذَهَبَ لِلْمِرْحاضِ**
I need to go to the bathroom.	*yajib*^{u} *ʔan ʔađhab*^{a} *ʔilā -lmirħāḍ*^{i}.	يَجِبُ أَنْ أَذْهَبَ إِلى المِرْحاضِ.

height	*ṭūl*^{un} (*ʔaṭwāl*^{un})	**طولٌ (أَطْوالٌ)**
tall	*ṭawīl*^{un} (*ṭiwāl*^{un})	**طَويلٌ (طِوالٌ)**

average height	*mutawassiṭ^{u} ṭūl^{in}*	**مُتَوَسِّطُ طولٍ**
short	*qaṣīr^{un} (qiṣār^{un})*	**قَصيرٌ (قِصارٌ)**
How tall are you?	*kam ṭūluk^{a}?*	كَمْ طولُكَ؟
I'm 1.75 meters tall.	*ṭūlī mitr^{un} wa-xams^{un} wa-sab3ūn^{a} santīmitr^{an}.*	طولي مِتْرٌ وَخَمْسٌ وَسَبْعونَ سَنْتيمِتْرًا.

weight	*wazn^{un} (ʔawzān^{un})*	**وَزْنٌ (أَوْزانٌ)**
How much do you weigh?	*kam waznuk^{a}?*	كَمْ وَزْنُكَ؟
I weigh 70 kg.	*waznī sab3ūn^{a} kīlū ɣrām^{an}.*	وَزْني سَبْعونَ كيلو غْرامًا.
one's build, body shape	*šakl^{u} -ljism^{i}*	**شَكْلُ الجِسْمِ**
fat	*samīn^{un} (simān^{un})* *badīn^{un} (budun^{un})*	**سَمينٌ (سِمانٌ)** **بَدينٌ (بُدُنٌ)**
to get fat	*samina* [1s4]	**سَمِنَ**
Don't overeat, so you don't get fat.	*lā taʔkul katīr^{an} ḥattā lā tasman.*	لا تَأْكُلْ كَثيرًا حَتّى لا تَسْمَنْ.
overweight	*zāʔid^{u} -lwazn^{i}*	**زائِدُ الوَزْنِ**
chubby, plump, stout	*mumtaliʔ^{un}*	**مُمْتَلِئٌ**
average weight	*waznuh^{u} mutawassiṭ^{un}*	**وَزْنُهُ مُتَوَسِّطٌ**
thin, slender	*naḥīf^{un} (niḥāf^{u})* *naḥīl^{un}*	**نَحيفٌ (نِحافٌ)** **نَحيلٌ**
skinny	*hazīl^{u} -ljism^{i}*	**هَزيلُ الجِسْمِ**

one's looks	*šakluh^{u}*	**شَكْلُهُ**
handsome, good-looking	*wasīm^{un} (wusamāʔ^{u})*	**وَسيمٌ (وُسَماءُ)**
beautiful, pretty	*jamīl^{un} (jumalāʔ^{u})*	**جَميلٌ (جُمَلاءُ)**
cute	*laţīf^{un} (luţafāʔ^{u})* *ʐarīf^{un} (ʐurafāʔ^{u})*	**لَطيفٌ (لُطَفاءُ)** **ظَريفٌ (ظُرَفاءُ)**
My God, those girls are so cute!	*yā ʔilāhī, haʔulāʔ^{i} -lfatayāt^{u} laţīfāt^{un} li-lɣāya^{ti}!*	يا إلهي، هَؤُلاءِ الفَتَياتُ لَطيفاتٌ لِلْغايَةِ!
ugly	*baši3^{un}* *qabīħ^{un} (qibāħ^{un})*	**بَشِعٌ** **قَبيحٌ (قِباحٌ)**
average-looking	*3ādiyy^{u} -lmaʐhar^{i}*	**عادِيُّ المَظْهَرِ**

6 Clothing, Jewelry, and Accessories

clothing	*malābis*^{u}	مَلابِسُ
men's clothing	*malābis*^{u} *rijāliyya*^{tun}	مَلابِسُ رِجالِيَّةٌ
women's clothing	*malābis*^{u} *nisāʔiyya*^{tun}	مَلابِسُ نِسائِيَّةٌ

underwear	*malābis*^{u} *dāxiliyya*^{tun}	مَلابِسُ داخِلِيَّةٌ
long johns	*malābis*^{u} *dāxiliyya*^{tun} *ṭawīla*^{tun}	مَلابِسُ داخِلِيَّةٌ طَويلَةٌ
undershirt	*qamīṣ*^{un} *dāxilyy*^{un}	قَميصٌ داخِلِيٌّ
panties	*sirwāl*^{un} *dāxiliyy*^{un} *sirwāl*^{un} *taɦtiyy*^{u}	سِرْوالٌ داخِلِيٌّ سِرْوالٌ تَحْتِيٌّ
pantyhose, tights	*jawārib*^{u} *ṭawīla*^{tun}	جَوارِبُ طَويلَةٌ
bra	*ɦammāla*^{tu} *ṣadr*^{in} *ṣadriyya*^{tun}	حَمّالَةُ صَدْرٍ صَدْرِيَّةٌ

shirt	*qamīṣ*^{un} (*ʔaqmiṣa*^{tun})	قَميصٌ (أَقْمِصَةٌ)
collar	*yāqa*^{tun}	ياقَةٌ
sleeve	*kumm*^{un} (*ʔakmām*^{un})	كُمٌّ (أَكْمامٌ)
a long-sleeved shirt	*qamīṣ*^{un} *bi-ʔakmām*^{in} *ṭawīla*^{tin}	قَميصٌ بِأَكْمامٍ طَويلَةٍ
short-sleeved	*bi-ʔakmām*^{in} *qaṣīra*^{tin}	بِأَكْمامٍ قَصيرَةٍ
t-shirt	*qamīṣ*^{un} *qaṣīr*^{u} *-lkummayn*^{i}	قَميصٌ قَصيرُ الكُمَّيْنِ

polo shirt	*qamīṣ^{u} bōlō*	قَميصُ بوْلوْ
blouse	*bulūza^{tun}*	بُلوزَةٌ
(pair of) pants	*binaṭāl^{un} (bināṭīl^{u})* *banṭalūn^{un}*	بِنَطالٌ (بِناطيلُ) بَنْطَلونٌ
pant leg	*rijl^{u} -lbinṭāl^{i} (ʔarjul^{u} -lbinṭāl^{i})*	رِجْلُ البِنْطالِ (أَرْجُلُ البِنْطالِ)
jeans	*binaṭāl^{u} jīnz^{in}*	بِنَطالُ جينْزٍ
shorts	*sarāwīl^{u} qaṣīra^{tun}*	سَراويلُ قَصيرَةٌ
belt	*ɦizām^{un} (ʔaɦzima^{tun})*	حِزامٌ (أَحْزِمَةٌ)
(belt) buckle	*mašbak^{u} ɦizām^{in} (mašābik^{u} ʔaɦzima^{tin})*	مَشْبَكُ حِزامٍ (مَشابِكُ أَحْزِمَةٍ)
suit	*badla^{tun}*	بَدْلَةٌ
suit jacket	*sutra^{tu} badla^{tin}*	سُتْرَةُ بَدْلَةٍ
uniform	*ziyy^{un} muwaɦɦad^{un} (ʔazyāʔ^{un} muwaɦɦada^{tun})*	زِيٌّ مُوَحَّدٌ (أَزْياءٌ مُوَحَّدَةٌ)
jellabiya, galabeya	*jallābiyya^{tun} (jalālīb^{u})*	جَلّابِيَّةٌ (جَلاليبُ)
necktie	*rabṭa^{tu} 3unuq^{in}*	رَبْطَةُ عُنُقٍ
to tie one's necktie	*rabaṭa* [1s2] *rabṭa^{ta} 3unuqih^{i}*	رَبَط رَبْطَةَ عُنُقِهِ
watch	*sā3a^{tun}*	ساعَةٌ
wallet	*maɦfaẓa^{tun}*	مَحْفَظَةٌ

bag, briefcase	*ɦaqība^{tun} (ɦaqāʔib^{u})*	حَقيبَةٌ (حَقائِبُ)
courier bag	*ɦaqība^{tu} sā3ī barīd^{in}*	حَقيبَةُ ساعِي بَريدٍ
handbag, purse	*ɦaqība^{tu} yad^{in}*	حَقيبَةُ يَدٍ

dress	*fustān^{un} (fasātīn^{u})*	فُسْتانٌ (فَساتينُ)
skirt	*tannūra^{tun} (tanānīr^{u})*	تَنّورَةٌ (تَنانيرُ)
hijab, headscarf	*ɦijāb^{un}*	حِجابٌ
niqab	*niqāb^{un}*	نِقابٌ
(women's) scarf	*wišāɦ^{un} nisāʔiyy^{un} (ʔawšiɦa^{tun} nisāʔiyya^{tun})*	وِشاحٌ نِسائِيٌّ (أَوْشِحَةٌ نِسائِيَّةٌ)
hair ribbon	*šarīṭ^{u} ša3r^{in} (ʔašriṭa^{tu} ša3r^{in})*	شَريطُ شَعْرٍ (أَشْرِطَةُ شَعْرٍ)
barette, hair clip	*mišbak^{u} ša3r^{in} (mašābik^{u} ša3r^{in})*	مِشْبَكُ شَعْرٍ (مَشابِكُ شَعْرٍ)

hat	*qubba3a^{tun}*	قُبَّعَةٌ
(baseball) cap	*qubba3a^{tu} kura^{ti} -lqā3ida^{ti}*	قُبَّعَةُ كُرَةِ القاعِدَةِ
skull cap, (knit) beanie	*qubba3a^{tun} ṣaɣīra^{tun}*	قُبَّعَةٌ صَغيرَةٌ
turban	*3imāma^{tun} (3amāʔim^{u})*	عِمامَةٌ (عَمائِمُ)

jacket	*sutra^{tun}*	سُتْرَةٌ
coat	*mi3ṭaf^{un} (ma3āṭif^{u})*	مِعْطَفٌ (مَعاطِفُ)
sweater	*sutra^{tun} ṣūfiyya^{tun}*	سُتْرَةٌ صوفِيَّةٌ

zip-up sweater	*sutra^{tun} bi-saħħāb^{in}*	سُتْرَةٌ بِسَحّابٍ
sweatshirt	*qamīṣ^{un} ŧaqīl^{un}*	قَميصٌ ثَقيلٌ
scarf	*wišāħ^{un} (ʔawšiħa^{tun})*	وِشاحٌ (أَوْشِحَةٌ)
glove	*quffāz^{un}*	قُفّازٌ
a pair of gloves	*zawj^{un} min^{a} -lquffāzāt^{i}*	زَوْجٌ مِنَ القُفّازاتِ

bathrobe	*ridāʔ^{u} -lħammām^{i}*	رِداءُ الحَمّامِ
pajamas	*bījāma^{tun}*	بيجامَةٌ
nightgown, teddy	*qamīṣ^{u} nawm^{in}*	قَميصُ نَوْمٍ

swimsuit, bathing suit	*malābis^{u} sibāħa^{tin}*	مَلابِسُ سِباحَةٍ
bikini	*māyūh^{un}*	مايوهٌ

pocket	*jayb^{un} (juyūb^{un})*	جَيْبٌ (جُيوبٌ)
to put __ in one's pocket	*waḍaʒa* [1a1] *__ fī jaybih^{i}*	وَضَعَ __ فِي جَيْبِهِ
to take __ out of one's pocket	*ʔaxađa* [1s3(a)] *__ min jaybih^{i}*	أَخَذَ __ مِنْ جَيْبِهِ
button	*zirr^{u} (ʔazrār^{un})*	زِرٌّ (أَزْرارٌ)
to button up	*ʔaɣlaqa* [4s] *-lʔazrār^{a}*	أَغْلَقَ الأَزْرارَ
to unbutton	*fakka* [1g3] *-lʔazrār^{a}*	فَكَّ الأَزْرارَ
zipper	*saħħāb^{un}*	سَحّابٌ

to zip up	*ʔaɣlaqa* [4s] *-ssaɦɦāb*^{a}	أَغْلَقَ السَّحّابَ
to unzip	*fakka* [1g3] *-ssaɦɦāb*^{a}	فَكَّ السَّحّابَ
(pair of) shoes	*ɦiđāʔ*^{un} *(ʔaɦđiya*^{tun}*)*	حِذاءٌ (أَحْذِيَةٌ)
shoe	*ɦiđāʔ*^{un}	حِذاءٌ
(pair of) boots	*ɦiđāʔ*^{un} *ţawīl*^{u} *-rraqaba*^{ti}	حِذاءٌ طَويلُ الرَّقَبَةِ
(pair of) sandals	*şandal*^{un} *(şanādil*^{u}*)*	صَنْدَلٌ (صَنادِلُ)
(pair of) high heels	*ɦiđāʔ*^{un} *bi-ka3b*^{in} *3āl*^{in}	حِذاءٌ بِكَعْبٍ عالٍ
(pair of) slippers	*šibšib*^{un} *(šabāšib*^{u}*)*	شِبْشِبٌ (شَباشِبُ)
shoelaces	*ʔarbiţa*^{tu} *ɦiđāʔ*^{in}	أَرْبِطَةُ حِذاءٍ
to tie one's shoes	*rabaţa* [1s2] *ɦađāʔah*^{u}	رَبَطَ حَذائَهُ
to untie one's shoes	*ɦalla* [1g3] *ribāţa ɦiđāʔih*^{i}	حَلَّ رِباطَ حِذائِهِ
Your shoelaces have come undone.	*laqad*^{i} *-nɦalla ribāţ*^{u} *ɦiđāʔik*^{a}*.*	لَقَدِ انْحَلَّ رِباطُ حِذائِكَ.
shoe polish	*mulammi3*^{u} *ʔaɦđiya*^{tin} *warnīš*^{u} *ʔaɦđiya*^{tin}	مُلَمِّعُ أَحْذِيَةٍ وَرْنيشُ أَحْذِيَةٍ
to polish one's shoes	*lamma3a* [2s] *ɦađāʔah*^{u}	لَمَّعَ حَذائَهُ
shoe size	*maqās*^{u} *ɦiđāʔ*^{in}	مَقاسُ حِذاءٍ
What size shoes do you wear?	*mā huwa maqās*^{u} *ɦiđāʔik*^{a}*?*	ما هُوَ مَقاسُ حِذائِكَ؟
I wear size 40.	*ʔartadī -lmaqās*^{a} *ʔarba3īn*^{a}*.*	أَرْتَدي المَقاسَ أَرْبَعينَ.
I'm not sure about my size.	*last*^{u} *mutaʔakkid*^{an} *min maqāsī.*	لَسْتُ مُتَأَكِّدًا مِنْ مَقاسي.

(pair of) socks	*jawārib*^{u}	جَوارِبُ
to wear, to get dressed, to put on	*irtadā* *labisa*	اِرْتَدى لَبِسَ
What are you going to wear today?	*māđā satartadī -lyawm*^{a}*?*	ماذا سَتَرْتَدي اليَوْمَ؟
He took a shower, got dressed, and left for work.	*istaħamma wa-rtadā malābisah*^{u} *wa-xaraja li-l3amal*^{i}*.*	اِسْتَحَمَّ وَارْتَدى مَلابِسَهُ وَخَرَجَ لِلْعَمَلِ.
to get undressed	*xala3a* [1s1] *malābisah*^{u}	خَلَعَ مَلابِسَهُ
to take off	*xala3a* [1s1]	خَلَعَ
I took off my jacket.	*xala3t*^{u} *sutratī.*	خَلَعْتُ سُتْرَتي.
to change one's clothes	*ɣayyara* [2s] *malābisah*^{u}	غَيَّرَ مَلابِسَهُ
(clothing) size	*maqās*^{u} *-lmalābis*^{i}	مَقاسُ المَلابِسِ
small (S)	*ṣaɣīr*^{un}	صَغيرٌ
medium (M)	*mutawassiṭ*^{un}	مُتَوَسِّطٌ
large (L)	*kabīr*^{un}	كَبيرٌ
extra-large (XL)	*kabīr*^{un} *jidd*^{an}	كَبيرٌ جِدًّا
loose	*wāsi3*^{un}	واسِعٌ
tight	*ḍayyiq*^{un}	ضَيِّقٌ
just right (not too loose or tight)	*munāsib*^{un}	مُناسِبٌ
Does the shirt fit you?	*hal yunāsibuk*^{a} *-lqamīṣ*^{u}*?*	هَلْ يُناسِبُكَ القَميصُ؟

It fits just right.	*ʔinnah^{u} munāsib^{un} tamāman.*	إِنَّهُ مُناسِبٌ تَمامًا.
It doesn't fit.	*ʔinnah^{u} ɣayr^{u} munāsib^{in}.*	إِنَّهُ غَيْرُ مُناسِبٍ.
It's a little big.	*ʔinnah^{u} kabīr^{un} ba3ḑ^{a} -ššayʔ^{i}.*	إِنَّهُ كَبِيرٌ بَعْضَ الشَّيْءِ.
It's too tight.	*ʔinnah^{u} ḑayyiq^{un} jiddan.*	إِنَّهُ ضَيِّقٌ جِدًّا.
I think I need the next size up.	*ʔa3taqid^{u} ʔannanī ʔaħtāj^{u} -lmaqās^{a} -lʔakbar^{a}.*	أَعْتَقِدُ أَنَّنِي أَحْتاجُ المَقاسَ الأَكْبَرَ.

to do the laundry	*ɣasala [1s2] -lɣasīl^{a}* *ɣasala [1s2] -lmalābis^{a}*	**غَسَلَ الغَسِيلَ** **غَسَلَ المَلابِسَ**
to hang out the laundry	*našara [1s3] -lɣasīl^{a}* *našara [1s3] -lmalābis^{a}*	**نَشَرَ الغَسِيلَ** **نَشَرَ المَلابِسَ**
to dry the laundry	*jaffafa [2s] -lmalābis^{a}*	**جَفَّفَ المَلابِسَ**
washing machine	*ɣassaāla^{tun}*	**غَسّالَةٌ**
(clothes) dryer	*mujaffif^{u} malābis^{in}*	**مُجَفِّفُ مَلابِسٍ**
clothesline	*ħabl^{u} ɣasīl^{in} (ħibāl^{u} ɣasīl^{in})*	**حَبْلُ غَسِيلٍ (حِبالُ غَسِيلٍ)**
laundry basket	*salla^{tu} ɣasīl^{in}*	**سَلَّةُ غَسِيلٍ**
to iron	*kawā [1d2]*	**كَوى**
iron	*mikwā^{tun} (makāw^{in})*	**مِكْواةٌ (مَكاوٍ)**
ironing board	*ţāwila^{tu} -lkayy^{i}*	**طاوِلَةُ الكَيِّ**
wrinkled	*mutaja33id^{un}*	**مُتَجَعِّدٌ**

This shirt is wrinkled. I need to iron it.	*hađā -lqamīṣ^{u} mutaja33id^{un}. ʔaħtāj^{u} li-kayyih^{i}.*	هَذا القَميصُ مُتَجَعِّدٌ. أَحْتاجُ لِكَيِّهِ.

cloth, fabric	*qumāš^{un} (ʔaqmiša^{tun})*	**قُماشٌ (أَقْمِشَةٌ)**
cotton	*quṭn^{un}*	**قُطْنٌ**
wool	*ṣūf^{un}*	**صوفٌ**
silk	*ħarīr^{un}*	**حَريرٌ**
nylon	*nāīlūn^{un}*	**نايْلونٌ**
linen	*kittān^{un}*	**كِتّانٌ**
Is this t-shirt cotton?	*hal hađā -lqamīṣ^{u} quṭniyy^{un}?*	هَلْ هَذا القَميصُ قُطْنِيٌّ؟
This blouse is silk.	*hađih^{i} -lbulūza^{tu} ħarīriyya^{tun}.*	هَذِهِ البُلوزَةُ حَريرِيَّةٌ.
leather	*jild^{un}*	**جِلْدٌ**

glasses	*naẓẓārāt^{un}*	**نَظّاراتٌ**
contact lenses	*3adasāt^{un} lāṣiqa^{tun}*	**عَدَساتٌ لاصِقَةٌ**
Do you wear glasses?	*hal tartadī naẓẓārāt^{in}?*	هَلْ تَرْتَدي نَظّاراتٍ؟
Oh, you're wearing glasses today!	*3ajaban, ʔant^{a} tartadī naẓẓārāt^{in} alyawm^{a}!*	عَجَبًا، أَنْتَ تَرْتَدي نَظّاراتٍ اليَوْمَ!
I usually wear contacts.	*3āda^{tan} mā ʔartadī 3adasāt^{in} lāṣiqa^{tin}.*	عادَةً ما أَرْتَدي عَدَساتٍ لاصِقَةٍ.
sunglasses	*naẓẓārāt^{un} šamsiyya^{tun}*	**نَظّاراتٌ شَمْسِيَّةٌ**

reading glasses	*naʐʐārāt^{u} qirāʔa^{tin}*	نَظّارات قِراءَةٍ
I can't find my glasses!	*lā yumkinunī ʔījād^{u} naʐʐārātī!*	لا يُمْكِنُني إيجادُ نَظّاراتي!
jewelry	*mujawharāt^{un}*	مُجَوْهَراتٌ
ring	*xātam^{un} (xawātim^{u})*	خاتَمٌ (خَواتِمُ)
wedding ring	*xātam^{u} zawāj^{in}*	خاتَمُ زَواجٍ
engagement ring	*xātam^{u} xuʈūba^{tin}*	خاتَمُ خُطوبَةٍ
bracelet	*siwār^{un} (ʔaswira^{tun})*	سِوارٌ (أَسْوِرَةٌ)
earring	*ɦalaq^{un} (ɦulqān^{un})* *qirʈ^{un} (ʔaqrāʈ^{un})*	حَلَقٌ (حُلْقانٌ) قِرْطٌ (أَقْراطٌ)
I lost my earring.	*laqad ʔaɖa3ut^{u} ɦalaqī.*	لَقَدْ أَضَعْتُ حَلَقي.
a pair of earrings	*ɦulqān^{un}*	حُلْقانٌ
necklace	*qilāda^{tun}* *3iqd^{un} (3uqūd^{un})*	قِلادَةٌ عِقْدٌ (عُقودٌ)
brooch	*dabbūs^{un} muzaxraf^{un} (dabābīs^{u} muzaxrafa^{tun})*	دَبّوسٌ مُزَخْرَفٌ (دَبابيسُ مُزَخْرَفَةٌ)
diamonds	*ʔalmās^{un}*	أَلْماسٌ
ruby	*yāqūt^{un}*	ياقوتٌ
topaz	*yāqūt^{un} ʔaʂfar^{un}*	ياقوتٌ أَصْفَرٌ
emeralds	*zumurrud^{un}*	زُمُرُّدٌ
gold	*đahab^{un}* [m. or f.]	ذَهَبٌ

silver	*fiḍḍa*^{tun}	**فِضَّةٌ**
a diamond ring, gold bracelet, and silver necklace	*xātam*^{un} *min ʔalmās*^{in} *wa-sawwār*^{un} *min đahab*^{in} *wa-qilāda*^{tun} *min fiḍḍa*^{tin}	خاتَمٌ مِنْ أَلْماسٍ وَسَوّارٌ مِنْ ذَهَبٍ وَقِلادَةٌ مِنْ فِضَّةٍ

7 The House

house	*bayt^{un} (buyūt^{un})* *manzil^{un} (manāzil^{u})*	**بَيْتٌ (بُيوتٌ)** **مَنْزِلٌ (مَنازِلُ)**
apartment	*šuqqa^{tun} (šuqaq^{un})*	**شُقَّةٌ (شُقَقٌ)**
two-story apartment	*šuqqa^{tun} min ṭābiqayn^{i}*	**شُقَّةٌ مِنْ طابِقَيْنِ**
penthouse apartment	*šuqqa^{tun} bi-ṭṭābiq^{i} -l3ulwiyy^{i}*	**شُقَّةٌ بِالطّابِقِ العُلْوِيِّ**
story, floor	*ṭābiq^{un} (ṭawābiq^{u})*	**طابِقٌ (طَوابِقُ)**
two-story house for sale	*manzil^{un} min ṭābiqayn^{i} li-lbay3^{i}*	**مَنْزِلٌ مِنْ طابِقَيْنِ لِلْبَيْعِ**
The apartment is on the fourth floor.	*aššuqqa^{tu} fī -ṭṭābiq^{i} -rrābi3^{i}.*	الشُّقَّةُ فِي الطّابِقِ الرّابِعِ.

to rent an apartment	*istaʔjara šuqqa^{tan}*	**اِسْتَأْجَرَ شُقَّةً**
rent	*ʔījār^{un}* *ʔujra^{tun}*	**إيجارٌ** **أُجْرَةٌ**
How much is the rent?	*kam^{i} -lʔījār^{u}?*	كَمِ الإِيجارُ؟
How much do you pay in rent?	*kam tadfa3^{u} li-lʔījār^{i}?*	كَمْ تَدْفَعُ لِلْإِيجارِ؟
tenant, renter	*mustaʔjir^{un}*	**مُسْتَأْجِرٌ**
landlord **landlady**	*mālik^{un} (mullāk^{un})* *mālika^{tun}*	**مالِكٌ (مُلّاكٌ)** **مالِكَةٌ**
to rent an apartment to	*istaʔjara šuqqa^{tan} li-*	**اِسْتَأْجَرَ شُقَّةً لِ**

roof	*saţħ^{un} (suţūħ^{un})* *saqf^{un} (suqūf^{un})*	**سَطْحٌ (سُطوحٌ)** **سَقْفٌ (سُقوفٌ)**
fence	*sūr^{un} (ʔaswār^{un})*	**سورٌ (أَسْوارٌ)**
gate	*bawwāba^{tun}*	**بَوّابَةٌ**
gardener	*bustāniyy^{un}*	**بُسْتانِيٌّ**
The gardener comes once a week.	*yaʔtī -lbustāniyy^{u} marra^{tan} wāħida^{tan} fī -lʔusbū3^{i}.*	يَأْتي البُسْتانِيُّ مَرَّةً واحِدَةً في الأُسْبوعِ.
housekeeper, maid	*mudabbira^{tu} manzil^{in}* *xādima^{tun}*	**مُدَبِّرَةُ مَنْزِلٍ** **خادِمَةٌ**
doorman	*bawwāb^{un}*	**بَوّابٌ**
Ask the doorman to wash our car this afternoon.	*ʔuţlub min^{a} -lbawwāb^{i} ʔan yaɣsil^{a} sayyāratanā ba3d^{a} ʐuhr^{i} -lyawm^{i}.*	أُطْلُبْ مِنَ البَوّابِ أَنْ يَغْسِلَ سَيّارَتَنا بَعْدَ ظُهْرِ اليَوْمِ.

room	*ɣurfa^{tun} (ɣuraf^{un})*	**غُرْفَةٌ (غُرَفٌ)**
furniture	*ʔaŧāŧ^{un}*	**أَثاثٌ**
furnished	*mafrūš^{un}* *muʔaŧŧaŧ^{un}*	**مَفْروشٌ** **مُؤَثَّثٌ**
chair	*kursiyy^{u} (karās^{in})*	**كُرْسِيٌّ (كَراسٍ)**
table	*ţāwila^{tun}*	**طاوِلَةٌ**
door	*bāb^{un} (ʔabwāb^{un})*	**بابٌ (أَبْوابٌ)**
front door	*bāb^{un} ʔamāmiyy^{un}*	**بابٌ أَمامِيٌّ**

key	*miftāħ*^{un} *(mafātīħ*^{u}*)*	مِفْتاحٌ (مَفاتيحُ)
floor	*ʔarḍiyya*^{tun}	أَرْضِيَّةٌ
ceiling	*saqf*^{un} *(suqūf*^{un}*)*	سَقْفٌ (سُقوفٌ)
carpet	*sajjāda*^{tun}	سَجّادَةٌ
tiles	*balāṭ*^{un}	بَلاطٌ
hardwood floor	*ʔarḍiyya*^{tun} *xašabiyya*^{tun}	أَرْضِيَّةٌ خَشَبِيَّةٌ
window	*nāfiđa*^{tun} *(nawāfiđ*^{u}*)* *šubbāk*^{un} *(šabābīk*^{u}*)*	نافِذَةٌ (نَوافِذُ) شُبّاكٌ (شَبابيكُ)
curtain, blinds	*sitāra*^{tun} *(satāʔir*^{u}*)*	سِتارَةٌ (سَتائِرُ)
shutters	*šīš*^{u} *nāfiđa*^{tin}	شيشُ نافِذَةٍ
shelf	*raff*^{un} *(rufūf*^{un}*)*	رَفٌّ (رُفوفٌ)
wall	*ħāʔiṭ*^{un} *(ħawāʔiṭ*^{u}*)* *jidār*^{un} *(judrān*^{un}*)*	حائِطٌ (حَوائِطُ) جِدارٌ (جُدْرانٌ)
wall clock	*sā3a*^{tu} *ħāʔiṭ*^{in}	ساعَةُ حائِطٍ
painting, picture	*lawħa*^{tun} *ṣūra*^{tun} *(ṣuwar*^{un}*)*	لَوْحَةٌ صورَةٌ (صُوَرٌ)
to hang a picture on the wall	*3allaqa* [2s] *ṣūra*^{tan} *3alā -lħāʔiṭ*^{i}	عَلَّقَ صورَةً على الحائِطِ
I love that painting hanging over the sofa.	*tu3jibunī tilk*^{a} *-llawħa*^{tu} *-lmu3allaqa*^{tu} *fawq*^{a} *-lʔarīka*^{ti}.	تُعْجِبُني تِلْكَ اللَّوْحَةُ المُعَلَّقَةُ فَوْقَ الأَريكَةِ.

poster	mulṣaq^{un}	مُلْصَقٌ
to do housework	qāma [1h3] bi-ʔa3māl^{in} manziliyya^{tin}	قامَ بِأعْمالٍ مَنْزِلِيَّةٍ
to clean, tidy up	naẓẓafa [2s] rattaba [2s]	نَظَّفَ رَتَّبَ
to wash the windows	ɣasala [1s2] -nnawāfiđ^{a}	غَسَلَ النَّوافِذَ
broom	miknasa^{tun} (makānis^{u})	مِكْنَسَةٌ (مَكانِسُ)
to sweep	kanasa [1s3]	كَنَسَ
mop	mamsaħa^{tun} (mamāsiħ^{u})	مَمْسَحَةٌ (مَماسِحُ)
to mop	masħa [1s1] [-lʔarḍiyya^{ta}] naẓẓafa [2s] [-lʔarḍiyya^{ta}]	مَسَحَ [الأَرْضِيَّةَ] نَظَّفَ [الأَرْضِيَّةَ]
vacuum cleaner	miknasa^{tun} kahrubāʔiyya^{tun} (makānis^{un} kahrubāʔiyya^{tun})	مِكْنَسَةٌ كَهْرُبائِيَّةٌ (مَكانِسُ كَهْرُبائِيَّةٌ)
to vacuum the carpet	naẓẓafa [2s] -ssajjāda^{ta} bi-lmiknasa^{ti} -lkahrubāʔiyya^{ti}	نَظَّفَ السَّجّادَةَ بِالمِكْنَسَةِ الكَهْرُبائِيَّةِ
to dust	nafaḍa [1s3] -lɣubār^{a}	نَفَضَ الغُبارَ
dust	ɣubār^{un}	غُبارٌ
dusty	muɣabbar^{un} ʔaɣbar^{u}	مُغَبَّرٌ أَغْبَرُ
to beat the dust out of a carpet	naẓẓafa [2s] -ssajjāda^{ta} min^{a} -lɣubār^{i}	نَظَّفَ السَّجّادَةَ مِنَ الغُبارِ

light	*ḍawʔ^{un} (ʔaḍwāʔ^{un})* *nūr^{un} (ʔanwār^{un})*	ضَوْءٌ (أَضْواءٌ) نورٌ (أَنْوارٌ)
lamp	*miṣbāɧ^{un} (maṣābīɧ^{u})*	مِصْباحٌ (مَصابيحُ)
to turn on the light	*ʔaš3ala* [4s] *-ḍḍawʔ^{a}*	أَشْعَلَ الضَّوْءَ
to turn off the light	*ʔaṭfaʔa* [4s(c)] *-ḍḍawʔ^{a}*	أَطْفَأَ الضَّوْءَ
Could you turn off the light in the kitchen, please?	*hal yumkinuk^{a} ʔiṭfāʔ^{u} -ḍḍawʔ^{i} -lmawjūd^{i} fī -lmaṭbax^{i} min faḍlik^{a}?*	هَلْ يُمْكِنُكَ إِطْفاءُ الضَّوْءِ المَوْجودِ فِي المَطْبَخِ مِنْ فَضْلِكَ؟
light switch	*qābis^{u} ḍawʔ^{in} (qwābis^{u} ḍawʔ^{in})* *miftāɧ^{u} ḍawʔ^{i} (mafātīɧ^{u} ḍawʔ^{in})*	قابِسُ ضَوْءٍ (قوابِسُ ضَوْءٍ) مِفْتاحُ ضَوْءٍ (مَفاتيحُ ضَوْءٍ)
electrical outlet, socket	*maqbis^{un} (maqābis^{u})* *maxraj^{un} kahrubāʔiyy^{un} (maxārij^{u} kahrubāʔiyya^{tun})*	مَقْبِسٌ (مَقابِسُ) مَخْرَجٌ كَهْرُبائِيٌّ (مَخارِجُ كَهْرُبائِيَّةٌ)
plug	*qābis^{un} kahrubāʔiyy^{un} (qwābis^{u} kahrubāʔiyya^{tun})*	قابِسٌ كَهْرُبائِيٌّ (قَوابِسُ كَهْرُبائِيَّةٌ)
to plug in	*waṣṣala* [2s] *-lqābisa [-lkahrubāʔiyya]*	وَصَّلَ القابِسَ [الكَهْرُبائِيَّ]
to unplug	*naza3a* [1s1] *-lqābisa [-lkahrubāʔyya]*	نَزَعَ القابِسَ [الكَهْرُبائِيَّ]
extension cord, adapter	*waṣla^{tu} maqābis^{in}*	وَصْلَةُ مَقابِسٍ
fuse box	*ṣundūq^{u} kahrubāʔ^{in}*	صُنْدوقُ كَهْرُباءٍ
fuse	*ṣimām^{un} kahrubāʔiyy^{un}* *fatīl^{un}*	صِمامٌ كَهْرُبائِيٌّ فَتيلٌ
A fuse has blown.	*iɧtaraqa ṣimām^{un} kahrubāʔiyy^{un}.*	اِحْتَرَقَ صِمامٌ كَهْرُبائِيٌّ.

the power went out	*inqaṭa3at^{i} -lkahrubāʔ^{u}* *inqaṭa3^{a} -ttayyār^{u} -lkahrubāʔiyy^{u}*	انْقَطَعَتِ الكَهْرُباءُ انْقَطَعَ التَيّارُ الكَهْرُبائِيُّ
The power went out for an hour this afternoon.	*inqaṭa3at^{i} -lkahrubāʔ^{u} li-mudda^{ti} sā3a^{tin} ba3d^{a} ẓuhr^{i} -lyawm^{i}.*	انْقَطَعَتِ الكَهْرُباءُ لِمُدَّةِ ساعَةٍ بَعْدَ ظُهْرِ اليَوْمِ.
candle	*šam3a^{tun}*	شَمْعَةٌ
heater	*madfaʔa^{tun} (madāfiʔ^{u})*	مَدْفَأَةٌ (مَدافِئُ)
air-conditioner	*mukayyif^{u} hawāʔ^{in}*	مُكَيِّفُ هَواءٍ

living room	*ɣurfa^{tu} ma3īša^{tin}* *ɣurfa^{tu} julūs^{in}*	غُرْفَةُ مَعيشَةٍ غُرْفَةُ جُلوسٍ
formal sitting room (for entertaining guests)	*ɣurfa^{tu} ḍuyūf^{in}*	غُرْفَةُ ضُيوفٍ
sofa, couch	*ʔarīka^{tun}*	أَريكَةٌ
armchair	*kursiyy^{un} bi-đirā3īn^{i}*	كُرْسِيٌّ بِذِراعَيْنِ
television	*tilfāz^{un}* *tilfizyōn^{un}*	تِلْفازٌ تِلْفِزْيونٌ
to watch TV	*šāhada* [3s] *-ttilfāz^{a}*	شاهَدَ التِّلْفازَ
The only thing I want to do this evening is sit on the couch and watch TV.	*aššayʔ^{u} -lwaħīd^{u} -llađī ʔurīd^{u} fi3lah^{u} hađā -lmasāʔ^{i} huwa -ljulūs^{u} 3alā -lʔarīka^{ti} wa-mušāhada^{ti} -ttilfāz^{i}.*	الشَّيْءُ الوَحيدُ الَّذي أُريدُ فِعْلَهُ هَذا المَساءِ هُوَ الجُلوسُ عَلى الأَريكَةِ وَمُشاهَدَةِ التِّلْفازِ.

dining room	*ɣurfa^{tu} ṭa3ām^{in}* *ɣurfa^{tu} māʔida^{tin}*	غُرْفَةُ طَعامٍ غُرْفَةُ مائِدَةٍ

dining table	*ṭāwila^{tu} ṭa3ām^{in}* *ṭāwila^{tu} māʔida^{tin}*	**طاوِلَةُ طَعامٍ** **طاوِلَةُ مائِدَةٍ**
to set the table	*ʔa3adda* [4g] *-lmāʔida^{ta}* *jahhaza* [2s] *-ṭṭāwila^{ta}*	**أَعَدَّ المائِدَةَ** **جَهَّزَ الطّاوِلَةَ**
to clear the table	*naẓẓafa* [2s] *-ṭṭāwila^{ta}*	**نَظَّفَ الطّاوِلَةَ**
to sit at the table	*jalasa* [1s2] *3alā -ṭṭāwila^{ti}*	**جَلَسَ عَلى الطّاوِلَةِ**
Dinner's ready! Come to the table!	*al3ašāʔ^{u} jāhiz^{un}! ta3ālaū ʔilā -ṭṭāwila^{ti}!*	العَشاءُ جاهِزٌ! تَعالَوْا إِلى الطّاوِلَةِ!
(flower) vase	*mazhariyya^{tun}*	**مَزْهَرِيَّةٌ**
plate, dish	*ṭabaq^{un} (ʔaṭbāq^{un})*	**طَبَقٌ (أَطْباقٌ)**
spoon	*mil3aqa^{tun} (malā3iq^{u})*	**مِلْعَقَةٌ (مَلاعِقُ)**
fork	*šawka^{tun}*	**شَوْكَةٌ**
knife	*sikkīna^{tun} (sakākīn^{u})*	**سِكِّينَةٌ (سَكاكِينُ)**
bowl	*wi3āʔ^{un} (ʔaw3iya^{tun})* *ʔināʔ^{un} (ʔawān^{in})*	**وِعاءٌ (أَوْعِيَةٌ)** **إِناءٌ (أَوانٍ)**
napkin	*mandīl^{un} (manādīl^{u})*	**مَنْدِيلٌ (مَنادِيلُ)**

kitchen	*maṭbax^{un} (maṭābix^{u})*	**مَطْبَخٌ (مَطابِخُ)**
cupboard, cabinet	*xizāna^{tun}* *dūlāb^{un} (dawālīb^{u})*	**خِزانَةٌ** **دولابٌ (دَوالِيبُ)**

counter	*minḍada^{tu} maṭbax^{in} (manāḍid^{u} maṭbax^{in})* *ṭāwila^{tu} maṭbax^{in}*	**مِنْضَدَةُ مَطْبَخٍ (مَناضِدُ مَطْبَخٍ)** **طاوِلَةُ مَطْبَخٍ**
refrigerator	*ṯallāja^{tun}* *barrād^{un}*	**ثَلّاجَةٌ** **بَرّادٌ**
freezer	*mujammid^{un}* *mubarrid^{un}*	**مُجَمِّدٌ** **مُبَرِّدٌ**
stove	*mawqid^{un} (mawāqid^{u})*	**مَوْقِدٌ (مَواقِدُ)**
oven	*furn^{un} (ʔafrān^{un})*	**فُرْنٌ (أَفْرانٌ)**
microwave (oven)	*furn^{un} muwayjiyy^{un}* *furn^{u} -lʔamwāj^{i} -lmukrawiyya^{ti}*	**فُرْنٌ مُوَيْجِيٌّ** **فُرْنُ الأَمْواجِ المُكْرَوِيَّةِ**
to microwave	*ṭabaxa* [1s3] *fī -lfurn^{i} -lmuwayjiyy^{i}*	**طَبَخَ فِي الفُرْنِ المُوَيْجِيِّ**
Just put it in the microwave for two minutes.	*faqaṭ ḍa3h^{u} fī -lfurn^{i} -lmuwayjiyy^{i} li-mudda^{ti} daqīqatayn^{i}.*	فَقَطْ ضَعْهُ فِي الفُرْنِ المُوَيْجِيِّ لِمُدَّةِ دَقيقَتَيْنِ.
to heat up	*saxxana* [2s]	**سَخَّنَ**
I heated up the soup in the microwave.	*saxxant^{u} -lḥasāʔ^{a} fī -lfurn^{i} -lmuwayjiyy^{i}.*	سَخَّنْتُ الحَساءَ فِي الفُرْنِ المُوَيْجِيِّ.
cooking	*ṭabx^{un}*	**طَبْخٌ**
to make dinner	*ʔa3adda* [4g] *-l3ašāʔ^{a}* *ḥaḍḍara* [2s] *-l3ašāʔ^{a}*	**أَعَدَّ العَشاءَ** **حَضَّرَ العَشاءَ**
to cut	*qaṭa3a* [1s1]	**قَطَعَ**
to dice	*qaṭṭa3a* [2s] *[3alā šakl^{i} muka33abāt^{in}]*	**قَطَّعَ [عَلى شَكْلِ مُكَعَّباتٍ]**

to slice	*qaţţa3a* [2s] *li-šarāʔiɧ^{a}*	قَطَّعَ لِشَرائِحَ
to chop (up)	*qaţţa3a* [2s] *[qiţa3^{an} şaɣīra^{tan}]*	قَطَّعَ [قِطَعًا صَغِيرَةً]
to cut in half	*qaţa3a* [1s1] *ʔilā nişfayn^{i}*	قَطَعَ إِلى نِصْفَيْنِ
to cook (on the stove)	*ţabaxa* [1s1]	طَبَخَ
to bake (bread)	*xabaza* [1s2]	خَبَزَ
to boil	*salaqa* [1s3] *ɣalā* [1d2]	سَلَقَ غَلى
to fry	*qalā* [1d2]	قَلى
pot	*qidr^{un}* *ţanjara^{tun}*	قِدْرٌ طَنْجَرَةٌ
pan	*miqlā^{tun} (maqāl^{in})*	مِقْلاةٌ (مَقالٍ)
tray, casserole dish	*şīniyya^{tun} (şawān^{in})*	صِينِيَّةٌ (صَوانٍ)
recipe	*waşfa^{tun}*	وَصْفَةٌ
to follow a recipe	*ittaba3a waşfa^{tan}*	اِتَّبَعَ وَصْفَةً
cookbook	*kitāb^{u} ţabx^{in} (kutub^{u} ţabx^{in})*	كِتابُ طَبْخٍ (كُتُبُ طَبْخٍ)
blender	*xallāţ^{un}*	خَلّاطٌ
mixer	*xallāţ^{un} yadawiyy^{un}*	خَلّاطٌ يَدَوِيٌّ
toaster	*miɧmaşa^{tun}*	مِحْمَصَةٌ
sink	*ɧawḑ^{un} (ʔaɧwāḑ^{un})*	حَوْضٌ (أَحْواضٌ)

faucet	*ṣunbūr^{un} (ṣanābīr^{u})* *ɦanafiyya^{tun}*	صُنْبورٌ (صَنابيرُ) حَنَفِيَّةٌ
to do the dishes	*ɣasala [1s2] -lʔaṭbāq^{a}* *ɣasala [1s2] -ṣṣuɦūn^{a}*	غَسَلَ الأَطْباقَ غَسَلَ الصُّحونَ
dishwashing liquid	*sāʔil^{u} ɣasl^{i} -lʔawāniy^{a}*	سائِلُ غَسْلِ الأَوانِيْ

to make tea	*ʔa3adda [4g] -ššāy^{a}* *ɦaḍḍara [2s] -ššāy^{a}*	أَعَدَّ الشّايَ حَضَّرَ الشّايَ
kettle	*ɣallāya^{tun}*	غَلّايَةٌ
to make coffee	*ʔa3adda [4g] -lqahwa^{ta}* *ɦaḍḍara [2s] -lqahwa^{ta}*	أَعَدَّ القَهْوَةَ حَضَّرَ القَهْوَةَ
coffee maker	*ʔāla^{tu} ṣun3^{i} -lqahwa^{ti}*	آلَةُ صُنْعِ القَهْوَةِ

garbage	*qumāma^{tun}* *nifāya^{tun}*	قُمامَةٌ نِفايَةٌ
garbage can	*ṣundūq^{u} qumāma^{tin}* *salla^{tu} muhmalāt^{in}*	صُنْدوقُ قُمامَةٍ سَلَّةُ مُهْمَلاتٍ
to throw away	*ramā [1d2]*	رَمى
to take out the garbage	*ʔaxraja [4s] -lqumāma^{ta}* *ramā [1d2] -lqumāma^{ta} xārij^{an}*	أَخْرَجَ القُمامَةَ رَمى القُمامَةَ خارِجًا

bedroom	*ɣurfa^{tu} nawm^{in}*	غُرْفَةُ نَوْمٍ

bed	*sarīr^{un} (surur^{un})*	سَرِيرٌ (سُرُرٌ)
single bed, twin bed	*sarīr^{un} mufrad^{un}*	سَرِيرٌ مُفْرَدٌ
double/queen/king bed	*sarīr^{un} muzdawaj^{un}*	سَرِيرٌ مُزْدَوَجٌ
headboard	*raʔs^{u} -ssarīr^{i}*	رَأْسُ السَّرِيرِ
mattress	*firāš^{un}* *martaba^{tun}*	فِراشٌ مَرْتَبَةٌ
blanket	*baṭṭāniyya^{tun}*	بَطّانِيَّةٌ
duvet, quilt	*liḫāf^{un}*	لِحافٌ
bedsheet	*mulāʔa^{tun}* *ɣiṭāʔ^{u} sarīr^{in}*	مُلاءَةٌ غِطاءُ سَرِيرٍ
pillow, cushion	*wisāda^{tun}*	وِسادَةٌ
pillowcase	*ɣiṭāʔ^{u} wisāda^{tin}*	غِطاءُ وِسادَةٍ
to make one's bed	*rattaba [2s] sarīrah^{u}*	رَتَّبَ سَرِيرَهُ
sleep	*nawm^{un}*	نَوْمٌ
to sleep, fall asleep, go to sleep, go to bed	*nāma [1h1]* *xalada [1s3] ʔilā firāših^{i}*	نامَ خَلَدَ إِلى فِراشِهِ
I only got four or five hours' sleep last night.	*lam ʔanam siwā ʔarba3^{a} ʔaw xams^{a} sā3āt^{in} allayla^{ta} -lmāḍiya^{ta}.*	لَمْ أَنَمْ سِوى أَرْبَعَ أَوْ خَمْسَ ساعاتٍ اللَّيْلَةَ الماضِيَةَ.
What time did you go to bed?	*fī ʔayy^{i} sā3a^{tin} nimt^{a}?* *fī ʔayy^{i} waqt^{in} xaladt^{a} ʔilā firāšik^{a}?*	فِي أَيِّ ساعَةٍ نِمْتَ؟ فِي أَيِّ وَقْتٍ خَلَدْتَ إِلى فِراشِكَ؟

asleep	*nāʔim*^{un}	نائِمٌ
sleepy, drowsy	*nā3is*^{un} *na3sān*^{un}	ناعِسٌ نَعْسانٌ
to be sleepy	*na3asa* [1s1]	نَعَسَ
to doze off	*ɣafā* [1d3]	غَفا
to take a nap	*ʔaxađa* [1s3(a)] *qaylūla*^{tan} *ʔaxađa* [1s3(a)] *ɣafwa*^{tan}	أَخَذَ قَيْلولَةً أَخَذَ غَفْوَةً
I was feeling sleepy, so I took a short nap.	*kunt*^{u} *ʔaš3ur*^{u} *bi-nnu3ās*^{i}, *faʔaxađt*^{u} *qaylūla*^{tan} *ṣaɣīra*^{tan}.	كُنْتُ أَشْعُرُ بِالنُّعاسِ، فَأَخَذْتُ قَيْلولَةً صَغيرَةً.
to dream	*ɧalama* [1s3]	حَلَمَ
a dream	*ɧulm*^{un} (*ʔaɧlām*^{un})	حُلْمٌ (أَحْلامٌ)
a nightmare	*kābūs*^{un} (*kawābīs*^{u})	كابوسٌ (كَوابيسُ)
to have a nightmare	*ɧalama* [1s3] *bi-kābūs*^{in}	حَلَمَ بِكابوسٍ
to snore	*šaxxara* [2s]	شَخَّرَ
to talk in one's sleep	*takallama* [5s] *ʔaŧnāʔ*^{a} *nawmih*^{i} *taɧaddaŧa* [5s] *wa-huwa nāʔim*^{un}	تَكَلَّمَ أَثْناءَ نَوْمِهِ تَحَدَّثَ وَهُوَ نائِمٌ
to sleepwalk	*mašā* [1d2] *ʔaŧnāʔ*^{a} *nawmih*^{i} *mašā* [1d2] *wa-huwa nāʔim*^{un}	مَشى أَثْناءَ نَوْمِهِ مَشى وَهُوَ نائِمٌ
to be unable to get to sleep, have a restless night's sleep	*ɣayr*^{u} *qādir*^{in} *3alā -nnawm*^{i} *3ānā* [3d] *min*^{a} *-lʔaraq*^{i}	غَيْرُ قادِرٍ عَلى النَّوْمِ عانى مِنَ الأَرَقِ
You don't look like you slept well.	*lā yabdū ʔannak*^{a} *nimt*^{a} *jayyidan.*	لا يَبْدو أَنَّكَ نِمْتَ جَيِّدًا.

to have insomnia	muşāb^{un} bi-lʔaraq^{i}	**مُصابٌ بِالأَرَقِ**
to be a light sleeper	xafīf^{u} -nnawm^{i}	**خَفيفُ النَّوْمِ**
to be in a deep sleep	nāma [1h1] bi-3umq^{in}	**نامَ بِعُمْقٍ**
to be a deep sleeper	ŧaqīl^{u} -nnawm^{i} nawmuh^{u} ŧaqīl^{un}	**ثَقيلُ النَّوْمِ** **نَوْمُهُ ثَقيلٌ**
to stay up late	sahira [1s4] li-waqt^{in} mutaʔaxxir^{in} baqiya [1d4] mustayqiẓ^{an} li-waqt^{in} mutaʔaxxir^{in}	**سَهِرَ لِوَقْتٍ مُتَأَخِّرٍ** **بَقِيَ مُسْتَيْقِظًا لِوَقْتٍ مُتَأَخِّرٍ**
to stay up all night	sahira [1s4] ţawāla -llayl^{i} baqiya [1d4] mustayqiẓ^{an} ţawāla -llayl^{i}	**سَهِرَ طوالَ اللَّيْلِ** **بَقِيَ مُسْتَيْقِظًا طوالَ اللَّيْلِ**
to wake (up), rouse	ʔayqaẓa [4a2]	**أَيْقَظَ**
My mom woke me up.	ʔayqaẓatnī ʔummī.	أَيْقَظَتْني أُمّي.
to wake up	istayqaẓa [10s]	**اِسْتَيْقَظَ**
I woke up at six o'clock in the morning.	istayqaẓt^{u} -ssā3a^{ta} -ssādisa^{ta} şabāḩan.	اِسْتَيْقَظْتُ السّاعَةَ السّادِسَةَ صَباحًا.
A loud noise woke me up.	ʔayqaẓanī şawt^{u} -ḑḑajīj^{i} -l3ālī.	أَيْقَظَني صَوْتُ الضَّجيجِ العالي.
to get up, get out of bed	nahaḑa [1s1] min^{a} -ssarīr^{i} nahaḑa [1s1] min^{a} -lfirāš^{i}	**نَهَضَ مِنَ السَّريرِ** **نَهَضَ مِنَ الفِراشِ**
wardrobe	xizāna^{tun} xizāna^{tu} malābis^{a}	**خِزانَةٌ** **خِزانَةُ مَلابِسَ**

hanger	*3allāqa*^{tun} *šammā3a*^{tun}	عَلّاقَةٌ شَمّاعَةٌ
dresser	*xizāna*^{tun} *bi-ʔadrāj*^{in} *dūlāb*^{un} *(dawālīb*^{u}*)*	خِزانَةٌ بِأَدْراجٍ دولابٌ (دَواليبُ)
drawer	*durj*^{un} *(ʔadrāj*^{un}*)*	دُرْجٌ (أَدْراجٌ)
bedside table	*ţāwila*^{tu} *sarīr*^{in} *jānibiyya*^{tin}	طاوِلَةُ سَريرٍ جانِبِيَّةٍ
alarm clock	*munabbih*^{un} *sā3a*^{tu} *munabbih*^{in}	مُنَبِّهٌ ساعَةُ مُنَبِّهٍ
I set my alarm for six in the morning.	*ḑabaţt*^{u} *-lmunabbih*^{a} *3alā -ssādisa*^{ti} *şabāḩan.*	ضَبَطْتُ المُنَبِّهَ عَلى السّادِسَةِ صَباحًا.
bookcase	*xizāna*^{tu} *kutub*^{in} *maktaba*^{tun}	خِزانَةُ كُتُبٍ مَكْتَبَةٌ
desk	*ţāwila*^{tu} *maktab*^{in} *maktab*^{un} *(makātib*^{u}*)*	طاوِلَةُ مَكْتَبٍ مَكْتَبٌ (مَكاتِبُ)
bathroom	*ḩammām*^{un} *mirḩāḑ*^{un} *(marāḩīḑ*^{u}*)*	حَمّامٌ مِرْحاضٌ (مَراحيضُ)
bathtub	*ḩawḑ*^{u} *-stiḩmām*^{in}	حَوْضُ اسْتِحْمامٍ
to bathe, shower	*istaḩamma* [10g]	اِسْتَحَمَّ
to take a bath	*ʔaxađa* [1s3(a)] *ḩammām*^{an}	أَخَذَ حَمّامًا
shower	*duš*^{un}	دُشٌّ
to take a shower	*ʔaxađa* [1s3(a)] *dušš*^{an}	أَخَذَ دُشًّا

sponge, loofah	*līfa^{tu} ɦammām^{in}* *isfinja^{tun}*	لِيفَةُ حَمّامٍ اِسْفِنْجَةٌ
shampoo	*šāmbū* *ɣasūl^{u} ša3r^{in}*	شامْبو غَسولُ شَعْرٍ
to dry off, towel oneself off	*jaffafa [2s] nafsah^{u}*	جَفَّفَ نَفْسَهُ
towel	*minšafa^{tun} (manāšif^{u})*	مِنْشَفَةٌ (مَناشِفُ)
towel rack	*ɦāmil^{u} manāšif^{in}*	حامِلُ مَناشِفٍ
hairdryer	*mujaffif^{u} ša3r^{in}*	مُجَفِّفُ شَعْرٍ

toilet (bowl)	*mirɦāɖ^{un}*	مِرْحاضٌ
toilet seat	*maq3ad^{u} -lmirɦāɖ^{i}* *maq3ad^{u} -lɦammām^{i}*	مَقْعَدُ المِرْحاضِ مَقْعَدُ الحَمّامِ
to flush the toilet	*naʐʐafa [2s] -lmirɦāɖ^{a}* *saɦaba [1s1] -ssīfōn^{a}*	نَظَّفَ المِرْحاضَ سَحَبَ السّيفوْنَ
toilet paper	*waraq^{u} ɦammām^{in}*	وَرَقُ حَمّامٍ

sink	*ɦawɖ^{un} (ʔaɦwāɖ^{un})*	حَوْضٌ (أَحْواضٌ)
hot water	*miyāh^{un} sāxina^{tun}*	مِياهٌ ساخِنَةٌ
cold water	*miyāh^{un} bārida^{tun}*	مِياهٌ بارِدَةٌ
(gas) water heater	*saxxān^{u} miyāh^{in}*	سَخّانُ مِياهٍ
mirror	*mirʔā^{tun} (marāyā)*	مِرْآةٌ (مَرايا)

to brush one's teeth	*naẓẓafa* [2s] *ʔasnānah*^{u}	نَظَّفَ أَسْنانَهُ
toothbrush	*furšā*^{tu} *ʔasnān*^{in} (*furaš*^{u} *ʔasnān*^{in})	فُرْشاةُ أَسْنانٍ (فُرَشُ أَسْنانٍ)
toothpaste	*ma3jūn*^{u} *ʔasnān*^{in}	مَعْجونُ أَسْنانٍ
dental floss	*xayṭ*^{u} *tanẓīf*^{i} *-lʔasnān*^{i}	خَيْطُ تَنْظيفِ الأَسْنانِ
to floss (teeth)	*naẓẓafa* [2s] *ʔasnānah*^{u} *bi-lxayṭ*^{i}	نَظَّفَ أَسْنانَهُ بِالخَيْطِ
mouth wash	*ɣasūl*^{u} *-lfam*^{i}	غَسولُ الفَمِ
to gargle	*taɣarɣara* [12s]	تَغَرْغَرَ
to wash one's face	*ɣasala* [1s2] *wajhah*^{u}	غَسَلَ وَجْهَهُ
(bar of) soap	*ṣābūn*^{un}	صابونٌ
to shave	*ɧalaqa* [1s2]	حَلَقَ
razor (blade)	*šafra*^{tu} *ɧilāqa*^{tin}	شَفْرَةُ حِلاقَةٍ
electric razor	*mākina*^{tu} *ɧilāqa*^{tin} *kahrubāʔiyya*^{tin}	ماكِنَةُ حِلاقَةٍ كَهْرُبائِيَّةٍ
shaving cream	*ma3jūn*^{u} *ɧilāqa*^{tin} *kirīm*^{u} *ɧilāqa*^{tin}	مَعْجونُ حِلاقَةٍ كِريمُ حِلاقَةٍ

lawn	*3ušb*^{un}	عُشْبٌ
to mow the lawn	*qaṣṣa* [1g3] *-l3ušb*^{a}	قَصَّ العُشْبَ
courtyard	*fināʔ*^{un} *sāɧa*^{tun}	فِناءٌ ساحَةٌ

garden, yard	*ɦadīqa^{tun} (ɦadāʔiq^{u})* *bustān^{i} (basātīn^{u})*	حَديقَةٌ (حَدائِقُ) بُسْتانِ (بَساتِينُ)
to garden	*šajjara* [2s] *3amila* [1s4] *fī -lɦadīqa^{ti}*	شَجَّرَ عَمِلَ فِي الحَديقَةِ
shovel	*mijrafa^{tun} (majārif^{u})* *jārūf^{un} (jawārīf^{u})*	مِجْرَفَةٌ (مَجارِفُ) جاروفٌ (جَواريفُ)
to dig	*ɦafara* [1s2]	حَفَرَ
(garden) hose	*xarţūm^{u} miyāh^{in}* *(xarāţīm^{u} miyāh^{in})*	خَرْطومُ مِياهٍ (خَراطيمُ مِياهٍ)

tool	*ʔadā^{tun} (ʔadawāt^{un})*	أَداةٌ (أَدواتٌ)
saw	*minšār^{un} (manāšīr^{u})*	مِنْشارٌ (مَناشيرُ)
to saw	*našara* [1s3] *[bi-minšār^{in}]*	نَشَرَ [بِمِنْشارٍ]
hammer	*šākūš^{un} (šawākīš^{u})* *miţraqa^{tun} (maţāriq^{u})*	شاكوشٌ (شَواكيشُ) مِطْرَقَةٌ (مَطارِقُ)
to hammer	*daqqa* [1g3] *bi--ššākūš^{i}* *ţaraqa* [1s3] *bi-lmiţraqa^{ti}*	دَقَّ بِالشّاكوشِ طَرَقَ بِالمِطْرَقَةِ
nail	*mismār^{un} (masāmīr^{u})*	مِسْمارٌ (مَساميرُ)
screw	*burɣiyy^{un} (barāɣ^{in})*	بُرْغِيٌّ (بَراغٍ)
screwdriver	*mafakk^{u} [barāɣ^{in}]*	مَفَكُّ [بَراغٍ]
ax	*faʔs^{un} (fuʔūs^{un})* *balţa^{tun}*	فَأْسٌ (فُؤوسٌ) بَلْطَةٌ

to chop wood	*qaʈʈa3a* [2s] *-lxašab*^{a}	قَطَّعَ الخَشَبَ
wrench	*miftāɦ*^{u} *şwāmil*^{a} *miftāɦ*^{u} *rabʈ*^{in}	مِفْتاحُ صوامِلَ مِفْتاحُ رَبْطٍ

8 Food and Drink

to eat	*ʔakala* [1s3(a)]	أَكَلَ
What do you feel like eating?	*māđā tuħibbᵘ ʔan taʔkulᵃ?*	ماذا تُحِبُّ أَنْ تَأْكُلَ؟
food	*ṭa3āmᵘⁿ* *ʔaklᵘⁿ*	طَعامٌ أَكْلٌ
to drink	*šariba* [1s4]	شَرِبَ
drink, beverage	*šarābᵘⁿ* *mašrūbᵘⁿ*	شَرابٌ مَشْروبٌ
a bite	*qaḍmaᵗᵘⁿ*	قَضْمَةٌ
to take a bite of	*ʔaxađa* [1s3(a)] *qaḍmaᵗᵃⁿ*	أَخَذَ قَضْمَةً
He took a bite of the hamburger and put it down.	*ʔaxađa qaḍmaᵗᵃⁿ min šaṭīraᵗⁱ -llaħmⁱ wa-waḍa3ahā jāniban.*	أَخَذَ قَضْمَةً مِنْ شَطيرَةِ اللَّحْمِ وَوَضَعَها جانِبًا.
a sip	*rašfaᵗᵘⁿ*	رَشْفَةٌ
to take a drink/sip (of)	*ʔaxađa* [1s3(a)] *rašfaᵗᵃⁿ min*	أَخَذَ رَشْفَةً مِنْ
mouthful	*luqmaᵗᵘⁿ*	لُقْمَةٌ
She took a sip of water and put the glass down.	*ʔaxađat rašfaᵗᵃ māʔⁱⁿ wa-waḍa3atⁱ -lkūbᵃ jāniban.*	أَخَذَتْ رَشْفَةَ ماءٍ وَوَضَعَتِ الكوبَ جانِبًا.
to chew	*maḍaɣa* [1s1]	مَضَغَ
to swallow	*bala3a* [1s1]	بَلَعَ

to choke on	*ixtanaqa min* *ixtanaqa bi-sabab*^{i}	**اِخْتَنَقَ مِنْ** **اِخْتَنَقَ بِسَبَبِ**
Chew carefully. You don't want to choke on a fishbone.	*ʔumḍuɣhā jayyidan. lan yu3jibk*^{a} *-lʔamr*^{u} *ʔin*^{i} *-xtanaqat min 3aẓm*^{i} *-ssamaka*^{ti}*.*	أُمْضُغْها جَيِّدًا. لَنْ يُعْجِبْكَ الأَمْرُ إِنِ اخْتَنَقْتَ مِنْ عَظْمِ السَّمَكَةِ.
hungry	*jāʔi3*^{un} *jaw3ān*^{un}	**جائِعٌ** **جَوْعانٌ**
to get hungry	*jā3a* [1h3]	**جاعَ**
hunger	*jū3*^{un}	**جوعٌ**
thirsty	*3aṭiš*^{un} *ẓamʔān*^{un}	**عَطِشٌ** **ظَمْآنٌ**
I'm so thirsty. Could I have some water?	*ʔana 3aṭiš*^{un} *jiddan. hal lī bi-ba3ḍ*^{i} *-lmāʔ*^{i}*?*	أَنا عَطِشٌ جِدًّا. هَلْ لي بِبَعْضِ الماءِ؟
to become thirsty	*3aṭiša* [1s4]	**عَطِشَ**
thirst	*3aṭaš*^{un}	**عَطَشٌ**
full, satiated	*šab3ān*^{un}	**شَبْعانٌ**
to become full	*šabi3a* [1s4]	**شَبِعَ**
Thanks, I'm full.	*šukran, laqad šabi3t*^{u}*.*	شُكْرًا، لَقَدْ شَبِعْتُ.
to taste	*đāqa* [1h3] *tađawwaqa* [5s]	**ذاقَ** **تَذَوَّقَ**

Taste the soup. Does it need salt?	*tađawwaq^{i} -lɦasāʔ^{a}. hal yaɦtāj^{u} milɦ^{an}?*	تَذَوَّقِ الحَساءَ. هَلْ يَحْتاجُ مِلْحًا؟
delicious, tasty	*ladīđ^{un}*	**لَذيذٌ**
taste	*mađāq^{un}* *ţa3m^{un}*	**مَذاقٌ** **طَعْمٌ**
I don't like how it tastes.	*lā yu3jibunī mađāquh^{u}.* *lā yu3jibunī ţa3muh^{u}.*	لا يُعْجِبُني مَذاقُهُ. لا يُعْجِبُني طَعْمُهُ.
The milk tastes funny.	*mađāq^{u} -lɦalīb^{i} ɣarīb^{un}.*	مَذاقُ الحَليبِ غَريبٌ.
to go bad	*fasada* [1s3] *talifa* [1s4]	**فَسَدَ** **تَلِفَ**
The milk has gone bad.	*fasad^{a} -lɦalīb^{u}.* *talif^{a} -lɦalīb^{u}.*	فَسَدَ الحَليبُ. تَلِفَ الحَليبُ.
expiration date	*tārīx^{u} -lintihāʔ^{i}*	**تاريخُ الاِنْتِهاءِ**
The milk is past its expiration date.	*maḑā waqt^{un} 3alā tārīx^{i} -ntihāʔ^{i} şalāɦiyya^{ti} hađā -lɦalīb^{i}.*	مَضى وَقْتٌ عَلى تاريخِ انْتِهاءِ صَلاحِيَّةِ هَذا الحَليبِ.
to rot	*ta3affana* [5s]	**تَعَفَّنَ**
fresh	*ţāzaj^{un}*	**طازَجٌ**
stale	*qadīm^{un}* *fāsid^{un}* *3afin^{un}*	**قَديمٌ** **فاسِدٌ** **عَفِنٌ**

bland	*māsix*^{un} *bilā ţa3m*^{in}	**ماسِخٌ** **بِلا طَعْمٍ**
salty	*māliɧ*^{un}	**مالِحٌ**
How does the soup taste? – It's a little salty.	*kayf*^{a} *ţa3m*^{u} *-lɧasāʔ*^{i}*? – ʔinnah*^{u} *māliɧ*^{un} *qalīlan.*	كَيفَ طَعْمُ الحَساءِ؟ – إِنَّهُ مالِحٌ قَليلًا.
sweet	*ɧulw*^{un}	**حُلْوٌ**
sour	*ɧāmiḑ*^{un}	**حامِضٌ**
bitter	*murr*^{un}	**مُرٌّ**
spicy	*ɧārr*^{un}	**حارٌّ**
I don't like spicy food.	*lā ʔuɧibb*^{u} *-ţţa3ām*^{a} *-lɧārr*^{a}*.*	لا أُحِبُّ الطَّعامَ الحارَّ.
pungent	*lāđi3*^{un}	**لاذِعٌ**

healthy, healthful	*şiɧɧiyy*^{un}	**صِحِّيٌّ**
good for you	*mufīd*^{un} *li-şiɧɧatik*^{a} *jayyid*^{un} *li-şiɧɧatik*^{a}	**مُفيدٌ لِصِحَّتِكَ** **جَيِّدٌ لِصِحَّتِكَ**
unhealthy	*ḑārr*^{un} *ɣayr*^{u} *şiɧɧiyy*^{in}	**ضارٌّ** **غَيْرُ صِحِّيٍّ**
bad for you	*ḑārr*^{un} *bi-şiɧɧatik*^{a}	**ضارٌّ بِصِحَّتِكَ**
Potato chips are really bad for you.	*raqāʔiq*^{u} *-lbaţāţis*^{i} *ḑārra*^{tun} *jiddan bi-şiɧɧatik*^{a}*.*	رَقائِقُ البَطاطِسِ ضارَّةٌ جِدًّا بِصِحَّتِكَ.

meal	*wajba*^{tun}	**وَجْبَةٌ**

breakfast	*ʔifṭār*^{un} *fuṭūr*^{un}	إِفْطارٌ فُطورٌ
to have breakfast	*tanāwala* [6s] *-lʔifṭār*^{a}	تَناوَلَ الإِفْطارَ
lunch	*ɣadāʔ*^{un}	غَداءٌ
to have lunch	*tanāwala* [6s] *-lɣadāʔ*^{a}	تَناوَلَ الغَداءَ
dinner	*3ašāʔ*^{un}	عَشاءٌ
to have dinner	*tanāwala* [6s] *-l3ašāʔ*^{a}	تَناوَلَ العَشاءَ
a snack	*wajba*^{tun} *xafīfa*^{tun}	وَجْبَةٌ خَفيفَةٌ
to have a snack	*tanāwala* [6s] *wajba*^{tan} *xafīfa*^{tan}	تَناوَلَ وَجْبَةً خَفيفَةً
If I feel hungry, I just have a small snack.	*ʔiđā ša3art*^{u} *bi-ljū3*^{i}*, ʔatanāwal*^{u} *wajba*^{tan} *xafīfa*^{tan}*.*	إِذا شَعَرْتُ بِالجوعِ، أَتَناوَلُ وَجْبَةً خَفيفَةً.

water	*māʔ*^{un}	ماءٌ
ice	*ŧalj*^{un}	ثَلْجٌ
Can I have a glass of water, please?	*hal lī bi-kūb*^{in} *min*^{a} *-lmāʔ*^{i} *min faḍlik*^{a}*?*	هَلْ لي بِكوبٍ مِنَ الماءِ مِنْ فَضْلِكَ؟
mineral water	*miyāh*^{un} *ma3diniyya*^{tun}	مِياهٌ مَعْدِنِيَّةٌ
juice	*3aṣīr*^{un} *(3aṣāʔir*^{u}*)*	عَصيرٌ (عَصائِرُ)
orange juice	*3aṣīr*^{u} *burtuqāl*^{in}	عَصيرُ بُرْتُقالٍ
soda, carbonated drink	*mašrūb*^{un} *ɣāziyy*^{un} *māʔ*^{un} *ɣāziyy*^{un}	مَشْروبٌ غازِيٌّ ماءٌ غازِيٌّ

cola	*kōlā*	**كوْلا**
Would you like some cola?	*hal turīd^{u} ba3ḍ^{a} -lkōlā?*	هَلْ تُريدُ بَعْضَ الكوْلا؟
Pepsi	*bībsī*	**بيبْسي**
Diet Pepsi	*bībsī xāl^{in} min^{a} -ssukkar^{i}*	**بيبْسي خالٍ مِنَ السُّكَّرِ**
Coke, Coca Cola	*kōkā kōlā*	**كوْكا كوْلا**
Diet Coke	*kōkā kōlā xāliya^{tun} min^{a} -ssukkar^{i}*	**كوْكا كوْلا خالِيَةٌ مِنَ السُّكَّرِ**
can	*3ulba^{tun} (3ulab^{un})*	**عُلْبَةٌ (عُلَبٌ)**
There's a can of cola in the fridge.	*hunāk^{a} 3ulba^{tu} kōlā fī -ŧŧallāja^{ti}.*	هُناكَ عُلْبَةُ كوْلا فِي الثَّلّاجَةِ.
bottle	*zujāja^{tun}* *qinnīna^{tun}*	**زُجاجَةٌ** **قِنّينَةٌ**
glass	*kūb^{un}* *kaʔs^{un} [f.] (kuʔūs^{un})*	**كوبٌ** **كَأْسٌ (كُؤوسٌ)**
cup	*kūb^{un}* *finjān^{un} (fanājīn^{u})*	**كوبٌ** **فِنْجانٌ (فَناجينُ)**
mug	*qadaħ^{un} (ʔaqdāħ^{un})* *kūb^{un} kabīr^{un}*	**قَدَحٌ (أَقْداحٌ)** **كوبٌ كَبيرٌ**
coffee	*qahwa^{tun}*	**قَهْوَةٌ**
espresso	*ʔisbrissō*	**إِسْبْرِسّوْ**
Arabic coffee, Turkish coffee	*qahwa^{tun} 3arabiyya^{tun}*	**قَهْوَةٌ عَرَبِيَّةٌ**

How would you like your coffee?	*kayf^{a} tuḫibb^{u} qahwatak^{a}?*	كَيفَ تُحِبُّ قَهْوَتَكَ؟
without sugar	*bidūn^{i} sukkar^{in}* *mura^{tun}*	بِدونِ سُكَّرٍ مُرَّةٌ
with little sugar	*xafīfa^{tu} -lḫalāwa^{ti}*	خَفيفَةُ الحَلاوَةِ
medium-sweet	*mutawassiṭa^{tu} -lḫalāwa^{ti}*	مُتَوَسِّطَةُ الحَلاوَةِ
sweet	*ḫulwa^{tun}*	حُلْوَةٌ
coffee beans	*ḫubūb^{u} bunn^{in}* *ḫubūb^{u} qahwa^{tin}*	حُبوبُ بُنٍّ حُبوبُ قَهْوَةٍ
instant coffee	*qahwa^{tun} sarī3a^{tu} -ttaḫḍīr^{i}*	قَهْوَةٌ سَريعَةُ التَّحْضيرِ
tea	*šāy^{un}*	شايٌ

alcohol	*kuḫūl^{un}*	كُحولٌ
beer	*ji3a^{tun}*	جِعَةٌ
wine	*nabīđ^{un}*	نَبيذٌ
red wine	*nabīđ^{un} ʔaḫmar^{u}*	نَبيذٌ أَحْمَرُ
white wine	*nabīđ^{un} ʔabyaḍ^{u}*	نَبيذٌ أَبْيَضُ
liquor	*xamr^{un}*	خَمْرٌ
drunk	*ŧamil^{un}* *sakrān^{un}*	ثَمِلٌ سَكْرانٌ
to get drunk	*sakira* [1s4]	سَكِرَ

tipsy	*maxmūr^{un}*	مَخْمورٌ
to drink and drive	*qāda* [1h3] *wa-huwa ŧamil^{un}* *qāda* [1h3] *taɧt^{a} taʔŧīr^{i} -lkuɧūl^{i}*	قادَ وَهوَ ثَمِلٌ قادَ تَحتَ تَأْثيرِ الكُحولِ
Cheers!	*fī şiɧɧatik^{a}!*	في صِحَّتِكَ!
dairy products	*muntajāt^{u} -lɧalīb^{i}* *muntajāt^{u} -lʔalbān^{i}*	مُنْتَجاتُ الحَليبِ مُنْتَجاتُ الأَلْبانِ
milk	*ɧalīb^{un}*	حَليبٌ
yogurt	*zabādyy^{un}*	زَباديٌّ
butter	*zubda^{tun}*	زُبْدَةٌ
ice cream	*muŧallajāt^{un}*	مُثَلَّجاتٌ
Eat your ice cream before it melts.	*kul muŧallajātak^{a} qabl^{a} ʔan tađūb^{a}.*	كُلْ مُثَلَّجاتَكَ قَبْلَ أَنْ تَذوبَ.
cream	*qišda^{tun}* *kirēma^{tun}*	قِشْدَةٌ كِريمَةٌ
margarine	*zubda^{tun} nabātiyya^{tun}*	زُبْدَةٌ نَباتِيَّةٌ
cheese	*jubna^{tun}*	جُبْنَةٌ
Cheddar cheese	*jubna^{tu} šīdar^{in}*	جُبْنَةُ شيدَرٍ
Domiati cheese (soft, white, salty cheese)	*jubna^{tun} bayđā$ʔ^{u}$*	جُبْنَةٌ بَيْضاءُ
Halloumi cheese (semi-hard, unripened cheese made from goat milk)	*jubn^{u} -lɧallūm^{i}*	جُبْنُ الحَلّومِ

Istanbuli cheese, feta cheese	*jubn*^{un} *ʔisṭanbūliyy*^{un} *jubna*^{tu} *fītā*	جُبْنٌ إِسْطَنْبولِيٌّ جُبْنَةُ فيتا
Romy cheese (a sharp, pungent, hard cheese)	*jubn*^{un} *rūmiyy*^{un}	جُبْنٌ رومِيٌّ
junk food, fast food	*wajabāt*^{un} *sarī3a*^{tun}	وَجَباتٌ سَريعَةٌ
pizza	*bītzā*	بيتْزا
hamburger	*šaṭīra*^{tu} *laħm*^{in} *hamburɣar*	شَطيرَةُ لَحْمٍ هَمْبُرْغَرْ
chewing gum	*3ilka*^{tun}	عِلْكَةٌ
to chew gum	*maḍaɣa* [1s1] *3ilka*^{tan}	مَضَغَ عِلْكَةً
chocolate	*šūkūlāta*^{tun}	شوكولاتَةٌ
Dark chocolate is better for you than milk chocolate.	*aššūkūlāta*^{tu} *-ddākina*^{tu} *ʔafḍal*^{u} *lak*^{a} *min šūkūlāta*^{ti} *-lħalīb*^{i}.	الشّوكولاتَةُ الدّاكِنَةُ أَفْضَلُ لَكَ مِنْ شوكولاتَةِ الحَليبِ.
potato chips	*raqāʔiq*^{u} *baṭāṭis*^{in}	رَقائِقُ بَطاطِسٍ
pastries, sweets	*ħalwayāt*^{un}	حَلْوَياتٌ
candy	*ħalwā*	حَلْوى
cotton candy	*ɣazl*^{u} *-lbanāt*^{i} *ħalwā -lquṭn*^{i}	غَزْلُ البَناتِ حَلْوى القُطْنِ
cookie , wafer, cracker	*baskawīt*^{un}	بَسْكَويتٌ
cake	*ka3ka*^{tun}	كَعْكَةٌ

pie	*faṭīra*^{tun} *(faṭāʔir*^{u}*)*	فَطيرَةٌ (فَطائِرُ)
baklava (syrupy layers of phyllo pastry)	*baqlāwa*^{tun}	بَقْلاوَةٌ
basboosa (syrupy semolina cake)	*basbūsa*^{tun}	بَسْبوسَةٌ
fateer meshaltet (layered pastry)	*faṭīr*^{un} *mušaltit*^{un}	فَطيرٌ مُشَلْتِتٌ
kahk (shortbread stuffed with dates and nuts)	*ka3k*^{un}	كَعْكٌ
kunafeh (syrupy fried cheese pastry)	*kunāfa*^{tun}	كُنافَةٌ
luqmat al-qadi (syrupy deep-fried dough balls)	*luqma*^{tu} *-lqāḍiyy*^{i}	لُقْمَةُ القاضِيِّ
om ali (sweet bread pudding)	*ʔummu 3alyy*^{in}	أُمُّ عَلِيٍّ
qatayef (sweet dumpling with nuts and cream)	*qaṭāyif*^{un}	قَطايِفُ
rice pudding	*ʔarz*^{un} *bi-lħalīb*^{i}	أَرْزٌ بِالحَليبِ

vegetable	*xuḍrawāt*^{un} *xuḍār*^{un}	خُضْرَواتٌ خُضارٌ
asparagus	*hilyūn*^{un}	هِلْيونٌ
bean, green bean	*fāṣūlyā xaḍrāʔ*^{u}	فاصولْيا خَضْراءُ
beet(root)	*šamandar*^{un} *banjar*^{un}	شَمَنْدَرٌ بَنْجَرٌ
broad bean, fava bean	*fūl*^{un}	فولٌ
broccoli	*qarnabīṭ*^{un} *ʔaxḍar*^{un}	قَرْنَبيطٌ أَخْضَرٌ

cabbage	*malfūf*^{un} *kurunb*^{un}	مَلْفوفٌ كُرُنْبٌ
capsicum, sweet pepper, bell pepper	*fulful*^{un} *ɧulw*^{un} *fulayfila*^{tun}	فُلْفُلٌ حُلْوٌ فُلَيْفِلَةٌ
carrot	*jazar*^{un}	جَزَرٌ
cauliflower	*qarnabīţ*^{un}	قَرْنَبيطٌ
celery	*karafs*^{un}	كَرَفْسٌ
chickpea	*ɧummuş*^{un}	حُمُّصٌ
chili pepper	*fulful*^{un} *ɧārr*^{un}	فُلْفُلٌ حارٌّ
cucumber	*xiyār*^{un}	خِيارٌ
eggplant	*bāđinjān*^{un}	باذِنْجانٌ
garlic	*ŧawm*^{un}	ثَوْمٌ
green onion	*başal*^{un} *ʔaxḑar*^{un}	بَصَلٌ أَخْضَرٌ
mushroom	*fiţr*^{un}	فِطْرٌ
okra	*bāmiya*^{tun}	بامِيَةٌ
olive	*zaytūn*^{un}	زَيْتونٌ
onion	*başal*^{un}	بَصَلٌ
pea	*bāzillāʔ*^{un}	بازِلّاءٌ
potato	*baţāţis*^{un} *baţāţā*	بَطاطِسٌ بَطاطا

radish	*fijl*^{un}	فِجْلٌ
spinach	*sabānix*^{un}	سَبانِخٌ
sweet potato	*baţāţā ɦulwa*^{tun}	بَطاطا حُلْوَةٌ
tomato	*ţamāţim*^{un} *bandūra*^{tun}	طَماطِمٌ بَنْدورَةٌ
turnip	*lift*^{un}	لِفْتٌ
zucchini	*kūsā*	كوسا

salad	*salaţa*^{tun}	سَلَطَةٌ
salad dressing	*şalşa*^{tu} *salaţa*^{tin}	صَلْصَةُ سَلَطَةٍ
Caesar salad	*salaţa*^{tu} *sīzar*^{in}	سَلَطَةُ سيزَرٍ
chickpea salad	*salaţa*^{tu} *ɦummuş*^{in}	سَلَطَةُ حُمُّصٍ
green salad	*salaţa*^{tun} *xaḑrāʔ*^{a}	سَلَطَةٌ خَضْراءَ
potato salad	*salaţa*^{tu} *baţāţis*^{a}	سَلَطَةُ بَطاطِسَ
tahini salad	*salaţa*^{tu} *ţaɦīna*^{tin}	سَلَطَةُ طَحينَةٍ

fruit	*fākiha*^{tun} *(fawākih*^{u}*)*	فاكِهَةٌ (فَواكِهُ)
apple	*tuffāɦ*^{un}	تُفّاحٌ
apricot	*mišmiš*^{un}	مِشْمِشٌ
banana	*mawz*^{un}	مَوْزٌ

berry	*tūt*^{un}	توتٌ
blueberry	*tūt*^{un} *ʔazraq*^{u}	توتٌ أَزْرَقُ
cherry	*karaz*^{un}	كَرَزٌ
date	*tamr*^{un}	تَمْرٌ
fig	*tīn*^{un}	تينٌ
grape	*3inab*^{un}	عِنَبٌ
grapefruit	*laymūn*^{un} *firdaūsiyy*^{un} *laymūn*^{u} *-ljanna*^{ti}	لَيْمونٌ فِرْدَوسِيٌّ لَيْمونُ الجَنَّةِ
lemon	*laymūn*^{un}	لَيْمونٌ
mango	*mānjā*	مانْجا
orange	*burtuqāl*^{un}	بُرْتُقالٌ
peach	*xawx*^{un}	خَوْخٌ
pear	*kummaṯrā*	كُمَّثْرى
pineapple	*ʔanānās*^{un}	أَناناسٌ
plum	*barqūq*^{un}	بَرْقوقٌ
pomegranate	*rummān*^{un}	رُمّانٌ
raspberry	*[tūt*^{un}*] 3alīq*^{un}	[توتٌ] عَليقٌ
strawberry	*farāwila*^{tun}	فَراوِلَةٌ
tangerine	*yūsufiyy*^{un}	يوسُفِيٌّ

nut, hazelnut	*bunduq*^{un}	بُنْدُقٌ
almond	*lawz*^{un}	لَوْزٌ
coconut	*jawz*^{u} *-lhind*^{i}	جَوْزُ الهِنْدِ
peanut	*fūl*^{un} *sūdāniyy*^{un}	فولٌ سودانِيٌّ
peanut butter	*zubda*^{tu} *-lfūl*^{i} *-ssūdāniyy*^{i}	زُبْدَةُ الفولِ السّودانِيِّ
walnut	*jawz*^{un} *3ayn*^{u} *-ljamal*^{i}	جَوْزٌ عَيْنُ الجَمَلِ
mixed nuts	*xalīṭ*^{u} *mukassarāt*^{in}	خَليطُ مُكَسَّراتٍ

fresh herbs	*ʔa3šāb*^{un} *ṭāzaja*^{tun}	أَعْشابٌ طازَجَةٌ
dry herbs, spices, condiments	*tawābil*^{un} *bahārāt*^{un}	تَوابِلُ بَهاراتٌ
aniseed	*yānasūn*^{un}	يانسونٌ
basil	*rayħān*^{un}	رَيْحانٌ
black pepper	*fulful*^{un} *ʔaswad*^{un}	فُلْفُلٌ أَسْوَدُ
chives	*ŧawm*^{un} *mu3ammir*^{un}	ثَوْمٌ مُعَمِّرٌ
cinnamon	*qirfa*^{tun}	قِرْفَةٌ
clove	*qurunful*^{un}	قُرُنْفُلٌ
cumin	*kammūn*^{un}	كَمّونٌ
curry (powder)	*masħūq*^{u} *-lkārī*	مَسْحوقُ الكاري

ginger	*zanjabīl*^{un}	زَنْجَبيلٌ
nutmeg	*jawz*^{u} *-ṭṭīb*^{i}	جَوْزُ الطّيبِ
oregano	*marw*^{un} *ʔōrījānō*	مَرْوٌ أوْريجانوْ
parsley	*baqdūnis*^{un}	بَقْدونِسٌ
peppermint, spearmint	*na3nā3*^{un}	نَعْناعٌ
rosemary	*ʔiklīl*^{u} *-ljabal*^{i}	إكْليلُ الجَبَلِ
sage	*mēramiyya*^{tun}	ميْرَمِيَّةٌ
salt	*milħ*^{un}	مِلْحٌ
sugar	*sukkar*^{un}	سُكَّرٌ
thyme	*za3tar*^{un}	زَعْتَرٌ
vanilla	*wanīliyya*^{tun} *fānīlyā*	وَنيلِيَّةٌ فانيلْيا

sauce	*ṣalṣa*^{tun} *maraq*^{un}	صَلْصَةٌ مَرَقٌ
gravy	*maraq*^{u} *-llaħm*^{i}	مَرَقُ اللَّحْمِ
ketchup	*kātšab*^{un}	كاتْشَبٌ
mayonnaise	*māyōnēz*^{un}	مايوْنيْزٌ
mustard	*xardal*^{un}	خَرْدَلٌ
salsa, tomato puree	*ma3jūn*^{u} *ṭamāṭim*^{in}	مَعْجونُ طَماطِمٍ

soy sauce	*ṣalṣa^{tu} ṣōyā*	صَلْصَةُ صوْيا
tomato sauce	*ṣalṣa^{tu} ṭamāṭim^{in}*	صَلْصَةُ طَماطِمٍ
vinegar	*xall^{un}*	خَلٌّ
rice	*ʔarz^{un}*	أَرْزٌ
pasta	*ma3karōna^{tun}*	مَعْكَرَوْنَةٌ
bread	*xubz^{un}*	خُبْزٌ
loaf of bread	*raɣīf^{u} xubz^{in}* *(ʔarɣifa^{tu} xubz^{in})*	رَغيفُ خُبْزٍ (أَرْغِفَةُ خُبْزٍ)
slice of bread	*šarīħa^{tu} xubz^{in}*	شَريحَةُ خُبْزٍ
piece of bread	*qiṭ3a^{tu} xubz^{in}* *kisra^{tu} xubz^{in}*	قِطْعَةُ خُبْزٍ كِسْرَةُ خُبْزٍ
sliced bread	*šarāʔiħ^{u} xubz^{in}*	شَرائِحُ خُبْزٍ
baguette, sandwich roll	*xubz^{un} faransiyy^{un}*	خُبْزٌ فَرَنْسِيٌّ
pita bread (white flour)	*xubz^{un} 3arabiyy^{un}*	خُبْزٌ عَرَبِيٌّ
pita bread (whole wheat)	*xubz^{u} -lqamħ^{i}*	خُبْزُ القَمْحِ
aysh dora (corn "tortilla")	*xubz^{u} -đđura^{ti}*	خُبْزُ الذُّرَةِ
yeast	*xamīra^{tun}*	خَميرَةٌ
flour	*daqīq^{un}* *ṭaħīn^{un}*	دَقيقٌ طَحينٌ
toast	*xubz^{un} muħammaṣ^{un}*	خُبْزٌ مُحَمَّصٌ

jam	*murabba^{n}*	مُرَبًّى
honey	*3asal^{un}*	عَسَلٌ
protein	*burōtīn^{un}*	بُرُوتِينٌ
egg	*bayḑ^{un}*	بَيْضٌ
yolk	*ṣafār^{u} bayḑ^{in}*	صَفارُ بَيْضٍ
egg white	*bayāḑ^{u} bayḑ^{in}*	بَياضُ بَيْضٍ
fried egg	*bayḑ^{un} maqliyy^{un}*	بَيْضٌ مَقْلِيٌّ
boiled egg	*bayḑ^{un} maslūq^{un}*	بَيْضٌ مَسْلوقٌ
scrambled egg	*bayḑ^{un} maxfūq^{un}*	بَيْضٌ مَخْفوقٌ
omelet	*3ujja^{tu} bayḑ^{in}*	عُجَّةُ بَيْضٍ
meat	*laḩm^{un}*	لَحْمٌ
beef	*laḩm^{u} baqar^{in}*	لَحْمُ بَقَرٍ
I don't feel like chicken. Let's have beef.	*lā ʔaštahī -ddajāj^{a}. da3nā natanāwal^{u} laḩm^{a} -lbaqar^{i}.*	لا أَشْتَهي الدَّجاجَ. دَعْنا نَتَناوَلُ لَحْمَ البَقَرِ.
(beef) steak	*šarīḩa^{tu} laḩm^{i} baqar^{in}*	شَريحَةُ لَحْمِ بَقَرٍ
pastrami	*basţirma^{tun}*	بَسْطِرْمَةٌ
minced meat	*laḩm^{un} mafrūm^{un}*	لَحْمٌ مَفْرومٌ
chicken	*dajāj^{un}*	دَجاجٌ
chicken filet	*šarīḩa^{tu} laḩm^{i} dajāj^{in}*	شَريحَةُ لَحْمِ دَجاجٍ

lamb	*laɧm*^{u} *ɖaʔn*^{in}	لَحْمُ ضَأْنٍ
pork	*laɧm*^{u} *xinzīr*^{in}	لَحْمُ خِنْزِيرٍ
ham	*laɧm*^{u} *xinzīr*^{in}	لَحْمُ خِنْزِيرٍ
sausage, hot dog	*sujuqq*^{un} *naqāniq*^{u}	سُجُقٌّ نَقانِقُ

fish	*samak*^{un}	سَمَكٌ
fishbone	*3aʐm*^{u} *-ssamaka*^{ti}	عَظْمُ السَّمَكَةِ
Bolti (Nile perch)	*jaŧam*^{u} *-nnīl*^{i}	جَثَمُ النّيلِ
lethrinus nebulosus (Red Sea fish)	*samak*^{u} *-ššu3ūr*^{i}	سَمَكُ الشُّعورِ
meagre (Mediterranean fish)	*samak*^{u} *-llūt*^{i}	سَمَكُ اللّوتِ
mullet (Mediterranean fish)	*samak*^{u} *-lbūrī*	سَمَكُ البوري
salmon	*samak*^{u} *-ssalamōn*^{i}	سَمَكُ السَّلَموْنِ
shark	*qirš*^{un} *samak*^{u} *-lqirš*^{i}	قِرْشٌ سَمَكُ القِرْشِ
tuna	*tūna*^{tun}	تونَةٌ

seafood	*maʔkūlāt*^{un} *baɧriyya*^{tun}	مَأْكولاتٌ بَحْرِيَّةٌ
crab	*salʈa3ūn*^{un}	سَلْطَعونٌ
lobster	*saraʈān*^{u} *-lbaɧr*^{i}	سَرَطانُ البَحْرِ

mussel	*balaɧ^{u} -lbaɧr^{i}*	بَلَحُ البَحْرِ
octopus	*ʔuxṭubūṭ^{un}*	أُخْطُبوطٌ
oyster	*maɧār^{un}*	مَحارٌ
shellfish	*maɧāriyyaāt^{un}* *baklawīz^{un}*	مَحارِيَّاتٌ بَكْلَويزٌ
shrimp	*jambariyy^{un}*	جَمْبَرِيٌّ
squid, cuttlefish	*ɧabbār^{un}*	حَبّارٌ

fat	*duhn^{un} (duhūn^{un})*	دُهْنٌ (دُهونٌ)
This meat has a lot of fat on it.	*yaɧtawī hađā -llaɧm^{u} 3alā duhūn^{in} kaŧīra^{tin}.*	يَحْتَوي هَذا اللَّحْمُ عَلى دُهونٍ كَثيرَةٍ.
greasy, oily	*dasim^{un}* *duhniyy^{un}*	دَسِمٌ دُهْنِيٌّ
This dish is quite greasy.	*hađā -ṭṭabaq^{u} dasim^{un} jiddan.*	هَذا الطَّبَقُ دَسِمٌ جِدًّا.

soup	*ɧasāʔ^{un}* *šurba^{tun}*	حَساءٌ شُرْبَةٌ
to eat soup	*šariba [1s4] ɧasāʔ^{an}*	شَرِبَ حَساءً
to sip	*iɧtasā* *irtašafa* *rašafa*	اِحْتَسى اِرْتَشَفَ رَشَفَ
to slurp soup	*iɧtasā -lɧasāʔ^{a} bi-ṣawt^{in}*	اِحْتَسى الحَساءَ بِصَوْتٍ

cream soup	*ɦasāʔ^{u} kirēma^{tin}* *šurba^{tu} kirēma^{tin}*	حَساءُ كِريْمَةٍ شُرْبَةُ كِريْمَةٍ
mulukhiyah (slimy green soup)	*mulūxiyya^{tun}*	مُلوخِيَّةٌ
orzo soup	*šurba^{tu} lisān^{i} 3uṣfūr^{in}*	شُرْبَةُ لِسانِ عُصْفورٍ
tomato soup	*ɦasāʔ^{u} -ṭṭamāṭim^{i}*	حَساءُ الطَّماطِمِ
vegetable soup	*ɦasāʔ^{u} -lxuḍār^{i}*	حَساءُ الخُضارِ

fried	*maqliyy^{un}* *muɦammar^{un}*	مَقْلِيٌّ مُحَمَّرٌ
(vegetable) oil	*zayt^{un} nabātiyy^{un}*	زَيْتٌ نَباتِيٌّ
baked (bread)	*xubz^{un}*	خُبْزٌ
baked, roast	*maxbūz^{un}*	مَخْبوزٌ
boiled	*maɣliyy^{un}* *maslūq^{un}*	مَغْلِيٌّ مَسْلوقٌ
grilled, roast	*mašwiyy^{un}*	مَشْوِيٌّ

carton	*kartōna^{tun}*	كَرْتونَةٌ
bag	*kīs^{un} (ʔakyās^{un})*	كيسٌ (أَكْياسٌ)
jar	*marṭabān^{un}*	مَرْطَبانٌ

falafel	*falāfil^{un}*	فَلافِلٌ

fateer (Egyptian pizza)	faṭīr^{un}	فَطِيرٌ
ful (refried fava beans)	fūl^{un}	فولٌ
ful medames (boiled fava beans)	fūl^{un} mudammas^{un}	فولٌ مُدَمَّسٌ
koshari (lentils, rice, and macaroni)	kušariyy^{un}	كُشَرِيٌّ
liver sandwich	šaṭīra^{tu} kabid^{in}	شَطِيرَةُ كَبِدٍ
pickled vegetables	muxallalāt^{un}	مُخَلَّلاتٌ

table manners	ʔādāb^{u} -ṭṭa3ām^{i} ʔādāb^{u} -lmāʔida^{ti}	آدابُ الطَّعامِ آدابُ المائِدَةِ
Thank you for the meal! (said to host(ess) after having tried the food)	šukran 3alā -lʔakl^{i}! šukran 3alā -lwajba^{ti}!	شُكْرًا عَلى الأَكْلِ! شُكْرًا عَلى الوَجْبَةِ!
to talk with one's mouth full	takallama [5s] wa-famuh^{u} mumtaliʔ^{un}	تَكَلَّمَ وَفَمُهُ مُمْتَلِئٌ
Don't talk with your mouth full!	lā tataħaddaŧ wa-famuk^{a} mumtaliʔ^{un}!	لا تَتَحَدَّثْ وَفَمُكَ مُمْتَلِئٌ!
Could you pass the salt, please?	hallā ʔa3ṭaytanī -lmilħ^{a} min faḍlik^{a}? ʔayumkinuk^{a} munāwala^{ti} -lmilħ^{a} min faḍlik^{a}?	هَلّا أَعْطَيْتَنِي المِلْحَ مِنْ فَضْلِكَ؟ أَيُمْكِنُكَ مُناوَلَةَ المِلْحَ مِنْ فَضْلِكَ؟
Excuse me for a moment. (when excusing oneself from the table)	ʔu3đurnī li-laħẓa^{tin} 3uđran ismaħ lī bi-laħẓa^{tin}	أُعْذُرْني لِلَحْظَةٍ عُذْرًا اِسْمَحْ لِي بِلَحْظَةٍ
Thank you for the meal.	šukran 3alā -lʔakl^{i} šukran 3alā -lwajba^{ti}	شُكْرًا عَلى الأَكْلِ شُكْرًا عَلى الوَجْبَةِ

You're welcome. (response)	*3alā -rraɧb^{i} wa-ssa3a^{ti}.* *al3afw^{u}.*	**عَلى الرَّحْبِ وَالسَّعَةِ.** **العَفْوُ.**

9 Work

work, job	*3amal*^{un} *(ʔa3māl*^{un}*)*	عَمَلٌ (أَعْمالٌ)
to work	*3amila* [1s4]	عَمِلَ
job	*waʐīfa*^{tun} *(waʐāʔif*^{u}*)*	وَظيفَةٌ (وَظائِفُ)
to be employed	*tawaʐʐafa* [5s]	تَوَظَّفَ
She works as a teacher.	*hiya ta3mal*^{u} *mu3allima*^{tan}.	هِيَ تَعْمَلُ مُعَلِّمَةً.
She works in (the field of) teaching.	*hiya ta3mal*^{u} *fī [majāl*^{i}*] attadrīs*^{i}.	هِيَ تَعْمَلُ في [مَجالِ] التَّدْريسِ.
I work five days a week.	*ʔa3mal*^{u} *xamsa*^{ta} *ʔayyām*^{in} *fī -lʔusbū3*^{i}.	أَعْمَلُ خَمْسَةَ أَيّامٍ في الأُسْبوعِ.
job, task	*muhimma*^{tu} *3amal*^{in}	مُهِمَّةُ عَمَلٍ
full-time	*dawām*^{un} *kāmil*^{un}	دَوامٌ كامِلٌ
I work full-time.	*ʔana ʔa3mal*^{u} *bi-dawām*^{in} *kāmil*^{in}.	أَنا أَعْمَلُ بِدَوامٍ كامِلٍ.
part-time	*dawām*^{un} *juzʔiyy*^{un}	دَوامٌ جُزْئِيٌّ
I want a part-time job.	*ʔurīd*^{u} *waʐīfa*^{tan} *bi-dawām*^{in} *juzʔiyy*^{in}.	أُريدُ وَظيفَةً بِدَوامٍ جُزْئِيٍّ.
the private sector	*qiʈā3*^{un} *xāʂʂ*^{un}	قِطاعٌ خاصٌّ
the public sector	*qiʈā3*^{un} *3āmm*^{un}	قِطاعٌ عامٌّ
civil servant	*muwaʐʐaf*^{un} *ɦukūmiyy*^{un} *muwaʐʐaf*^{un} *madaniyy*^{un}	مُوَظَّفٌ حُكومِيٌّ مُوَظَّفٌ مَدَنِيٌّ
to look for a job	*baɦaŧa* [1s1] *3an waʐīfa*^{tin}	بَحَثَ عَنْ وَظيفَةٍ

to apply for a job	*taqaddama* [5s] *li-waẓīfa*^{tin}	تَقَدَّمَ لِوَظِيفَةٍ
applicant, candidate	*muqaddim*^{u} *-ṭṭalab*^{i} *muraššaḥ*^{un}	مُقَدِّمُ الطَّلَبِ مُرَشَّحٌ
experience	*xibra*^{tun}	خِبْرَةٌ
to have a job interview	*ladayh*^{i} *muqābala*^{tu} *3amal*^{in}	لَدَيْهِ مُقابَلَةُ عَمَلٍ
to interview	*ʔajrā* [4d] *muqābala*^{tan} *qābala* [3s]	أَجْرى مُقابَلَةً قابَلَ
to get a job	*ḥaṣala* [1s3] *3alā waẓīfa*^{tin}	حَصَلَ عَلى وَظيفَةٍ
to find a job	*wajada* [1a2] *waẓīfa*^{tan} *wajada* [1a2] *3amal*^{an}	وَجَدَ وَظيفَةً وَجَدَ عَمَلًا
Have you found a job yet?	*hal wajadt*^{a} *waẓīfa*^{tan} *ba3d*^{u}*?*	هَلْ وَجَدْتَ وَظيفَةً بَعْدُ؟
to employ	*waẓẓafa* [2s]	وَظَّفَ
employee	*muwaẓẓaf*^{un}	مُوَظَّفٌ
employer	*ṣāḥib*^{u} *3amal*^{in} *(ʔaṣḥāb*^{u} *3amal*^{in}*)*	صاحِبُ عَمَلٍ (أَصْحابُ عَمَلٍ)
boss, manager	*mudīr*^{un} *(mudarāʔ*^{u}*)* *masʔūl*^{un}	مُديرٌ (مُدَراءُ) مَسْؤولٌ
colleague, coworker	*zamīl*^{u} *3amal*^{in} *(zumalāʔ*^{u} *3amal*^{in}*)*	زَميلُ عَمَلٍ (زُمَلاءُ عَمَلٍ)
company	*šarika*^{tun}	شَرِكَةٌ

to start work	*badaʔa* [1s1] *-l3amala*	بَدَأَ العَمَلَ
to take a break	*ʔaxađa* [1s3(a)] *-stirāħa*^{tan} *ʔaxađa* [1s3(a)] *qisṭ*^{an} *min*^{a} *-rrāħa*^{ti}	أَخَذَ اسْتِراحَةً أَخَذَ قِسْطًا مِنَ الرّاحَةِ
lunch break	*istirāħa*^{tu} *ɣadāʔ*^{in}	اِسْتِراحَةُ غَداءٍ
to finish work, get off work	*ʔanhā* [4d] *-l3amala* *intahā* [4d] *min*^{a} *-l3amal*^{i}	أَنْهى العَمَلَ اِنْتَهى مِنَ العَمَلِ
to work overtime	*3amila* [1s4] *li-sā3āt*^{in} *ʔiḍāfiyya*^{tin} *3amila* [1s4] *li-waqt*^{in} *ʔiḍāfiyy*^{in}	عَمِلَ لِساعاتٍ إِضافِيَّةٍ عَمِلَ لِوَقْتٍ إِضافِيٍّ
working hours	*sā3āt*^{u} *-l3amal*^{i}	ساعاتُ العَمَلِ
I work eight hours a day.	*ʔana ʔa3mal*^{u} *ŧamāniy*^{a} *sā3āt*^{in} *fī -lyawm*^{i}.	أَنا أَعْمَلُ ثَمانِيَ ساعاتٍ فِي اليَوْمِ.
day shift	*munāwaba*^{tun} *nahāriyya*^{tun} *wardiyya*^{tun} *nahāriyya*^{tun}	مُناوَبَةٌ نَهارِيَّةٌ وَرْدِيَّةٌ نَهارِيَّةٌ
night shift, graveyard shift	*munāwaba*^{tun} *layliyya*^{tun} *wardiyya*^{tun} *layliyya*^{tun}	مُناوَبَةٌ لَيْلِيَّةٌ وَرْدِيَّةٌ لَيْلِيَّةٌ
I work the night shift.	*ʔana ʔa3mal*^{u} *fī -lmunāwaba*^{ti} *-llayliyya*^{ti}.	أَنا أَعْمَلُ فِي المُناوَبَةِ اللَّيْلِيَّةِ.
off work, not working	*xārij*^{a} *-l3amal*^{i} *xārij*^{a} *-ddawām*^{i} *lā ya3mal*^{u}	خارِجَ العَمَلِ خارِجَ الدَّوامِ لا يَعْمَلُ
I have weekends off.	*ʔana mutafarriɣ*^{un} *nihāya*^{ta} *-lʔusbū3*^{i}. *lā ʔa3mal*^{u} *nihāya*^{ta} *-lʔusbū3*^{i}.	أَنا مُتَفَرِّغٌ نِهايَةَ الأُسْبوعِ. لا أَعْمَلُ نِهايَةَ الأُسْبوعِ.

office	*maktab^{un} (makātib^{u})*	مَكْتَبٌ (مَكاتِبُ)
office worker	*muwaẓẓaf^{un} maktabiyy^{un}*	مُوَظَّفٌ مَكْتَبِيٌّ
company representative	*mumaŧŧil^{u} šarika^{tin}* *mandūb^{u} šarika^{tin}*	مُمَثِّلُ شَرِكَةٍ مَنْدوبُ شَرِكَةٍ
to stay late at the office	*ẓalla* [1g1] *fī -lmaktab^{i} li-waqt^{in} mutaʔaxxir^{in}*	ظَلَّ فِي المَكْتَبِ لِوَقْتٍ مُتَأَخِّرٍ
to go on a business trip	*đahaba* [1s1] *fī riḫla^{ti} 3amal^{in}*	ذَهَبَ فِي رِحْلَةِ عَمَلٍ
to have a meeting	*ladayh^{i} -jtimā3^{un}*	لَدَيْهِ اجْتِماعٌ
client	*3amīl^{un} (3umalāʔ^{u})* *zabūn^{un} (zabāʔin^{u})*	عَميلٌ (عُمَلاءُ) زَبونٌ (زَبائِنُ)

to earn money	*kasaba* [1s2] *-lmāl^{a}*	كَسَبَ المالَ
wage, pay	*duf3a^{tun}* *ʔajr^{un} (ʔujūr^{un})*	دُفْعَةٌ أَجْرٌ (أُجورٌ)
salary	*rātib^{un} (rawātib^{u})* *ma3āš^{un}*	راتِبٌ (رَواتِبُ) مَعاشٌ
My salary is just okay.	*rātibī jayyid^{un} naw3an mā.*	راتِبي جَيِّدٌ نَوْعًا ما.
to get paid	*taqāḍā rātibah^{u}*	تَقاضى راتِبَهُ
payday	*yawm^{u} daf3^{i} -rrawātib^{i}*	يَوْمُ دَفْعِ الرَّواتِبِ
I get paid on the first of the month.	*ʔataqāḍā rātibī fī bi-dāya^{ti} -ššahr^{i}.*	أَتَقاضى راتِبي في بِدايَةِ الشَّهْرِ.

bonus, incentive	*mukāfaʔa*^{tun} *ɧāfiz*^{un} *(ɧawāfiz*^{u}*)*	مُكافَأَةٌ حافِزٌ (حَوافِزُ)
pay raise	*ziyāda*^{tun} *fī -rrātib*^{i}	زِيادَةٌ فِي الرّاتِبِ
to get a raise	*ɧaṣala* [1s3] *3alā 3alāwa*^{tin}	حَصَلَ عَلى عَلاوَةٍ
to give __ a raise	*ʔa3ṭā* [4d] __ *3alāwa*^{tan}	أَعْطى __ عَلاوَةً
promotion	*tarqiya*^{tun}	تَرْقِيَةٌ
to get promoted	*ɧaṣala* [1s3] *3alā tarqiya*^{tin}	حَصَلَ عَلى تَرْقِيَةٍ
Praise be to God, I got a promotion this month.	*alɧamd*^{u} *lilāh*^{i}*, ɧaṣalt*^{u} *3alā tarqiya*^{tin} *hađā -ššahr*^{i}*.*	الحَمْدُ لله، حَصَلْتُ عَلى تَرْقِيَةٍ هَذا الشَّهْرِ.

unemployed, jobless	*3āṭil*^{un} *3an*^{i} *-l3amal*^{i}	عاطِلٌ عَنِ العَمَلِ
unemployment	*baṭāla*^{tun}	بَطالَةٌ
to resign	*istaqāla* [10h]	اِسْتَقالَ
to quit one's job	*taraka* [1s3] *3amalah*^{u}	تَرَكَ عَمَلَهُ
to lay off, make redundant	*ʔaqāla* [4h] *sarraɧa* [2s]	أَقالَ سَرَّحَ
to fire	*faṣala* [1s2] *ṭarada* [1s3]	فَصَلَ طَرَدَ
to get fired	*fuṣila* [p] *ṭurida* [p]	فُصِلَ طُرِدَ
to retire	*taqā3ada* [6s]	تَقاعَدَ

pension	*rātib^{u} taqā3ud^{in}*	**راتِبُ تَقاعُدٍ**
(age of) retirement	*sinn^{u} -ttaqā3ud^{i}*	**سِنُّ التَّقاعُدِ**
I hope to retire when I'm sixty.	*ʔāmul^{u} ʔan ʔataqā3ad^{a} 3indamā ʔabluɣ^{u} -ssittīn^{a} min 3umrī.*	آمُلُ أَنْ أَتَقاعَدَ عِنْدَما أَبْلُغَ السِّتّينَ مِنْ عُمْري.
career	*masīra^{tun} mihniyya^{tun}* *mihna^{tun} (mihan^{un})*	**مَسيرَةٌ مِهْنِيَّةٌ** **مِهْنَةٌ (مِهَنٌ)**
trade, craft	*ɧirfa^{tun} (ɧiraf^{un})*	**حِرْفَةٌ (حِرَفٌ)**
What do you do?	*māđā ta3mal^{u}?*	ماذا تَعْمَلُ؟
I'm a __.	*ʔana __.* *ʔa3mal^{u} __.*	أَنا ___. أَعْمَلُ.___
accountant	*muɧāsib^{un}*	**مُحاسِبٌ**
actor	*mumaŧŧil^{un}*	**مُمَثِّلٌ**
architect	*muhandis^{un} mi3māriyy^{un}*	**مُهَنْدِسٌ مِعْمارِيٌّ**
artist	*fannān^{un}*	**فَنّانٌ**
athlete	*ryāḓiyy^{un}*	**رِياضِيٌّ**
baker	*xabbāz^{un}*	**خَبّازٌ**
bank teller, banker	*maşrifiyy^{un}* *muwaẓẓaf^{u} bank^{in}*	**مَصْرِفِيٌّ** **مُوَظَّفُ بَنْكٍ**
bank manager	*mudīr^{u} bank^{in} (mudarāʔ^{u} bunūk^{in})*	**مُديرُ بَنْكٍ (مُدَراءُ بُنوكٍ)**
barber	*ɧallāq^{un}*	**حَلّاقٌ**

bus driver	*sāʔiq^{u} ħāfila^{tin}*	سائِقُ حافِلَةٍ
butcher	*jazzār^{un}*	جَزّارٌ
carpenter	*najār^{un}*	نَجارٌ
cashier	*ʔamīn^{u} şundūq^{in}*	أَمينُ صُنْدوقٍ
chef	*ţāh^{in} (ţuhā^{tun})*	طاهٍ (طُهاةٌ)
cleaner	*3āmil^{u} naz̧āfa^{ti} (3ummāl^{u} naz̧āfa^{tin})*	عامِلُ نَظافَةِ (عُمّالُ نَظافَةٍ)
cook	*ţabbāx^{un}*	طَبّاخٌ
customer service representative	*muwaz̧z̧af^{u} xidma^{ti} -l3umalāʔ^{i} mandūb^{u} xidma^{ti} -l3umalāʔ^{i} (manādīb^{u} xidma^{ti} -l3umalāʔ^{i})*	مُوَظَّفُ خِدْمَةِ العُمَلاءِ مَنْدوبُ خِدْمَةِ العُمَلاءِ (مَناديبُ خِدْمَةِ العُمَلاءِ)
dentist	*ţabīb^{u} ʔasnān^{in} (ʔaţibbāʔ^{u} ʔasnān^{in})*	طَبيبُ أَسْنانٍ (أَطِبّاءُ أَسْنانٍ)
doctor	*ţabīb^{un} (ʔaţibbāʔ^{un})*	طَبيبٌ (أَطِبّاءٌ)
editor	*muħarrir^{un}*	مُحَرِّرٌ
electrician (repairman)	*kahrubāʔiyy^{un}* *3āmil^{u} kahrubāʔ^{in} (3ummāl^{u} kahrubāʔ^{in})*	كَهْرُبائِيٌّ عامِلُ كَهْرُباءٍ (عُمّالُ كَهْرُباءٍ)
engineer	*muhandis^{un}*	مُهَنْدِسٌ
farmer	*muzāri3^{un}* *fallāħ^{un}*	مُزارِعٌ فَلّاحٌ
firefighter	*rajul^{u} ʔiţfāʔ^{in} (rijāl^{u} ʔiţfāʔ^{in})*	رَجُلُ إِطْفاءٍ (رِجالُ إِطْفاءٍ)
fisherman	*şāʔid^{u} samak^{in}*	صائِدُ سَمَكٍ
flight attendant	*muḑīfa^{tu} ţayarān^{in}*	مُضيفَةُ طَيَرانٍ

garbage collector	*3āmil^{u} naẓāfa^{ti} (3ummāl^{u} naẓāfa^{tin})*	عامِلُ نَظافَةِ (عُمّالُ نَظافَةٍ)
gardener	*bustāniyy^{un}* *janāʔinyy^{un}*	بُسْتانِيٌّ جَنائِنِيٌّ
hairdresser	*muṣaffif^{u} ša3r^{in}*	مُصَفِّفُ شَعْرٍ
imam	*ʔimām^{un} (ʔaʔimma^{tun})*	إِمامٌ (أَئِمَّةٌ)
judge	*qāḍ^{in} (quḍā^{tun})*	قاضٍ (قُضاةٌ)
laborer	*3āmil^{un} (3ummāl^{un})*	عامِلٌ (عُمّالٌ)
lawyer, attorney	*muḥām^{in}*	مُحامٍ
maid	*xādima^{tun}*	خادِمَةٌ
mechanic	*mīkānīkiyy^{un}*	ميكانيكِيٌّ
musician	*mūsīqār^{un}*	موسيقارٌ
nurse	*mumarriḍ^{un}*	مُمَرِّضٌ
painter (of art)	*rassām^{un}*	رَسّامٌ
painter, house painter	*dahhān^{un}*	دَهّانٌ
pharmacist	*ṣaydaliyy^{un} (ṣayādila^{tun})*	صَيْدَلِيٌّ (صَيادِلَةٌ)
pilot	*ṭayyār^{un}* *qāʔid^{u} ṭāʔira^{tin}*	طَيّارٌ قائِدُ طائِرَةٍ
plumber	*sabbāk^{un}*	سَبّاكٌ
police officer	*ḍābiṭ^{u} šurṭa^{tin} (ḍubbāṭ^{u} šurṭa^{tin})*	ضابِطُ شُرْطَةٍ (ضُبّاطُ شُرْطَةٍ)
politician	*syāsiyy^{un}*	سِياسِيٌّ

priest	*kāhin^{un} (kahana^{tun})* *qiss^{un} (qusūs^{un})* *rāhib^{un} (ruhbān^{un})*	كاهِنٌ (كَهَنَةٌ) قِسٌّ (قُسوسٌ) راهِبٌ (رُهْبانٌ)
professor	*ʔustāđ^{un} jāmi3iyy^{un}*	أُسْتاذٌ جامِعِيٌّ
real estate agent	*simsār^{un} (samāsira^{tun})*	سِمْسارٌ (سَماسِرَةٌ)
repairman	*muṣalliħ^{un}* *3āmil^{u} taṣlīħāt^{in}*	مُصَلِّحٌ عامِلُ تَصْليحاتٍ
sailor	*baħħār^{un}* *mallāħ^{un}*	بَحّارٌ مَلّاحٌ
salesperson	*mandūb^{u} mabī3āt^{in}* *(manādīb^{u} mabī3āt^{in})*	مَنْدوبُ مَبيعاتٍ (مَناديبُ مَبيعاتٍ)
secretary	*sikritēr^{un}*	سِكْرِتيْرٌ
servant	*xādim^{un}*	خادِمٌ
shop assistant	*3āmil^{u} matjar^{in}*	عامِلُ مَتْجَرٍ
shopkeeper	*baqqāl^{un}* *ṣāħib^{u} matjar^{in}*	بَقّالٌ صاحِبُ مَتْجَرٍ
soldier	*3askariyy^{un} (3asākir^{u})* *jundiyy^{un} (junūd^{un})*	عَسْكَرِيٌّ (عَساكِرُ) جُنْدِيٌّ (جُنودٌ)
taxi driver	*sāʔiq^{u} sayyāra^{ti} ʔujra^{tin}*	سائِقُ سَيّارَةِ أُجْرَةٍ
teacher	*mu3allim^{un}* *mudarris^{un}*	مُعَلِّمٌ مُدَرِّسٌ
technician	*fanniyy^{un}*	فَنِّيٌّ

travel agent	*wakīl^u safar^in (wukalāʔ^u safar^in)*	وَكيلُ سَفَرٍ (وُكلاءُ سَفَرٍ)
veterinarian	*ṭabīb^un bayṭariyy^un (ʔaṭibbāʔ^un bayṭariyyūn^a)*	طَبيبٌ بَيْطَرِيٌّ (أَطِبّاءُ بَيْطَرِيّونَ)
waiter	*nādil^un (nudul^un)*	نادِلٌ (نُدُلٌ)
waitress	*nādila^tun*	نادِلَةٌ
writer	*kātib^un (kuttāb^un)*	كاتِبٌ (كُتّابٌ)

10 School and Education

education	*ta3līm^{un}*	**تَعْلِيمٌ**
educated, literate	*muta3allim^{un}*	**مُتَعَلِّمٌ**
to learn	*ta3allama* [5s]	**تَعَلَّمَ**
illiterate	*ʔummiyy^{un}* *jāhil^{un}*	**أُمِّيٌّ** **جاهِلٌ**
illiteracy	*ʔummiiyya^{tun}*	**أُمِّ◌يَّةٌ**
What is the illiteracy rate in Egypt?	*mā hiya nisba^{tu} -lʔummiyya^{ti} fī miṣr^{a}?*	ما هِيَ نِسْبَةُ الأُمِّيَّةِ فِي مِصْرَ؟
school	*madrasa^{tun} (madāris^{u})*	**مَدْرَسَةٌ (مَدارِسُ)**
student	*ṭālib^{un} (ṭullāb^{un})*	**طالِبٌ (طُلّابٌ)**
preschool	*ḥaḍāna^{tun}*	**حَضانَةٌ**
kindergarten	*rawḍa^{tu} ʔaṭfāl^{in}*	**رَوْضَةُ أَطْفالٍ**
elementary school, primary school	*madrasa^{tun} ibtidāʔiyya^{tun}*	**مَدْرَسَةٌ اِبْتِدائِيَّةٌ**
when I was in elementary school, ...	*3indamā kunt^{u} fī -lmadrasa^{ti} -libtidāʔiyya^{ti}, ...*	عِنْدَما كُنْتُ فِي المَدْرَسَةِ الاِبْتِدائِيَّةِ، ...
first grade (year)	*aṣṣaff^{u} -lʔawwal^{u}*	**الصَّفُّ الأَوَّلُ**
Her son is in first grade.	*ibnuhā fī -ṣṣaff^{i} -lʔawwal^{i}.*	اِبْنُها فِي الصَّفِّ الأَوَّلِ.
middle school	*madrasa^{tun} ʔi3dādiyya^{tun}* *madrasa^{tun} mutawassiṭa^{tun}*	**مَدْرَسَةٌ إِعْدادِيَّةٌ** **مَدْرَسَةٌ مُتَوَسِّطَةٌ**

high school, secondary school	*madrasa^{tun} ŧānawiyya^{tun}*	مَدْرَسَةٌ ثانَوِيَّةٌ
university, college	*jāmi3a^{tun}*	جامِعَةٌ
academy	*ʔakādīmiyya^{tun}* *ma3had^{un} (ma3āhid^{u})*	أَكادِيمِيَّةٌ مَعْهَدٌ (مَعاهِدُ)
language academy	*ʔakādīmiyya^{tu} luɣāt^{in}*	أَكادِيمِيَّةُ لُغاتٍ
I'm studying Arabic at a language academy in Cairo.	*ʔana ʔadrus^{u} -lluɣa^{ta} -l3arabiyya^{ta} fī ʔakādīmiyya^{ti} luɣāt^{in} fī -lqāhira^{ti}.*	أنا أَدْرُسُ اللُّغَةَ العَرَبِيَّةَ فِي أَكادِيمِيَّةِ لُغاتٍ فِي القاهِرَةِ.

Generally, in Arab countries, elementary school consists of six years; middle school and high school are three years each.

in fifth grade	*fī -ṣṣaff^{i} -lxāmis^{i}*	فِي الصَّفِّ الخامِسِ
in sixth grade	*fī -ṣṣaff^{i} -ssādis^{i}*	فِي الصَّفِّ السّادِسِ
in one's second year of middle school	*fī -ssana^{ti} -ŧŧāniya^{ti} -lʔi3dādiyya^{ti}*	فِي السَّنَةِ الثّانِيَةِ الإِعْدادِيَّةِ
in one's third year of high school	*fī -ssana^{ti} -ŧŧāliŧa^{ti} -ŧŧānawiyya^{ti}*	فِي السَّنَةِ الثّالِثَةِ الثّانَوِيَّةِ
in one's final year of high school	*fī ʔāxir^{i} sana^{tin} fī -ŧŧānawiyya^{ti}*	فِي آخِرِ سَنَةٍ فِي الثّانَوِيَّةِ
class, period	*ɧiṣṣa^{tu} (ɧiṣaṣ^{un})*	حِصَّةٌ (حِصَصٌ)
I have six classes a day.	*3indī sitt^{u} ɧiṣaṣ^{in} fī -lyawm^{i}.*	عِنْدِي سِتُّ حِصَصٍ فِي اليَوْمِ.
Class starts at 8 o'clock and finishes at 9 o'clock.	*tabdaʔ^{u} -lɧiṣṣa^{tu} -ssā3a^{ta} -ŧŧāmina^{ta} ṣabāɧan wa-tantahī -ssā3a^{ta} -ttāsi3a^{ta} ṣabāɧan.*	تَبْدَأُ الحِصَّةُ السّاعَةَ الثّامِنَةَ صَباحًا وَتَنْتَهِي السّاعَةَ التّاسِعَةَ صَباحًا.
lecture	*muɧāḍara^{tun}*	مُحاضَرَةٌ

to attend a lecture	*ħaḍara* [1s3] *muħāḍara*^{tan}	حَضَرَ مُحاضَرَةً
lesson	*dars*^{un} *(durūs*^{un}*)*	دَرْسٌ (دُروسٌ)
to study	*darasa* [1s3]	دَرَسَ
studies	*dirāsāt*^{un}	دِراساتٌ
curriculum	*manhaj*^{un} *dirāsiyy*^{un} *(manāhij*^{u} *dirāsiyya*^{tun}*)*	مَنْهَجٌ دِراسِيٌّ (مَناهِجُ دِراسِيَّةٌ)
question	*suʔāl*^{un} *(ʔasʔila*^{tun}*)*	سُؤالٌ (أَسْئِلَةٌ)
to ask a question in class	*ṭaraħa* [1s1] *suʔāl*^{an} *fī -lħiṣṣa*^{ti} *saʔala* [1s1] *suʔāl*^{an} *fī -lħiṣṣa*^{ti}	طَرَحَ سُؤالًا فِي الحِصَّةِ سَأَلَ سُؤالًا فِي الحِصَّةِ
answer	*ʔijāba*^{tun}	إِجابَةٌ
to answer	*ʔajāba* [4h] *radda* [1g3]	أَجابَ رَدَّ
to raise one's hand	*rafa3a* [1s1] *yadah*^{u}	رَفَعَ يَدَهُ
right, correct	*ṣaħīħ*^{un}	صَحِيحٌ
incorrect	*ɣayr*^{u} *ṣaħīħ*^{in}	غَيْرُ صَحِيحٍ
wrong, incorrect; mistake	*xāṭiʔ*^{un}	خاطِئٌ
mistake	*xaṭaʔ*^{un}	خَطَأٌ
to make a mistake	*ʔaxṭaʔa* [4s(c)]	أَخْطَأَ
He got three questions wrong.	*laqad ʔaxṭaʔa fī ŧalāŧa*^{ti} *ʔasʔila*^{tin}.	لَقَدْ أَخْطَأَ فِي ثَلاثَةِ أَسْئِلَةٍ.

classroom	*faṣl^{un} dirāsiyy^{un} (fuṣūl^{un} dirāsiyya^{tun})*	فَصْلٌ دِراسِيٌّ (فُصولٌ دِراسِيَّةٌ)
lecture hall	*qā3a^{tu} muɧāḑarāt^{in}*	قاعَةُ مُحاضَراتٍ
desk	*maq3ad^{un} (maqā3id^{u})*	مَقْعَدٌ (مَقاعِدُ)
textbook	*kitāb^{un} madrasiyy^{un} (kutub^{un} madrasiyya^{tun})*	كِتابٌ مَدْرَسِيٌّ (كُتُبٌ مَدْرَسِيَّةٌ)
notebook	*daftar^{un} (dafātir^{u})* *mufakkira^{tun}* *kurraās^{un} (karārīs^{u})*	دَفْتَرٌ (دَفاتِرُ) مُفَكِّرَةٌ كُرّاسٌ (كَراريسُ)
to take notes	*dawwana [2s] mulāɧaẓāt^{in}*	دَوَّنَ مُلاحَظاتٍ
to copy	*nasaxa [1s1]*	نَسَخَ
Copy these sentences into your notebook.	*insax hađih^{i} -ljumal^{a} fī daftarik^{a}.*	اِنْسَخْ هَذِهِ الجُمَلَ في دَفْتَرِكَ.
backpack	*ɧaqība^{tu} ẓahar^{in} (ɧaqāʔib^{u} ẓahr^{in})*	حَقيبَةُ ظَهْرٍ (حَقائِبُ ظَهْرٍ)
blackboard	*subbūra^{tun}*	سُبّورَةٌ
chalk	*ţabāšīr^{u}*	طَباشيرُ
whiteboard	*subbūra^{tun} bayḑāʔ^{u}*	سُبّورَةٌ بَيْضاءُ
map	*xarīţa^{tun} (xarāʔiţ^{u})*	خَريطَةٌ (خَرائِطُ)

library	*maktaba^{tun}*	مَكْتَبَةٌ
gymnasium	*ṣāla^{tun} ryāḑiyya^{tun}*	صالَةٌ رِياضِيَّةٌ

playground, schoolyard	*sāħa^{tu} madrasa^{tin}* *fināʔ^{u} madrasa^{tin}*	**ساحَةُ مَدْرَسَةٍ** **فِناءُ مَدْرَسَةٍ**
cafeteria	*maqṣaf^{un} (maqāṣif^{u})*	**مَقْصَفٌ (مَقاصِفُ)**
laboratory	*muxtabar^{un}* *ma3mal^{un} (ma3āmil^{u})*	**مُخْتَبَرٌ** **مَعْمَلٌ (مَعامِلُ)**
auditorium, theater	*masraħ^{un} (masāriħ^{u})* *ṣāla^{tu} 3arḍ^{in}*	**مَسْرَحٌ (مَسارِحُ)** **صالَةُ عَرْضٍ**
school bus	*ħāfila^{tun} madrasiyya^{tun}*	**حافِلَةٌ مَدْرَسِيَّةٌ**
summer vacation	*3uṭla^{tu} -ṣṣayf^{i}* *3uṭla^{tun} ṣayfiyya^{tun}*	**عُطْلَةُ الصَّيْفِ** **عُطْلَةٌ صَيْفِيَّةٌ**
winter vacation	*3uṭla^{tu} -ššitāʔ^{i}* *3uṭla^{tun} šatwiyya^{tun}*	**عُطْلَةُ الشِّتاءِ** **عُطْلَةٌ شَتْوِيَّةٌ**
break, recess	*istirāħa^{tun}*	**اِسْتِراحَةٌ**
We have a fifteen-minute break between classes.	*naʔxuđ^{u} -stirāħa^{tan} li-mudda^{ti} xams^{a} 3ašra^{ta} daqīqa^{tan} bayn^{a} -lħiṣaṣ^{i}.*	نَأْخُذُ اسْتِراحَةً لِمُدَّةِ خَمْسَ عَشْرَةَ دَقيقَةً بَيْنَ الحِصَصِ.
lunch break	*istirāħa^{tu} ɣadāʔ^{in}*	**اِسْتِراحَةُ غَداءٍ**
test, exam	*ixtibār^{un}* *imtiħān^{i}*	**اِخْتِبارٌ** **اِمْتِحانٌ**
to take a test	*ʔaxađa* [1s3(a)] *-xtibār^{an}* *xāḍa* [1h3] *-xtibār^{an}*	**أَخَذَ اخْتِبارًا** **خاضَ اخْتِبارًا**

mid-term (exam)	*ixtibār^{u} niṣf^{i} -lfaṣl^{i}*	اِخْتِبارُ نِصْفِ الفَصْلِ
final exam	*ixtibār^{un} nihāʔiyy^{un}*	اِخْتِبارٌ نِهائِيٌّ
entrance exam	*ixtibār^{u} qabūl^{in}*	اِخْتِبارُ قَبولٍ
an oral exam	*ixtibār^{un} šafahiyy^{un}* *imtiɧān^{un} šafawiyy^{un}*	اِخْتِبارٌ شَفَهِيٌّ اِمْتِحانٌ شَفَوِيٌّ
a written exam	*ixtibār^{un} taɧrīriyy^{un}*	اِخْتِبارٌ تَحْرِيرِيٌّ
to pass a test	*ijtāza -xtibār^{an}* *najaɧa fī -mtiɧān^{in}*	اِجْتازَ اخْتِبارًا نَجَحَ فِي امْتِحانٍ
to fail a test	*rasaba* [1s3] *fī -xtibār^{in}* *fašala fī -mtiɧān^{in}*	رَسَبَ فِي اخْتِبارٍ فَشَلَ فِي امْتِحانٍ
exam results	*natāʔij^{u} -lixtibārāt^{i}* *natāʔij^{u} -limtiɧānāt^{i}*	نَتائِجُ الاخْتِباراتِ نَتائِجُ الامْتِحاناتِ

grade	*daraja^{tun}*	دَرَجَةٌ
to get a good grade	*ɧaṣala* [1s3] *3alā daraja^{tin} jayyida^{tin}*	حَصَلَ عَلى دَرَجَةٍ جَيِّدَةٍ
a passing grade	*daraja^{tu} najāɧ^{in}*	دَرَجَةُ نَجاحٍ
a failing grade	*daraja^{tu} rusūb^{in}*	دَرَجَةُ رُسوبٍ
report card	*sijill^{u} -ddarajāt^{i}* *taqrīr^{un} madrasiyy^{un}*	سِجِلُّ الدَّرَجاتِ تَقْرِيرٌ مَدْرَسِيٌّ

to study	*darasa* [1s3]	دَرَسَ

He needs to study for the test.	*ʔinnah^{u} yaɦtāj^{u} ʔan yadrus^{a} li-lixtibār^{i}.*	إِنَّهُ يَحْتاجُ أَنْ يَدْرُسَ لِلاخْتِبارِ.
homework	*wājib^{un} manziliyy^{un}*	واجِبٌ مَنْزِلِيٌّ
to do homework	*ɦalla* [1g3] *-lwājib^{a}* *ʔaddā* [2d(a)] *-lwājib^{a} -lmanziliyy^{a}*	حَلَّ الواجِبَ أَدّى الواجِبَ المَنْزِلِيَّ
to check, revise, review	*rāja3a* [3s] *taʔakkada* [5s(a)] *min*	راجَعَ تَأَكَّدَ مِنْ
essay, paper, composition	*maqāl^{un}* *mawḍū3^{un} (mawāḍī3^{u})*	مَقالٌ مَوْضوعٌ (مَواضيعُ)
The students have to write an essay about a historical event.	*yajib^{u} 3alā -ṭṭullāb^{i} kitāba^{tu} maqāl^{in} 3an ɦadaθ^{in} tārīxiyy^{in}.*	يَجِبُ عَلى الطُّلّابِ كِتابَةُ مَقالٍ عَنْ حَدَثٍ تاريخِيٍّ.

teacher	*mu3allim^{un}* *mudarris^{un}*	مُعَلِّمٌ مُدَرِّسٌ
Good morning, teacher!	*ṣabāɦ^{u} -lxayr^{i} ʔayyuhā -lmu3allim^{u}!*	صَباحُ الخَيْرِ أَيُّها المُعَلِّمُ!
lecturer	*muɦāḍir^{un}*	مُحاضِرٌ
professor	*ʔustāđ^{un} jāmi3iyy^{un} (ʔasātiđa^{tun} jāmi3iyyīn^{a})*	أُسْتاذٌ جامِعِيٌّ (أَساتِذَةٌ جامِعِيّينَ)
principal	*mudīr^{u} madrasa^{tin}* *nāẓir^{un}*	مُديرُ مَدْرَسَةٍ ناظِرٌ
to teach	*darrasa* [2s] *3allama* [2s]	دَرَّسَ عَلَّمَ

to teach a course	*ʔa3ṭā* [4d] *dars*^{an} *ʔa3ṭā* [4d] *muɦāḍara*^{tan} *ʔa3ṭā* [4d] *dawra*^{tan} *[tadrībiyya*^{tan}*]*	أَعْطى دَرْسًا أَعْطى مُحاضَرَةً أَعْطى دَوْرَةً [تَدْرِيبِيَّةً]
She teaches at the university.	*hiya tudarras*^{u} *fī -ljāmi3a*^{ti}*.*	هِيَ تُدَرِّسُ في الجامِعَةِ.
Ahmad is teaching me Arabic.	*yu3allimunī ʔaɦmad*^{u} *-lluɣa*^{ta} *-l3arabiyya*^{ta}*.*	يُعَلِّمُني أَحْمَدُ اللُّغَةَ العَرَبِيَّةَ.
to teach a lesson	*3allama* [2s] *dars*^{an}	عَلَّمَ دَرْسًا
to correct a test	*ṣaɦɦaɦa* [2s] *-xtibār*^{an}	صَحَّحَ اخْتِبارًا
to enroll	*sajjala* [2s]	سَجَّلَ
enrollment	*tasjīl*^{un}	تَسْجيلٌ
I intend to enroll in an Arabic class next month.	*ʔanwī -ttasjīl*^{a} *fī faṣl*^{i} *-lluɣa*^{ti} *-l3arabiyya*^{ti} *-ššahr*^{a} *-lmuqbil*^{a}*.*	أَنْوي التَّسْجيلَ في فَصْلِ اللُّغَةِ العَرَبِيَّةِ الشَّهْرَ المُقْبِلَ.
school year	*3ām*^{un} *dirāsiyy*^{un} *sana*^{tun} *dirāsiyya*^{tun}	عامٌ دِراسِيٌّ سَنَةٌ دِراسِيَّةٌ
semester	*faṣl*^{un} *dirāsiyy*^{un}	فَصْلٌ دِراسِيٌّ
tuition	*rusūm*^{un} *dirāsiyya*^{tun}	رُسومٌ دِراسِيَّةٌ
scholarship	*minɦa*^{tun} *dirāsiyya*^{tun}	مِنْحَةٌ دِراسِيَّةٌ
student loan	*qarḍ*^{un} *ṭullābiyy*^{un} *(qurūḍ*^{un} *ṭullābiyya*^{tun}*)*	قَرْضٌ طُلّابِيٌّ (قُروضٌ طُلّابِيَّةٌ)
university, college	*jāmi3a*^{tun}	جامِعَةٌ

to get into college	*iltaħaqa bi-ljāmi3a^{ti}*	**اِلتَحَقَ بِالجامِعَةِ**
to go to college	*darasa [1s3] fī -ljāmi3a^{ti}*	**دَرَسَ فِي الجامِعَةِ**
department, faculty	*qism^{u} (ʔaqsām^{un})* *kuliyya^{tun}*	**قِسْمٌ (أَقْسامٌ)** **كُلِيَّةٌ**
I got into the faculty of medicine, but later I changed to law.	*iltaħaqt^{u} bi-kulliyya^{ti} -ṭṭibb^{i}, lakinnanī taħawwalt^{u} lāħiqan ʔilā kulliyya^{ti} -lħuqūq^{i}.*	اِلْتَحَقْتُ بِكُلِّيَّةِ الطِّبِّ، لَكِنَّنِي تَحَوَّلْتُ لاحِقًا إِلى كُلِّيَّةِ الحُقوقِ.
major	*taxaṣṣuṣ^{un}*	**تَخَصُّصٌ**
minor	*taxaṣṣuṣ^{un} far3iyy^{un}*	**تَخَصُّصٌ فَرْعِيٌّ**
to major in	*taxaṣṣaṣa [5s] fī*	**تَخَصَّصَ فِي**
What are you majoring in?	*mā huwa taxaṣṣuṣuk^{a}?*	ما هُوَ تَخَصُّصُكَ؟
I'm majoring in English literature.	*ʔana ʔataxaṣṣaṣ^{u} fī -lʔadab^{i} -lʔinjilīziyy^{i}.*	أَنا أَتَخَصَّصُ فِي الأَدَبِ الإِنْجلِيزِيِّ.
university campus	*ħaram^{un} jāmi3iyy^{un} (ʔaħrām^{un} jāmi3iyya^{tun})*	**حَرَمٌ جامِعِيٌّ (أَحْرامٌ جامِعِيَّةٌ)**
dormitories	*sakan^{un} jāmi3iyy^{un}*	**سَكَنٌ جامِعِيٌّ**
Do you live on campus?	*hal ta3īš^{u} fī -ssakan^{i} -ljāmi3iyy^{i}?*	هَلْ تَعيشُ فِي السَّكَنِ الجامِعِيِّ؟
to graduate from	*taxarraja [5s] fī* *taxarraja [5s] min*	**تَخَرَّجَ فِي** **تَخَرَّجَ مِنْ**
When did you graduate from university?	*matā taxarrajt^{a} min^{a} -ljāmi3a^{ti}?*	مَتى تَخَرَّجْتَ مِنَ الجامِعَةِ؟
I graduated from university in 2005.	*taxarrajt^{u} min^{a} -ljāmi3a^{ti} 3ām^{a} ʔalfayn^{i} wa-xamsa^{tin}.*	تَخَرَّجْتُ مِنَ الجامِعَةِ عامَ أَلْفَيْنِ وَخَمْسَةٍ.

freshman (1st-year university student)	*ṭālib^{un} mustajadd^{un} (ṭullāb^{un} mustajaddīn^{a})* *ṭālib^{un} fī -ssana^{ti} -lʔūlā*	**طالِبٌ مُسْتَجَدٌّ (طُلّابٌ مُسْتَجَدّينَ)** **طالِبٌ في السَّنَةِ الأولى**
sophomore (2nd year)	*ṭālib^{un} fī -ssana^{ti} -ṯṯāniya^{ti}*	**طالِبٌ في السَّنَةِ الثّانِيَةِ**
junior (3rd year)	*ṭālib^{un} fī -ssana^{ti} -ṯṯāliṯa^{ti}*	**طالِبٌ في السَّنَةِ الثّالِثَةِ**
senior (4th year)	*ṭālib^{un} fī -ssana^{ti} -rrābi3a^{ti}* *ṭālib^{un} fī -ssana^{ti} -lʔaxīra^{ti}*	**طالِبٌ في السَّنَةِ الرّابِعَةِ** **طالِبٌ في السَّنَةِ الأَخيرَةِ**
All the freshmen have to attend an orientation ceremony.	*yajib^{u} 3alā jamī3^{i} -ṭṭullāb^{i} -lmustajaddīn^{a} ḥuḍūr^{u} -lliqāʔ^{i} -ttawjīhiyy^{i}.*	يَجِبُ عَلى جَميعِ الطُّلّابِ المُسْتَجَدّينَ حُضورُ اللِّقاءِ التَّوْجيهِيِّ.

degree	*daraja^{tun}*	**دَرَجَةٌ**
diploma	*šahāda^{tu} diblūm^{in}*	**شَهادَةُ دِبْلومٍ**
certificate	*šahāda^{tun}*	**شَهادَةٌ**
He got a certificate for completing the course.	*ḥaṣala 3alā šahāda^{ti} ʔitmām^{i} -ddawra^{ti}.*	حَصَلَ عَلى شَهادَةِ إِتْمامِ الدَّوْرَةِ.
to get a bachelor's degree	*ḥaṣala* [1s3] *3alā daraja^{ti} -lbakālōryōs^{i}*	**حَصَلَ عَلى دَرَجَةِ البَكالوْرْيوْسِ**
college student, undergraduate student	*ṭālib^{un} jāmi3iyy^{un} (ṭullāb^{un} jāmi3iyyīn^{a})*	**طالِبٌ جامِعِيٌّ (طُلّابٌ جامِعِيّينَ)**
undergraduate studies	*dirāsāt^{un} jāmi3iyya^{tun}*	**دِراساتٌ جامِعِيَّةٌ**
to do a master's degree	*darasa* [1s3] *-lmājistēr^{a}*	**دَرَسَ الماجِسْتيرَ**

to pursue a doctorate	*darasa* [1s3] *-dduktōrā*^{ta}	**دَرَسَ الدُّكْتوْراةَ**
thesis, dissertation	*ʔuṭrūɦa*^{tun}	**أُطْروحَةٌ**
subject	*mādda*^{tun} *(mawādd*^{un}*)*	**مادَّةٌ (مَوادُّ)**
What was your favorite subject in school?	*māđā kānat māddatuk*^{a} *-lmufaḍḍala*^{tu} *fī -lmadrasa*^{ti}*?*	ماذا كانَتْ مادَّتُكَ المُفَضَّلَةُ فِي المَدْرَسَةِ؟
I really enjoyed studying history, but I hated science class.	*kunt*^{u} *ʔastamti3*^{u} *fī dirāsa*^{ti} *-ttārīx*^{i}*, lakinnanī kunt*^{u} *ʔakrah*^{u} *ɦiṣṣa*^{ta} *-l3ulūm*^{i}*.*	كُنْتُ أَسْتَمْتِعُ فِي دِراسَةِ التّارِيخِ، لَكِنَّنِي كُنْتُ أَكْرَهُ حِصَّةَ العُلومِ.
to be good at	*bara3a* [1s1] *fī*	**بَرَعَ فِي**
He's really good at math.	*ʔinnah*^{u} *ɦaqqan bāri3*^{un} *fī -rryāḍiyyāt*^{i}*.*	إِنَّهُ حَقًّا بارِعٌ فِي الرِّياضِيّاتِ.
biology	*alʔaɦyāʔ*^{u}	**الأَحْياءُ**
chemistry	*alkīmyāʔ*^{u}	**الكيمْياءُ**
dentistry	*ṭibb*^{u} *-lʔasnān*^{i}	**طِبُّ الأَسْنانِ**
economics	*[3ilm*^{u}*] aliqtiṣād*^{i}	**[عِلْمُ] الِاقْتِصادِ**
geography	*aljuɣrāfyā*	**الجُغْرافْيا**
geology	*3ilm*^{u} *ṭabaqāt*^{i} *-lʔarḍ*^{i}	**عِلْمُ طَبَقاتِ الأَرْضِ**
geometry	*alhandasa*^{tu} *-rryāḍiyya*^{tu}	**الهَنْدَسَةُ الرِّياضِيَّةُ**
history	*attārīx*^{u}	**التّاريخُ**
law	*alqānūn*^{u} *alɦuqūq*^{u}	**القانونُ** **الحُقوقُ**

linguistics	*[3ilm^u] alluɣawiyyātⁱ* *lisāniyyāt^{un}*	]عِلْمُ] اللُّغَوِيّاتِ لِسانِيّاتٌ
literature	*al?adab^u*	الأَدَبُ
mathematics	*arriyāḑiyyāt^u*	الرِّياضِيّاتُ
medicine	*aţţibb^u*	الطِّبُّ
philosophy	*alfalsafa^{tu}*	الفَلْسَفَةُ
physical education (P.E.)	*attarbiya^{tu} -rriyāḑiyya^{tu}*	التَّرْبِيَةُ الرِّياضِيَّةُ
physics	*alfīzyā?^u*	الفِيزْياءُ
political science	*al3ulūm^u -ssiyāsiyya^{tu}*	العُلومُ السِّياسِيَّةُ
psychology	*3ilm^u -nnafsⁱ*	عِلْمُ النَّفْسِ
science	*al3ulūm^u -ssiyāsiyya^{tu}*	العُلومُ السِّياسِيَّةُ
social studies	*addirāsāt^u -lijtimā3iyya^{tu}*	الدِّراساتُ الِاجْتِماعِيَّةُ

11 Health and Medicine

health	*ṣiɦɦa*^{tun}	صِحَّةٌ
healthy, in good health	*salīm*^{un} *mu3āfa*^{n} *bi-ṣiɦa*^{tin} *jayyida*^{tin}	سَليمٌ مُعافًى بِصِحَةٍ جَيِّدَةٍ
sickness, illness, disease	*maraḍ*^{un} (*ʔamrāḍ*^{un})	مَرَضٌ (أَمْراضٌ)
sick, ill	*marīḍ*^{un} (*marḍā*)	مَريضٌ (مَرْضى)
in poor health	*bi-ɦāla*^{tin} *ṣiɦɦiyya*^{tin} *sayyiʔa*^{tin}	بِحالَةٍ صِحِّيَّةٍ سَيِّئَةٍ
handicapped	*mu3āq*^{un}	مُعاقٌ
wheelchair	*kursiyy*^{un} *mutaɦarrik*^{un}	كُرْسِيٌّ مُتَحَرِّكٌ
doctor	*ṭabīb*^{un} (*ʔaṭibbāʔ*^{u}) *duktōr*^{un} (*dakātira*^{tun})	طَبيبٌ (أَطِبّاءُ) دُكْتورٌ (دَكاتِرَةٌ)
I don't feel well. I think I need to go see a doctor.	*lā ʔaš3ur*^{u} *ʔannanī bi-xayr*^{in}. *ʔaẓunn*^{u} *ʔannanī bi-ɦāja*^{tin} *li-đđahāb*^{i} *ʔilā -ṭṭabīb*^{i}.	لا أَشْعُرُ أَنَّني بِخَيْرٍ. أَظُنُّ أَنَّني بِحاجَةٍ لِلذَّهابِ إِلى الطَّبيبِ.
specialist	*ʔaxiṣṣāʔiyy*^{un}	أَخِصّائِيٌّ
cardiologist	*ṭabīb*^{u} *qalb*^{in}	طَبيبُ قَلْبٍ
eye doctor, ophthalmologist	*ṭabīb*^{u} *3uyūn*^{in}	طَبيبُ عُيونٍ
to make an appointment with	*ɦaddada* [2s] *maw3id*^{an} *ma3*^{a}	حَدَّدَ مَوْعِدًا مَعَ

hospital	*mustašfa*^{n} (*mustašfayāt*^{un})	**مُسْتَشْفًى (مُسْتَشْفَياتٌ)**
doctor's office, clinic	*3iyāda*^{tu} [*ṭabīb*^{in}]	**عِيادَةُ [طَبيبٍ]**
nurse	*mumarriḍ*^{un}	**مُمَرِّضٌ**
patient	*marīḍ*^{un} (*marḍā*)	**مَريضٌ (مَرْضى)**
to get a (medical) check-up	*xaḍa3a* [1s1] *li-faħṣ*^{in} *ṭibbiyy*^{in}	**خَضَعَ لِفَحْصٍ طِبِّيٍّ**
to diagnose	*šaxxaṣa* [2s]	**شَخَّصَ**
diagnosis	*tašxīṣ*^{un}	**تَشْخيصٌ**
to examine	*faħaṣa* [1s1]	**فَحَصَ**
examination	*faħṣ*^{un} (*fuħūṣ*^{un})	**فَحْصٌ (فُحوصٌ)**
The doctor examined him and diagnosed him with nasal congestion.	*faħaṣah*^{u} *-ṭṭabīb*^{u} *wa-šaxxaṣ*^{a} *ʔiṣābatah*^{u} *bi-ħtiqān*^{in} *fī -lʔanf*^{i}.	فَحَصَهُ الطَّبيبُ وَشَخَّصَ إِصابَتَهُ بِاحْتِقانٍ فِي الأَنْفِ.
problem	*muškila*^{tun}	**مُشْكِلَةٌ**
What's wrong?	*mā -lxaṭb*^{u}? *mā -lʔamr*^{u}? *mā -lmuškila*^{tu}?	ما الخَطْبُ؟ ما الأَمْرُ؟ ما المُشْكِلَةُ؟
I'm sick.	*ʔana marīḍ*^{un}.	أَنا مَريضٌ.
pain	*ʔalam*^{un} (*ʔālām*^{un})	**أَلَمٌ (آلامٌ)**
My __ hurts.	*__ yuʔlimunī / tuʔlimunī*	__ يُؤْلِمُني / تُؤْلِمُني
My shoulder has been hurting for ages.	*katifī yuʔlimunī munđ*^{u} *fatra*^{tin} *ṭawīla*^{tin}.	كَتِفي يُؤْلِمُني مُنْذُ فَتْرَةٍ طَويلَةٍ.
It hurts here.	*ʔaš3ur*^{u} *bi-lʔalam*^{i} *hunā*.	أَشْعُرُ بِالأَلَمِ هُنا.

to have a backache	*ẓahruh^{u} yuʔlimuh^{u}*	ظَهْرُهُ يُؤْلِمُهُ
to have a headache	*ša3ara* [1s3] *bi-ṣṣudā3^{i}* *raʔsuh^{u} yuʔlimuh^{u}*	شَعَرَ بِالصُّداعِ رَأْسُهُ يُؤْلِمُهُ
I have a really bad headache.	*ʔu3ānī min ṣudā3^{in} šadīd^{in}.* *ʔaš3ur^{u} bi-ʔalam^{in} šadīd^{in} fī raʔsī.*	أُعاني مِنْ صُداعٍ شَديدٍ. أَشْعُرُ بِأَلَمٍ شَديدٍ فِي رَأْسي.
migraine	*ṣudā3^{un} niṣfiyy^{un}* *šaqīqa^{tun}*	صُداعٌ نِصْفِيٌّ شَقيقَةٌ
dizziness	*duwār^{un}*	دُوارٌ
dizzy	*muṣāb^{un} bi-duwār^{in}* *dāʔix^{un}*	مُصابٌ بِدُوارٍ دائِخٌ
to faint	*faqada* [1s2] *-lwa3ya* *ʔuɣmā* [p] *3alayh^{i}*	فَقَدَ الوَعْيَ أُغْمى عَلَيْهِ

أغْمى *ʔuɣmā* in the above expression is invariable.

to have a cold	*ʔuṣība* [p] *bi-nazla^{ti} bard^{in}*	أُصيبَ بِنَزْلَةِ بَرْدٍ
to be congested, have nasal congestion	*3ānā* [3d] *min^{a} -ħtiqān^{in} bi-lʔanf^{i}* *3ānā* [3d] *min^{a} -zzukām^{i}*	عانى مِنَ احْتِقانٍ بِالأَنْفِ عانى مِنَ الزُّكامِ
to have [lit. suffer from] **the flu**	*3ānā* [3d] *min^{a} -lʔinfilwanzā* *muṣāb^{un} bi-lʔinfilwanzā*	عانى مِنَ الإِنْفِلْوَنْزا مُصابٌ بِالإِنْفِلْوَنْزا
to have a fever	*3ānā* [3d] *min^{a} -lħummā* *muṣāb^{un} bi-lħummā*	عانى مِنَ الحُمّى مُصابٌ بِالحُمّى
to have a stomachache	*ma3idatuh^{u} tuʔlimuh^{u}*	مَعِدَتُهُ تُؤْلِمُهُ

to have a sore throat	3ānā [3d] min^{a} -ltihāb^{in} fī -lħalq^{i} muṣāb^{un} bi-ltihāb^{i} -lħalq^{i}	عانى مِنَ الْتِهابٍ في الحَلْقِ مُصابٌ بِالْتِهابِ الحَلْقِ
to cough	sa3ala [1s3]	سَعَلَ
to have a cough	3ānā [3d] min^{a} -ssu3āl^{i}	عانى مِنَ السُّعالِ
to vomit, throw up	taqayyaʔa [5s(c)]	تَقَيَّأَ
to experience nausea, be nauseous	ša3ara [1s3] bi-lɣaŧayān^{i}	شَعَرَ بِالغَثَيانِ
to have a rash	3ānā [3d] min ṭafaħ^{in} jildiyy^{in}	عانى مِنْ طَفَحٍ جِلْدِيٍّ
having diarrhea	muṣāb^{un} bi-lʔishāl^{i}	مُصابٌ بِالإِسْهالِ
constipated	muṣāb^{un} bi-lʔimsāk^{i}	مُصابٌ بِالإِمْساكِ
to have indigestion	3ānā [3d] min 3usr^{i} -lhaḍm^{i}	عانى مِنْ عُسْرِ الهَضْمِ
diabetes	maraḍ^{u} -ssukkar^{i} dāʔ^{u} -ssukkariyy^{i}	مَرَضُ السُّكَّرِ داءُ السُّكَّرِيِّ
diabetic	muṣāb^{un} bi-maraḍ^{i} -ssukkar^{i}	مُصابٌ بِمَرَضِ السُّكَّرِ
having asthma	muṣāb^{un} bi-rrabw^{i}	مُصابٌ بِالرَّبْوِ
to have high blood pressure	ḍaɣṭ^{u} damih^{i} murtafi3^{un} 3ānā [3d] min^{a} -rtifā3^{in} fī ḍaɣṭ^{i} -ddam^{i}	ضَغْطُ دَمِهِ مُرْتَفِعٌ عانى مِنَ ارْتِفاعٍ في ضَغْطِ الدَّمِ
AIDS	alʔēdz assīdā maraḍ^{u} naqṣ^{i} -lmanā3a^{ti} -lmuktasaba^{ti}	الأَيْدْزْ السّيدا مَرَضُ نَقْصِ المَناعَةِ المُكْتَسَبَةِ

cancer	*saraṭān*^{un}	سَرَطانٌ
to get injured	*ʔuṣība* [p] *juriḥa* [p]	أُصيبَ جُرِحَ
to have a bruise	*ʔuṣība* [p] *bi-kadma*^{tin}	أُصيبَ بِكَدْمَةٍ
wound, cut	*jurḥ*^{un} *(jurūḥ*^{un}*)*	جُرْحٌ (جُروحٌ)
to get stitches	*xayyaṭa* [2s] *jurḥah*^{u} *talaqqā* [5d] *ɣuraz*^{an}	خَيَّطَ جُرْحَهُ تَلَقّى غُرَزًا
stitch	*ɣurza*^{tun} *(ɣuraz*^{un}*)*	غُرْزَةٌ (غُرَزٌ)
burn	*ḥarq*^{un} *(ḥurūq*^{un}*)*	حَرْقٌ (حُروقٌ)
to get burned	*ʔuṣība* [p] *bi-ḥarq*^{in}	أُصيبَ بِحَرْقٍ
bandage, Band-Aid	*ḍimmāda*^{tun}	ضِمّادَةٌ
to have a sprained ankle	*ʔuṣība* [p] *bi-ltiwāʔ*^{in} *fī -lkāḥil*^{i}	أُصيبَ بِالْتِواءٍ فِي الكاحِلِ
to break a bone	*kasara* [1s2] *3aẓma*^{tan}	كَسَرَ عَظْمَةً
a broken bone	*3aẓma*^{tun} *maksūra*^{tun}	عَظْمَةٌ مَكْسورَةٌ
cast; splint	*jabīra*^{tun} *(jabāʔir*^{u}*)*	جَبيرَةٌ (جَبائِرُ)
He broke his arm and has to wear a cast now.	*laqad kasar*^{a} *đirā3ah*^{u} *wyajib*^{u} *3alayh*^{i} *ʔan yartadiy*^{a} *jabīra*^{tan} *-lʔān*^{a}.	لَقَدْ كَسَرَ ذِراعَهُ ويَجِبُ عَلَيْهِ أَنْ يَرْتَدِيَ جَبيرَةً الآنَ.
x-ray	*ṣūra*^{tun} *bi-lʔaši33a*^{ti} *-ssīniyya*^{ti}	صورَةٌ بِالأَشِعَّةِ السّينِيَّةِ
to x-ray	*ṣawwara* [2s] *ṣūra*^{tan} *bi-lʔaši33a*^{ti} *-ssīniyya*^{ti}	صَوَّرَ صورَةً بِالأَشِعَّةِ السّينِيَّةِ

medicine	*dawāʔ^{un} (ʔadwiya^{tun})*	دَواءٌ (أَدْوِيَةٌ)
prescription	*waṣfa^{tun} ṭibbiyya^{tun}*	وَصْفَةٌ طِبِّيَّةٌ
to prescribe	*waṣafa* [1a2]	وَصَفَ
aspirin	*ʔasbirīn^{un}*	أَسْبِرينٌ
pill	*ɦabba^{tu} dawāʔ^{in}*	حَبَّةُ دَواءٍ
antibiotics	*muḍāddāt^{un} ɦayawiyya^{tun}*	مُضادّاتٌ حَيَوِيَّةٌ
injection, shot	*ɦuqna^{tun} (ɦuqan^{un})*	حُقْنَةٌ (حُقَنٌ)
to get a shot	*ʔaxađa* [1s3(a)] *ɦuqna^{tan}*	أَخَذَ حُقْنَةً
to draw blood	*saɦaba* [1s1] *dam^{an}*	سَحَبَ دَمًا
to run a blood test	*ʔajrā* [4d] *faɦṣ^{a} dam^{in}*	أَجْرى فَحْصَ دَمٍ
to heal, receover, be cured	*šufiya* [p] *ta3āfā* [6d]	شُفِيَ تَعافى
recovery, healing	*šifāʔ^{un}* *istišfāʔ^{un}*	شِفاءٌ اِسْتِشْفاءٌ
to treat	*3ālaja* [3s]	عالَجَ
treatment	*3ilāj^{un}*	عِلاجٌ
infection	*3adwā*	عَدْوى
contagious	*mu3d^{in}*	مُعْدٍ
Are you contagious?	*hal maraḍuk^{a} mu3d^{in}?*	هَلْ مَرَضُكَ مُعْدٍ؟

surgeon	*jarrāɦ^{un}* *ʈabīb^{u} jirāɦ^{tin}*	جَرّاحٌ طَبيبُ جِراحةٍ
surgery	*jirāɦa^{tun}*	جِراحَةٌ
to perform surgery on, operate on	*ʔajrā* [4d] *3amaliyya^{tan} li-*	أَجْرى عَمَلِيَّةً لِـ
to undergo surgery, have an operation	*xaɖa3a* [1s1] *li-3amaliyya^{tin} jirāɦiyya^{tin}* *ʔujriya* [p] *lah^{u} 3amaliyya^{tun} jirāɦiyya^{tun}*	خَضَعَ لِعَمَلِيَّةٍ جِراحِيَّةٍ أُجْرِيَ لَهُ عَمَلِيَّةٌ جِراحِيَّةٌ
to have an abortion	*ʔajhaɖat* [4s]	أَجْهَضَتْ
plastic surgeon	*jarrāɦ^{u} tajmīl^{in}*	جَرّاحُ تَجْميلٍ
plastic surgery	*jirāɦa^{tun} tajmīliyya^{tun}*	جِراحَةٌ تَجْميلِيَّةٌ

pregnancy	*ɦaml^{un}*	حَمْلٌ
to get pregnant by	*ɦamalat* [1s2] *min*	حَمَلَتْ مِنْ
pregnant	*ɦāmil^{un}* [f.] *(ɦawāmil^{u})*	حامِلٌ (حَوامِلُ)
to give birth	*ʔanjabat* [4s] *waɖa3at* [1a1] *mawlūd^{an}*	أَنْجَبَتْ وَضَعَتْ مَوْلودًا
When are you due?	*matā satalidīn^{a}?* *matā yaɦīn^{u} maw3id^{u} wilādatik^{i}?*	مَتى سَتَلِدينَ؟ مَتى يَحينُ مَوْعِدُ وِلادَتِك؟
I'm due in early December.	*saʔalid^{u} fī šahr^{i} kānūn^{a} -lʔawwal^{i}*	سَأَلِدُ في شَهْرِ كانونَ الأَوَّلِ
How far along is she?	*fī ʔayy^{i} šahr^{in} hiya -lʔān^{a}?*	في أَيِّ شَهْرٍ هِيَ الآنَ؟
She's six months pregnant.	*ʔinnahā ɦāmil^{un} fī šahrihā -ssādis^{i}.*	إِنَّها حامِلٌ في شَهْرِها السّادِسِ.

to use birth control	*istaxdama mawāni3^{a} -lɧaml^{i}* *istaxdama wasāʔil^{a} man3^{i} -lɧaml^{i}*	اِسْتَخْدَمَ مَوانِعَ الحَمْلِ اِسْتَخْدَمَ وَسائِلَ مَنْعِ الحَمْلِ
condom	*wāq^{in} đakariyy^{in}*	واقٍ ذَكَرِيٌّ

dentist	*ṭabīb^{u} ʔasnān^{in}*	طَبيبُ أَسْنانٍ
to have a cavity	*ladayh^{i} tajwīf^{un} [sinniyy^{un}]*	لَدَيْهِ تَجْويفٌ [سِنِّيٌّ]
to have a toothache	*ʔasnānuh^{u} tuʔlimuh^{u}* *3ānā* [3d] *min ʔalam^{in} bi-lʔasnān^{i}*	أَسْنانُهُ تُؤْلِمُهُ عانَى مِنْ أَلَمٍ بِالأَسْنانِ
to have a chipped tooth	*sinnuh^{u} maksūr^{un}*	سِنُّهُ مَكْسورٌ
to get a filling	*ɧašā* [1d3] *sinnah^{u}*	حَشا سِنَّهُ
to get a tooth pulled	*iqtala3a sinnah^{u}*	اِقْتَلَعَ سِنَّهُ
to get a cleaning	*naẓẓafa* [2s] *ʔasnānah^{u}*	نَظَّفَ أَسْنانَهُ
I'm going to the dentist's to get a check-up and a cleaning.	*ʔana đāhib^{un} ʔilā ṭabīb^{i} -lʔasnān^{i} li-ʔijrāʔ^{i} faɧṣ^{in} ṭibbiyy^{in} wa-tanẓīf^{i} ʔasnānī.*	أَنا ذاهِبٌ إِلى طَبيبِ الأَسْنانِ لِإِجْراءِ فَحْصٍ طِبِّيٍّ وَتَنْظيفِ أَسْنانِي.
to get one's teeth whitened	*bayyaḍa* [2s] *ʔasnānah^{u}*	بَيَّضَ أَسْنانَهُ

12 Technology

technology	*tiqniyya*^{tun}	تِقْنِيَّةٌ
computer	*ħāsūb*^{un} *(ħawāsīb*^{u}*)* *ħāsib*^{un} *ʔāliyy*^{un}	حاسوبٌ (حَواسيبُ) حاسِبٌ آلِيٌّ
to turn on the computer	*šaɣɣala* [2s] *-lħāsūb*^{a}	شَغَّلَ الحاسوبَ
to turn off the computer	*ʔaɣlaqa* [4s] *-lħāsūb*^{a} *ʔaṭfaʔa* [4s(c)] *-lħāsūb*^{a} *ʔawqafa* [4a1] *tašɣīl*^{a} *-lħāsūb*^{i}	أَغْلَقَ الحاسوبَ أَطْفَأَ الحاسوبَ أَوْقَفَ تَشْغيلَ الحاسوبِ
laptop	*ħāsūb*^{un} *maħmūl*^{un} *(ħawāsīb*^{u} *maħmūla*^{tun}*)*	حاسوبٌ مَحْمولٌ (حَواسيبُ مَحْمولَةٌ)
monitor	*šāša*^{tu} *[3arḍ*^{in}*]*	شاشَةُ [عَرْضٍ]
screen	*šāša*^{tun}	شاشَةٌ
keyboard	*lawħa*^{tu} *mafātīħ*^{in}	لَوْحَةُ مَفاتيحٍ
mouse	*faʔra*^{tun}	فَأْرَةٌ
to click on	*naqara 3alā* *ḍaɣaṭa 3alā*	نَقَرَ عَلى ضَغَطَ عَلى
file	*milaff*^{un}	مِلَفٌّ
folder	*mujallad*^{un}	مُجَلَّدٌ
I can't remember what folder the file is in.	*lā yumkinunī tađakkur*^{u} *-lmujallad*^{i} *-llađī yūjad*^{u} *fīh*^{i} *-lmilaff*^{u}*.*	لا يُمْكِنُني تَذَكُّرُ المُجَلَّدِ الَّذي يوجَدُ فيهِ المِلَفُّ.

to open a file	*fataħa* [1s1] *milaff*^{an}	فَتَحَ مِلَفًّا
to save	*ħafiẓa* [1s4]	حَفِظَ
computer program	*barnāmaj*^{u} *ħāsūb*^{in} (*barāmij*^{u} *ħāsūb*^{in})	بَرْنامَجُ حاسوبٍ (بَرامِجُ حاسوبٍ)
to close	*ʔaɣlaqa* [4s]	أَغْلَقَ
to delete	*ħađafa* [1s2]	حَذَفَ
Internet	*ʔintarnitt*^{u} *šabaka*^{tu} *-lma3lūmāt*^{i} *aššabaka*^{tu} *-l3ankabūtiyya*^{tu}	إِنْتَرْنِتُّ شَبَكَةُ المَعْلوماتِ الشَّبَكَةُ العَنْكَبوتِيَّةُ
on the Internet, online	*3abr*^{a} *-lʔintarnitti* *3alā -lʔintarnitti*	عَبْرَ الإِنْتَرْنِتِّ عَلى الإِنْتَرْنِتِّ
to get on the Internet, go online	*ittaṣala* [8a1] *bi-lʔintarnitti*	اِتَّصَلَ بِالإِنْتَرْنِتِّ
wifi	*šabaka*^{tun} *lā silkiyya*^{tun} *ʔintarnit*^{u} *lā silkiyy*^{un}	شَبَكَةٌ لا سِلْكِيَّةٌ إِنْتَرْنِتُ لا سِلْكِيٌّ
Is wifi available here?	*hal tūjad*^{u} *šabaka*^{tun} *lā silkiyya*^{tun} *hunā?*	هَلْ توجَدُ شَبَكَةٌ لا سِلْكِيَّةٌ هُنا؟
web site	*mawqi3*^{un} *ʔilikturōniyy*^{un}	مَوْقِعٌ إِلِكْتُرونِيٌّ
web page	*ṣafħa*^{tun} *3alā -lʔintarnitt*^{i}	صَفْحَةٌ عَلى الإِنْتَرْنِتِّ
to download	*nazzala* [1s2]	نَزَّلَ
to upload	*ħammala* [2s] *rafa3a* [1s1]	حَمَّلَ رَفَعَ

e-mail	*barīd^{un} ʔilikturōniyy^{un}*	**بَريدٌ إِلِكْتْرُونِيٌّ**
to send an e-mail	*ʔarsala* [4s] *barīd^{an} ʔilikturōniyy^{an}*	**أَرْسَلَ بَريدًا إِلِكْتْرُونِيًّا**
username	*ism^{u} -lmustaxdim^{i}*	**اِسْمُ المُسْتَخْدِمِ**
password	*kalima^{tu} -lmurūr^{i}* *kalima^{ti} -ssirr^{i}*	**كَلِمَةُ المُرورِ** **كَلِمَةِ السِّرِّ**
Enter your username and password.	*ʔadxil^{i} -sm^{a} -lmustaxdim^{i} wa-kalima^{ta} -lmurūr^{i}.*	أَدْخِلِ اسْمَ المُسْتَخْدِمِ وَكَلِمَةَ المُرورِ.

Facebook	*fēsbōk^{u}*	**فَيْسْبوكُ**
to click "like"	*naqara 3alā [zirr^{i}] "ʔa3jabanī"* *ḍaɣaṭa 3alā [zirr^{in}] "ʔa3jabanī"*	**نَقَرَ على [زِرِّ] "أَعْجَبَني"** **ضَغَطَ عَلى [زِرٍّ] "أَعْجَبَني"**
Twitter	*twītar^{u}*	**تْويتَرُ**

printer	*ṭābi3a^{tun}*	**طابِعَةٌ**
to print	*ṭaba3a* [1s1]	**طَبَعَ**
scanner	*māsiħ^{un} ḍawʔiyy^{un}*	**ماسِحٌ ضَوْئِيٌّ**
to scan	*masaħa* [1s1] *ḍawʔiyy^{an}*	**مَسَحَ ضَوْئِيًّا**
fax, fax machine	*[ʔāla^{tu}] fāks^{in}*	**[آلَةُ] فاكْسٍ**
to fax	*ʔarsala* [4s] *3abr^{a} -lfāks^{i}* *ʔarsala* [4s] *bi-lfāks^{i}*	**أَرْسَلَ عَبْرَ الفاكْسِ** **أَرْسَلَ بِالفاكْسِ**

cell phone	*hātif^{un} xalawiyy^{un}* *hātiff^{un} maħmūl^{un}* *hātif^{un} naqqāl^{un}*	**هاتِفٌ خَلَوِيٌّ** **هاتِفٌ مَحْمولٌ** **هاتِفٌ نَقّالٌ**
app	*taţbīq^{un}*	**تَطْبيقٌ**
to send a text message	*ʔarsala* [4s] *risāla^{tan} naşşiyya^{tan}*	**أَرْسَلَ رِسالَةً نَصِّيَّةً**
ringtone	*naɣma^{tu} -rranīn^{i}*	**نَغْمَةُ الرَّنينِ**
vibration	*ihtizāz^{un}*	**اِهْتِزازٌ**
silent mode	*alwađ3^{u} -şşāmit^{u}*	**الوَضْعُ الصّامِتُ**

telephone, phone	*hātif^{un}*	**هاتِفٌ**
phone number	*raqm^{u} hātif^{in}*	**رَقْمُ هاتِفٍ**
What's your number?	*mā huwa raqm^{u} hātifik^{a}?*	ما هُوَ رَقْمُ هاتِفِكَ؟
to call, phone (someone)	*ittaşala* [8a1] *bi-*	**اِتَّصَلَ بِ**
(phone) call	*mukālama^{tun} hātifiyya^{tun}*	**مُكالَمَةٌ هاتِفِيَّةٌ**
line	*xaţţ^{un} (xuţūţ^{un})*	**خَطٌّ (خُطوطٌ)**
to ring	*ranna* [1g2]	**رَنَّ**
The phone's ringing!	*alhātif^{u} yarinnu!*	الهاتِفُ يَرِنُّ!
to get a phone call	*talaqqā* [5d] *ittişāl^{an} hātifiyy^{an}*	**تَلَقّى اِتِّصالًا هاتِفِيًّا**
to answer the phone	*ʔajāba* [4h] *3alā -lhātif^{i}* *radda* [1g3] *3alā -lhātif^{i}*	**أَجابَ عَلى الهاتِفِ** **رَدَّ عَلى الهاتِفِ**
Hello?	*marħaban?*	**مَرْحَبًا؟**

on the phone	*3alā -lhātif^i^*	**عَلى الهاتِفِ**
to talk on the phone	*taɦaddata* [5s] *3abr^a^ -lhātif^i^* *taɦaddata* [5s] *3alā -lhātif^i^*	**تَحَدَّثَ عَبْرَ الهاتِفِ** **تَحَدَّثَ عَلى الهاتِفِ**
to hang up (the phone)	*ʔaɣlaqa* [4s] *-lxaṭṭ^u^* *ʔaɣlaqa* [4s] *-lhātif^a^*	**أَغْلَقَ الخَطُّ** **أَغْلَقَ الهاتِفَ**
to hang up on	*ʔaɣlaqa* [4s] *-lhātif^a^ fī wajhih^i^*	**أَغْلَقَ الهاتِفَ فِي وَجْهِهِ**
to call a wrong number	*ittaṣal) bi-raqm^in^ xāṭiʔ^in^*	**اِتَّصَلَ بِرَقْمٍ خاطِئٍ**
receiver	*sammā3a^tu^ -lhātif^i^*	**سَمّاعَةُ الهاتِفِ**

13 Getting Around

transportation	*naql*^{un}	نَقْلٌ
means of transportation	*wasāʔil*^{u} *naql*^{in}	وَسائِلُ نَقْلٍ
to take (a bus, taxi, etc.)	*istaqalla* [10g]	اِسْتَقَلَّ
to get on, get in, take (a bus, taxi, etc.)	*rakiba* [1s4] *ṣa3ida* [1s4]	رَكِبَ صَعِدَ
to get off, get out of	*nazala* [1s2] *min*	نَزَلَ مِنْ
shipping, freight	*šaḩn*^{un}	شَحْنٌ
truck	*šāḩina*^{tun}	شاحِنَةٌ
pick-up truck	*šāḩina*^{tun} *ṣaɣīra*^{tun}	شاحِنَةٌ صَغيرَةٌ
ship	*safīna*^{tu} *(sufun*^{un}*)*	سَفينَةٌ (سُفُنٌ)
boat	*qārib*^{un} *(qawārib*^{u}*)*	قارِبٌ (قَوارِبُ)
bus	*ḩāfila*^{tun}	حافِلَةٌ
I usually go to work by bus.	*3ādatan mā ʔađhab*^{u} *ʔilā -l3amal*^{i} *bi-lḩāfila*^{ti}.	عادَةً ما أَذْهَبُ إِلى العَمَلِ بِالحافِلَةِ.
to miss the bus	*fawwata* [2s] *-lḩāfila*^{ta} *fātath*^{u} [1h3] *-lḩāfila*^{tu} *taʔaxxara* [5s] *3an*^{i} *-lḩāfila*^{ti}	فَوَّتَ الحافِلَةَ فاتَتْهُ الحافِلَةُ تَأَخَّرَ عَنِ الحافِلَةِ

bus stop	*maɦaṭṭa*^{tu} *ɦāfilāt*^{in} *mawqif*^{u} *ɦāfilāt*^{in}	**مَحَطَّةُ حافِلاتٍ** **مَوْقِفُ حافِلاتٍ**
bus driver	*sāʔiq*^{u} *ɦāfila*^{tin}	**سائِقُ حافِلَةٍ**
metro, subway	*qiṭār*^{u} *ʔanfāq*^{in}	**قِطارُ أَنْفاقٍ**
I take the metro every day.	*ʔastaqill*^{u} *qiṭār*^{a} *-lʔanfāq*^{i} *kull*^{a} *yawm*^{in}.	أَسْتَقِلُّ قِطارَ الأَنْفاقِ كُلَّ يَوْمٍ.
metro station		
women-only passenger car	*sayyāra*^{tu} *rukkāb*^{in} *muxaṣṣaṣa*^{tun} *li-ssayyidāt*^{i} *faqaṭ*	**سَيّارَةُ رُكّابٍ مُخَصَّصَةٌ لِلسَّيِّداتِ فَقَطْ**
taxi	*sayyāra*^{tu} *ʔujra*^{tin}	**سَيّارَةُ أُجْرَةٍ**
We took a taxi downtown.	*istaqallaynā sayyāra*^{ta} *ʔujra*^{tin} *ʔilā wasaṭ*^{i} *-lmadīna*^{ti}.	اِسْتَقَلَّيْنا سَيّارَةَ أُجْرَةٍ إلى وَسَطِ المَدينَةِ.
taxi driver	*sāʔiq*^{u} *sayyāra*^{ti} *ʔujra*^{tin}	**سائِقُ سَيّارَةِ أُجْرَةٍ**
to hail a taxi	*ʔawqafa* [4a1] *sayyāra*^{ta} *ʔujra*^{tin} *lawwaɦa* [2s] *li-sayyāra*^{ti} *ʔujra*^{tin}	**أَوْقَفَ سَيّارَةَ أُجْرَةٍ** **لَوَّحَ لِسَيّارَةِ أُجْرَةٍ**
taxi meter	*3addaād*^{u} *sayyāra*^{ti} *-lʔujra*^{ti}	**عَدّادُ سَيّارَةِ الأُجْرَةِ**
to negotiate the fare	*tafāwaḍa* [6s] *3alā -lʔujra*^{ti}	**تَفاوَضَ عَلى الأُجْرَةِ**
left	*yasār*^{un}	**يَسارٌ**
Turn left!	*in3aṭif li-lyasār*^{i}*!* *in3aṭif yasāran!*	اِنْعَطِفْ لِلْيَسارِ! اِنْعَطِفْ يَسارًا!

right	*yamīn^{un}*	يَمِينٌ
Turn right!	*in3aṭif li-lyamīn^{i}!* *in3aṭif yamīnan!*	اِنْعَطِفْ لِلْيَمِينِ! اِنْعَطِفْ يَمِينًا!
straight	*li-lʔamām^{i}* *bāttijāh^{in} mustaqīm^{in}*	لِلْأَمامِ باتِّجاهٍ مُسْتَقِيمٍ
Go straight!	*inṭaliq li-lʔamām^{i}!* *ittajih li-lʔamām^{i}!*	اِنْطَلِقْ لِلْأَمامِ! اِتَّجِهْ لِلْأَمامِ!
bicycle	*darrāja^{tun} hawāʔiyya^{tun}*	دَرّاجَةٌ هَوائِيَّةٌ
to ride a bicycle	*rakiba [1s4] darrāja^{tan} hawāʔiyya^{tan}*	رَكِبَ دَرّاجَةً هَوائِيَّةً
cyclist	*darrāj^{un}* *rākib^{u} -ddarrāja^{ti} -lhawāʔiyya^{ti}*	دَرّاجٌ راكِبُ الدَّرّاجَةِ الهَوائِيَّةِ
bicycle lane, bike path	*mamarr^{u} -ddarrājāt^{i}* *masār^{u} -ddarrājāt^{i}*	مَمَرُّ الدَّرّاجاتِ مَسارُ الدَّرّاجاتِ
pedal	*dawwāsa^{tun}*	دَوّاسَةٌ
chain	*silsila^{tun} (salāsil^{u})*	سِلْسِلَةٌ (سَلاسِلُ)
bike seat	*maq3ad^{u} darrāja^{tin}*	مَقْعَدُ دَرّاجَةٍ
motorcycle	*darrāja^{tun} nāriyya^{tun}*	دَرّاجَةٌ نارِيَّةٌ
helmet	*xūđa^{tun}*	خوذَةٌ
car	*sayyāra^{tun}*	سَيّارَةٌ

to drive	*qāda* [1h3]	**قادَ**
driver	*sāʔiq*^{un}	**سائِقٌ**
passenger	*rākib*^{un} *musāfir*^{un}	**راكِبٌ** **مُسافِرٌ**
driver's license	*ruxşa*^{tu} *sāʔiq*^{in} (*ruxaş*^{u} *sāʔiq*^{in})	**رُخْصَةُ سائِقٍ (رُخَصُ سائِقٍ)**
traffic	*ħaraka*^{tu} *-lmurūr*^{i} *ħaraka*^{tu} *-ssayr*^{i}	**حَرَكَةُ المُرورِ** **حَرَكَةُ السَّيْرِ**
traffic jam	*izdiħām*^{un} *murūriyy*^{un}	**اِزْدِحامٌ مُروريٌّ**
to get stuck in traffic	*3aliqa fī -zdiħām*^{i} *-lmurūr*^{i}	**عَلِقَ فِي اِزْدِحامِ المُرورِ**
The traffic is horrible right now!	*ħaraka*^{tu} *-lmurūr*^{i} *sayyiʔa*^{tun} *-lʔān*^{a}*!*	حَرَكَةُ المُرورِ سَيِّئَةٌ الآنَ!
rush hour	*sā3a*^{tu} *-đđurwa*^{ti}	**ساعَةُ الذُّرْوَةِ**
Forget going downtown right now. It's rush hour.	*insā ʔamr*^{a} *-đđahāb*^{i} *ʔilā wasaţ*^{i} *-lmadīna*^{ti} *-lʔān*^{a}. *ʔinnahā sā3a*^{tu} *-đđurwa*^{ti}.	اِنْسى أَمْرَ الذَّهابِ إِلى وَسَطِ المَدينَةِ الآنَ. إِنَّها ساعَةُ الذُّرْوَةِ.
to pass, overtake	*tajāwaza* [6s]	**تَجاوَزَ**
to stop	*tawaqqafa* [5s]	**تَوَقَّفَ**
to yield to	*ʔafsaħa* [4s] *-ţţarīqa li-*	**أَفْسَحَ الطَّريقَ لِـ**
to have the right of way	*lah*^{u} *ħaqq*^{u} *-lmurūr*^{i} *lah*^{u} *ħaqq*^{u} *-lʔawlawiyya*^{ti}	**لَهُ حَقُّ المُرورِ** **لَهُ حَقُّ الأَوْلَوِيَّةِ**
pedestrians	*mušā*^{tun}	**مُشاةٌ**
sidewalk	*raşīf*^{un} (*ʔarşifa*^{tin})	**رَصيفٌ (أَرْصِفَةٍ)**

crosswalk, pedestrian crossing	*mamarr^{u} -lmušā^{ti}*	مَمَرُّ المُشاةِ
to cross the street	*3abara* [1s3] *-ššāri3^{a}*	عَبَرَ الشّارِعَ
traffic light	*ʔišāra^{tu} -lmurūr^{i}*	إِشارَةُ المُرورِ
green light	*ḍawʔ^{un} ʔaxḍar^{u}*	ضَوْءٌ أَخْضَرُ
red light	*ḍawʔ^{un} ʔaḩmar^{u}*	ضَوْءٌ أَحْمَرُ
yellow light	*ḍawʔ^{un} ʔaṣfar^{u}*	ضَوْءٌ أَصْفَرُ
to run a red light	*tajāwaza* [6s] *-lʔišāra^{ta} -lḩamrāʔ^{a}*	تَجاوَزَ الإِشارَةَ الحَمْراءَ
to park	*rakana* [1s3]	رَكَنَ
parking lot	*mawqif^{u} sayyārāt^{in}*	مَوْقِفُ سَيّاراتٍ
parking garage	*marʔab^{u} sayyārāt^{in} (marāʔib^{u} sayyārāt^{in})*	مَرْأَبُ سَيّاراتٍ (مَرائِبُ سَيّاراتٍ)
to park on the street	*rakana* [1s3] *sayyāratah^{u} fī -ššāri3^{i}*	رَكَنَ سَيّارَتَهُ فِي الشّارِعِ
lane	*masār^{un}* *mamarr^{un}*	مَسارٌ مَمَرٌّ
to change lanes	*ɣayyara* [2s] *-lmasār^{a}* *ɣayyara* [2s] *-lmamarr^{a}*	غَيَّرَ المَسارَ غَيَّرَ المَمَرَّ
a four-lane road	*ṭarīq^{un} min ʔarba3a^{ti} masārāt^{in}*	طَريقٌ مِنْ أَرْبَعَةِ مَساراتٍ
intersection	*taqāṭu3^{u} ṭuruq^{in}*	تَقاطُعُ طُرُقٍ
round-about	*mamarr^{un} dāʔiriyy^{un}*	مَمَرٌّ دائِرِيٌّ
highway, expressway	*ṭarīq^{un} sarī3^{un}*	طَريقٌ سَريعٌ

bridge, overpass	*jisr*^{un}	جِسْرٌ
speed limit	*ħadd*^{u} *-ssur3a*^{ti} *alħadd*^{u} *-lʔaqṣā li-ssur3a*^{ti}	حَدُّ السُّرْعَةِ الحَدُّ الأَقْصى لِلسُّرْعَةِ
license plate	*lawħa*^{tu} *tarxīṣ*^{in}	لَوْحَةُ تَرْخيصٍ
car insurance	*taʔmīn*^{u} *-ssayyāra*^{ti}	تَأْمينُ السَّيّارَةِ

to pick up	*naqala* [1s3]	نَقَلَ
to drop off	*ʔanzala* [4s]	أَنْزَلَ
You can just drop me off on the corner.	*yumkinuk*^{a} *ʔinzālī 3ind*^{a} *-zzāwiya*^{ti}*.*	يُمْكِنُكَ إِنْزالي عِنْدَ الزّاوِيَةِ.
to give a lift to, take	*ʔawṣala* [4a1]	أَوْصَلَ
Can you give me a ride home?	*hal yumkinuk*^{a} *ʔīṣālī li-lmanzil*^{i}*?*	هَلْ يُمْكِنُكَ إيصالي لِلْمَنْزِلِ؟

hood	*ɣiṭāʔ*^{u} *muħarrik*^{i} *-ssayyāra*^{ti}	غِطاءُ مُحَرِّكِ السَّيّارَةِ
windshield	*zujāj*^{un} *ʔamāmiyy*^{un}	زُجاجٌ أَمامِيٌّ
trunk	*šanṭa*^{tu} *-ssayyāra*^{ti}	شَنْطَةُ السَّيّارَةِ
the front seat	*maq3ad*^{un} *ʔamāmiyy*^{un}	مَقْعَدٌ أَمامِيٌّ
the back seat	*maq3ad*^{un} *xalfiyy*^{un}	مَقْعَدٌ خَلْفِيٌّ
car door	*bāb*^{u} *sayyāra*^{tin}	بابُ سَيّارَةٍ
car door handle	*maqbaḍ*^{u} *bāb*^{i} *-ssayyāra*^{ti}	مَقْبَضُ بابِ السَّيّارَةِ
window	*nāfiđa*^{tun} *(nawāfiđ*^{u}*)*	نافِذَةٌ (نَوافِذُ)

to roll the window up	*ʔaɣlaqa* [4s] *-nnāfiđa^{ta}*	**أَغْلَقَ النّافِذَةَ**
to roll the window down	*fataɧa* [1s1] *-nnāfiđa^{ta}*	**فَتَحَ النّافِذَةَ**
The door is ajar.	*albāb^{u} maftūɧ^{un}* *[ba3ɖ^{a} -ššayʔ^{i}].*	البابُ مَفْتوحٌ [بَعْضَ الشَّيْءِ].
steering wheel	*miqwad^{u} -ssayyāra^{ti}*	**مِقْوَدُ السَّيّارَةِ**
to drive, steer	*qāda* [1h3]	**قادَ**
turn signal	*ʔišāra^{tu} -ltifāf^{in}*	**إِشارَةُ الْتِفافٍ**
He never uses his turn signal.	*lā yastaxdim^{u}* *ʔišāra^{ta} -liltifāf^{i} ʔabadan.*	لا يَسْتَخْدِمُ إِشارَةَ الِالْتِفافِ أَبَدًا.
rearview mirror	*mirʔā^{tun} xalfiyya^{tun}*	**مِرْآةٌ خَلْفِيَّةٌ**
side view mirror	*mirʔā^{tun} jānibiyya^{tun}*	**مِرْآةٌ جانِبِيَّةٌ**
glove compartment	*durj^{u} -ssayyāra^{ti}*	**دُرْجُ السَّيّارَةِ**
dashboard	*lawɧa^{tu}* *3addād^{i} -ssayyāra^{ti}*	**لَوْحَةُ عَدّادِ السَّيّارَةِ**
emergency brake, hand brake	*farāmil^{u} -lyad^{i}* *mikbaɧ^{un} yadawiyy^{un}* *(makābiɧ^{u} yadawiyya^{tun})*	**فَرامِلُ الْيَدِ** **مِكْبَحٌ يَدَوِيٌّ** **(مَكابِحُ يَدَوِيَّةٌ)**
tire	*ʔiʈār^{un}*	**إِطارٌ**
to check the tire pressure	*faɧaʂa* [1s1] *ɖaɣʈ^{a} -lʔiʈār^{i}*	**فَحَصَ ضَغْطَ الإِطارِ**
to get a flat tire	*ladayh^{i} ʔiʈār^{un} maŧqūb^{un}*	**لَدَيْهِ إِطارٌ مَثْقوبٌ**
spare tire	*ʔiʈār^{un} -ɧtiyāʈiyy^{un}*	**إِطارٌ احْتِياطِيٌّ**
to change a flat tire	*ɣayyara* [2s] *-lʔiʈār^{a} -lmaŧqūb^{a}*	**غَيَّرَ الإِطارَ المَثْقوبَ**

automatic	*nāqil^{u} -lħaraka^{ti} -lʔāliyy^{i}* *ɣayār^{u} -ssur3a^{ti} -lʔāliyy^{i}*	ناقِلُ الحَرَكَةِ الآلِيِّ غَيارُ السُّرْعَةِ الآلِيِّ
manual, stickshift	*nāqil^{u} -lħaraka^{ti} -lyadawiyy^{i}* *ɣayār^{u} -ssur3a^{ti} -lyadawiyy^{i}*	ناقِلُ الحَرَكَةِ اليَدَوِيِّ غَيارُ السُّرْعَةِ اليَدَوِيِّ
I can't drive a stick.	*lā ʔastaṭī3^{u} qiyāda^{ta} -ssayyārāt^{i} đāt^{a} nāqil^{i} -lħaraka^{ti} -lyadawiyy^{i}.*	لا أَسْتَطيعُ قِيادَةَ السَّيّاراتِ ذاتَ ناقِلِ الحَرَكَةِ اليَدَوِيِّ.
pedal	*dawwāsa^{tun}* *da3sa^{tun}*	دَوّاسَةٌ دَعْسَةٌ
clutch	*qābiḍ^{un}*	قابِضٌ
brake	*farāmil^{u}* *makābiħ^{u}*	فَرامِلُ مَكابِحُ
to brake	*farmala* [11s]	فَرْمَلَ
gas pedal	*dawwāsa^{tu} -lbanzīn^{i}*	دَوّاسَةُ البَنْزِينِ
to accelerate, speed up	*ʔasra3a* [4s] *zāda* [1h2] *-ssur3a^{ta}*	أَسْرَعَ زادَ السُّرْعَةَ
to slow down	*tamahhala* [5s] *ʔabṭaʔa* [4s(c)] *-ssur3a^{ta}*	تَمَهَّلَ أَبْطَأَ السُّرْعَةَ
stickshift	*maqbaḍ^{u} nāqil^{i} -lħaraka^{ti}*	مَقْبَضُ ناقِلِ الحَرَكَةِ
gear	*turs^{un} (turūs^{un})*	تُرْسٌ (تُروسٌ)
in gear	*fī ħāla^{ti} taʔahhub^{in}*	في حالَةِ تَأَهُّبٍ
1st gear	*assur3a^{tu} -lʔūlā*	السُّرْعَةُ الأُولى

reverse (gear)	*atturs*^{u} *-lxalfiyy*^{u} *turs*^{u} *-lɦaraka*^{ti} *-l3aksiyya*^{ti}	**التُّرْسُ الخَلْفِيُّ** **تُرْسُ الحَرَكَةِ العَكْسِيَّةِ**
to back up	*raja3a* [1s2] *li-lwarāʔ*^{i}	**رَجَعَ لِلْوَراءِ**
to change gears	*ɣayyara* [2s] *-ssur3a*^{ta} *ɣayyara* [2s] *-tturūs*^{a}	**غَيَّرَ السُّرْعَةَ** **غَيَّرَ التُّروسَ**
I put the car in reverse and started backing up.	*waḍa3t*^{u} *-ssayyāra*^{ta} *3alā -lɦaraka*^{ti} *-l3aksiyya*^{ti} *wa-badaʔt*^{u} *fī -rrujū3*^{i} *li-lwarāʔ*^{i}.	وَضَعْتُ السَّيّارَةَ عَلى الحَرَكَةِ العَكْسِيَّةِ وَبَدَأْتُ في الرُّجوعِ لِلْوَراءِ.
speedometer	*3addād*^{u} *-ssur3a*^{ti}	**عَدّادُ السُّرْعَةِ**
to do the speed limit	*iltazama bi-ɦadd*^{i} *-ssur3a*^{ti}	**اِلْتَزَمَ بِحَدِّ السُّرْعَةِ**
to speed, go over the speed limit	*tajāwaza* [6s] *ɦadd*^{a} *-ssur3a*^{ti}	**تَجاوَزَ حَدَّ السُّرْعَةِ**
The police pulled me over for speeding.	*ʔawqafatnī -ššurṭa*^{tu} *bi-sabab*^{i} *-ssur3a*^{ti}.	أَوْقَفَتْني الشُّرْطَةُ بِسَبَبِ السُّرْعَةِ.
gas	*waqūd*^{un} *banzīn*^{un}	**وَقودٌ** **بَنْزينٌ**
We've run out of gas.	*laqad nafađa minnā -lwaqūd*^{a}.	لَقَدْ نَفَذَ مِنّا الوَقودَ.
The tank is full.	*alxazzān*^{u} *mumtaliʔ*^{un}.	الخَزّانُ مُمْتَلِئٌ.
gas gauge	*muʔaššir*^{u} *-lwaqūd*^{i}	**مُؤَشِّرُ الوَقودِ**
gas station	*maɦaṭṭa*^{tu} *waqūd*^{in} *maɦaṭṭa*^{tu} *banzīn*^{in}	**مَحَطَّةُ وَقودٍ** **مَحَطَّةُ بَنْزينٍ**
gas pump	*miḍaxxa*^{tu} *waqūd*^{in} *miḍaxxa*^{tu} *banzīn*^{in}	**مِضَخَّةُ وَقودٍ** **مِضَخَّةُ بَنْزينٍ**

to get gas	*tazawwada* [5s] *bi-lwaqūdi*	تَزَوَّدَ بِالوَقودِ
to change the oil	*ɣayyara* [2s] *-zzayta*	غَيَّرَ الزَّيْتَ
to put on one's seatbelt, wear one's seat belt	*waḍa3a* [1a1] *ḥizāma -lʔamāni* *irtidā ḥizāma -lʔamāni*	وَضَعَ حِزامَ الأَمانِ اِرْتدى حِزامَ الأَمانِ
to start a car	*šaɣɣala* [2s] *-ssayyārata*	شَغَّلَ السَّيّارَةَ
The car won't start.	*assayyāratu lā ta3malu.*	السَّيّارَةُ لا تَعْمَلُ.
to turn off the engine	*ʔawqafa* [4a1] *-lmuḥarrika* *ʔaṭfaʔa* [4s(c)] *-lmuḥarrika*	أَوْقَفَ المُحَرِّكَ أَطْفَأَ المُحَرِّكَ
bumper	*maṣadun* *mumtaṣṣu ṣadamātin*	مَصَدٌ مُمْتَصُّ صَدَماتٍ
fender	*rafrafu 3ajalatin (rafārifu 3ajalātin)*	رَفْرَفُ عَجَلَةٍ (رَفارِفُ عَجَلاتٍ)
(car) roof	*saqfu sayyāratin*	سَقْفُ سَيّارَةٍ
to get in a fender-bender	*ta3arraḍa* [5s] *li-ḥādiṯin basīṭin*	تَعَرَّضَ لِحادِثٍ بَسيطٍ
dent	*ṣadmatun [xafīfatun]*	صَدْمَةٌ [خَفيفَةٌ]
There's a dent in the side of the car!	*hunālika ṣadmatun fī jānibi -ssayyārati!*	هُنالِكَ صَدْمَةٌ في جانِبِ السَّيّارَةِ!
headlight	*miṣbāḥun ʔamāmiyyun (maṣābīḥu ʔamāmiyyatun)*	مِصْباحٌ أَمامِيٌّ (مَصابيحُ أَمامِيَّةٌ)
Turn on your headlights when it starts to get dark.	*šaɣɣili -lmaṣābīḥa -lʔamāmiyyata 3indamā yaḥullu -ẓẓalāmu.*	شَغِّلِ المَصابيحَ الأَمامِيَّةَ عِنْدَما يَحُلُّ الظَّلامُ.
to get in an accident, have an accident	*ta3arraḍa* [5s] *li-ḥādiṯin*	تَعَرَّضَ لِحادِثٍ

to crash	*iṣṭadama* [8s]	**اِصْطَدَمَ**
He crashed (his car) into a tree.	*iṣṭadama bi-sayyāratih*[i] *fī šajara*[tin].	اِصْطَدَمَ بِسَيّارَتِهِ فِي شَجَرَةٍ.
to be totaled, destroyed	*tadammara* [5s] *[tamāman]*	**تَدَمَّرَ [تَمامًا]**
The car was totaled in the accident.	*tadammarat*[i] *-ssayyāra*[tu] *fī -lħādit*[i].	تَدَمَّرَتِ السَّيّارَةُ فِي الحادِثِ.

14 Around Town

city	*madīna^{tun} (mudun^{un})*	مَدينَةٌ (مُدُنٌ)
town	*balda^{tun}*	بَلْدَةٌ
village	*qarya^{tun} (qura^{n})*	قَرْيَةٌ (قُرًى)
downtown	*wasaṭ^{a} -lmadīna^{ti}*	وَسَطَ المَدينَةِ
square	*maydān^{un} (mayādīn^{u})*	مَيْدانٌ (مَيادينُ)
park	*mutanazzah^{un}* *ḫadīqa^{tun} (ḫadāʔiq^{u})*	مُتَنَزَّهٌ حَديقَةٌ (حَدائِقُ)
fountain	*nāfūra^{tun} (nawāfīr^{u})*	نافورَةٌ (نَوافيرُ)

street	*šāri3^{un} (šawāri3^{u})*	شارِعٌ (شَوارِعُ)
alley, narrow street	*zuqāq^{un} (ʔaziqqa^{tun})*	زُقاقٌ (أَزِقَّةٌ)
corner	*zāwiya^{tun} (zawāyā)* *nāṣiya^{tun} (nawāṣī)*	زاوِيَةٌ (زَوايا) ناصِيَةٌ (نَواصي)

bakery	*maxbaz^{un} (maxābiz^{u})*	مَخْبَزٌ (مَخابِزُ)
bank	*bank^{un} (bunūk^{un})*	بَنْكٌ (بُنوكٌ)
butcher shop	*maḫall^{u} jizāra^{tin}*	مَحَلُّ جِزارَةٍ
city hall	*baladiyya^{tun}* *majlis^{u} -lmadīna^{ti}*	بَلَدِيَّةٌ مَجْلِسُ المَدينَةِ

fire station	*maɦaţţa^{tu} ʔiţfāʔ^{in}*	مَحَطَّةُ إِطْفاءٍ
grocery store	*bi-qāla^{tun}*	بِقالَةٌ
museum	*matɦaf^{un} (matāɦif^{u})*	مَتْحَفٌ (مَتاحِفُ)
police station	*markaz^{u} šurţa^{tin}* *maɦaţţa^{tu} šurţa^{tin}*	مَرْكَزُ شُرْطَةٍ مَحَطَّةُ شُرْطَةٍ
post office	*maktab^{u} barīd^{in} (makātib^{u} barīd^{in})*	مَكْتَبُ بَرِيدٍ (مَكاتِبُ بَرِيدٍ)
supermarket	*sūq^{un} markaziyy^{un}* *matjar^{un} kabīr^{un}*	سوقٌ مَرْكَزِيٌّ مَتْجَرٌ كَبِيرٌ
restaurant	*maţ3am^{un} (maţā3im^{u})*	مَطْعَمٌ (مَطاعِمُ)
café, coffee shop	*maqha^{n} (maqāh^{in})*	مَقْهًى (مَقاهٍ)
to go to a café	*đahaba [1s1] ʔilā maqhā*	ذَهَبَ إِلَى مَقْهًى

15 Buildings and Construction

to build	*banā* [1d2]	بَنَى
construction	*bināʔ*^{un} *tašyīd*^{un}	بِناءٌ تَشْييدٌ
construction worker	*3āmil*^{u} *bināʔ*^{in} (*3ummāl*^{u} *bināʔ*^{in})	عامِلُ بِناءٍ (عُمّالُ بِناءٍ)
building, structure	*mabna*^{n} (*mabān*^{in})	مَبْنًى (مَبانٍ)
skyscraper	*nāṭiħa*^{tu} *saħāb*^{in}	ناطِحَةُ سَحابٍ
apartment building	*mabna*^{n} *sakaniyy*^{un} (*mabān*^{in} *sakaniyya*^{tun})	مَبْنًى سَكَنِيٌّ (مَبانٍ سَكَنِيَّةٌ)
office building	*mabnā makātib*^{a} (*mabānī makātib*^{a})	مَبْنى مَكاتِبَ (مَبانِي مَكاتِبَ)
high-rise building	*mabna*^{n} *3āl*^{in} *mabna*^{n} *šāhiq*^{un}	مَبْنًى عالٍ مَبْنًى شاهِقٌ
tower	*burj*^{un} (*ʔabrāj*^{un})	بُرْجٌ (أَبْراجٌ)
to demolish	*hadama* [1s2]	هَدَمَ
elevator	*maṣ3ad*^{un} (*maṣā3id*^{u})	مَصْعَدٌ (مَصاعِدُ)
stairs, staircase	*daraj*^{un} *salālim*^{u}	دَرَجٌ سَلالِمُ
escalator	*sullam*^{un} *mutaħarrik*^{un} *sullam*^{un} *kahrubāʔiyy*^{un} *daraj*^{un} *kahrubāʔiyy*^{un}	سُلَّمٌ مُتَحَرِّكٌ سُلَّمٌ كَهْرُبائِيٌّ دَرَجٌ كَهْرُبائِيٌّ

to go upstairs	*ṣa3ida* [1s4] *li-ṭṭābaqi -l3ulwiyyi* *ṣa3ida* [1s4] *-ssalālima*	صَعِدَ لِلطّابَقِ العُلْوِيِّ صَعِدَ السَّلالِمَ
to go downstairs	*nazala* [1s2] *li-ṭṭābaqi -ssufliyyi* *nazala* [1s2] *-ssalālima*	نَزَلَ لِلطّابَقِ السُّفْلِيِّ نَزَلَ السَّلالِمَ
basement	*qabwun (ʔaqbāʔun)*	قَبْوٌ (أَقْباءٌ)
story, floor	*ṭābaqun (ṭawābiqu)*	طابَقٌ (طَوابِقُ)
ground floor	*ṭābaqun ʔarḍiyyun*	طابَقٌ أَرْضِيٌّ
top floor	*ṭābaqun 3ulwiyyun*	طابَقٌ عُلْوِيٌّ

concrete	*xarasānatun*	خَرَسانَةٌ
brick	*qālibu ṭūbin (qawālibu ṭūbin)*	قالِبُ طوبٍ (قَوالِبُ طوبٍ)
wood	*xašabun*	خَشَبٌ
glass	*zujājun*	زُجاجٌ
metal	*ma3danun*	مَعْدَنٌ
steel	*ṣulbun*	صُلْبٌ
iron	*ḥadīdun*	حَديدٌ

16 Bank

bank	*bank^{un} (bunūk^{un})*	بَنْكٌ (بُنوكٌ)
to borrow money from the bank	*iqtaraḍa māl^{an} min^a -lbankⁱ*	اِقْتَرَضَ مالًا مِنَ البَنْكِ
to lend money to __	*ʔaqraḍa [4s] __ almāl^a*	أَقْرَضَ __ المالَ
loan	*qarḍ^{un} (qurūḍ^{un})*	قَرْضٌ (قُروضٌ)
to finance	*mawwala [2s]*	مَوَّلَ
mortgage, home loan	*rahn^{un} 3aqāriyy^{un} (ruhūn^{un} 3aqāriyya^{tun})* *qarḍ^{un} sakaniyy^{un} (qurūḍ^{un} sakaniyya^{tun})*	رَهْنٌ عَقارِيٌّ (رُهونٌ عَقارِيَّةٌ) قَرْضٌ سَكَنِيٌّ (قُروضٌ سَكَنِيَّةٌ)
payment, installment	*duf3a^{tun}* *qisṭ^{un} (ʔaqsāṭ^{un})*	دُفْعَةٌ قِسْطٌ (أَقْساطٌ)
to make a payment on a loan	*saddada [2s] duf3a^{tan} min qarḍⁱⁿ*	سَدَّدَ دُفْعَةً مِنْ قَرْضٍ
to pay in installments	*dafa3a [1s1] bi-ttaqsīṭⁱ*	دَفَعَ بِالتَّقْسيطِ
to settle, pay off (a debt)	*saddada [2s] (dayn^{an})* *dafa3a [1s1] (dayn^{an})*	سَدَّدَ (دَيْنًا) دَفَعَ (دَيْنًا)
debt	*dayn^{un} (duyūn^{un})*	دَيْنٌ (دُيونٌ)
interest	*fāʔida^{tun} (fawāʔid^u)*	فائِدَةٌ (فَوائِدُ)
This account pays 5% interest.	*hađā -lḫisāb^u yajlib^u fāʔida^{tan} miqdāruhā xamsa^{tun} bi-lmiʔa^{ti}.*	هَذا الحِسابُ يَجْلِبُ فائِدَةً مِقْدارُها خَمْسَةٌ بِالمِئَةِ.

to earn interest	*ɦaqqaqa* [2s] *fāʔida*^{tan}	**حَقَّقَ فائِدَةً**
account	*ɦisāb*^{un}	**حِسابٌ**
savings account	*ɦisāb*^{u} *tawfīr*^{in} *ɦisāb*^{u} *muddaxarāt*^{in}	**حِسابُ تَوْفيرٍ** **حِسابُ مُدَّخَراتٍ**
savings	*muddaxarāt*^{un} *tawfīr*^{un}	**مُدَّخَراتٌ** **تَوْفيرٌ**
to save, put aside	*iddaxara* [8a2]	**اِدَّخَرَ**
He has over 100,000 pounds in savings.	*ladayh*^{i} *muddaxarāt*^{un} *qīmatuhā ʔakŧar*^{u} *min miʔa*^{ti} *ʔalf*^{i} *junayh*^{in}.	لَدَيْهِ مُدَّخَراتٌ قيمَتُها أَكْثَرُ مِنْ مِئَةِ أَلْفِ جُنَيْهٍ.
I try to save a little money every month.	*ʔuɦāwil*^{u} *-ddixār*^{a} *-lqalīl*^{i} *min*^{a} *-lmāl*^{i} *kull*^{a} *šahr*^{in}.	أُحاوِلُ ادِّخارَ القَليلِ مِنَ المالِ كُلَّ شَهْرٍ.
to deposit	*ʔawda3a* [4a1]	**أَوْدَعَ**
to withdraw	*saɦaba* [1s1]	**سَحَبَ**
ATM	*mākina*^{tu} *-ṣṣarrāf*^{i} *-lʔāliyy*^{i}	**ماكِنَةُ الصَّرّافِ الآلِيِّ**
to write a check	*kataba* [1s3] *šīk*^{an}	**كَتَبَ شيكًا**
to sign	*waqqa3a* [2s]	**وَقَّعَ**
signature	*tawqī3*^{un}	**تَوْقيعٌ**

17 Post Office

post office	*maktab^{u} barīd^{in} (makātib^{u} barīd^{in})*	مَكْتَبُ بَرِيدٍ (مَكاتِبُ بَرِيدٍ)
mail	*barīd^{un}*	بَرِيدٌ
airmail	*barīd^{un} jawwiyy^{un}*	بَرِيدٌ جَوِّيٌّ
letter	*risāla^{tun} (rasāʔil^{u})* *xiţāb^{un}*	رِسالَةٌ (رَسائِلُ) خِطابٌ
envelope	*muɣallaf^{un}* *maz̧rūf^{un} (maz̧ārīf^{u})*	مُغَلَّفٌ مَظْروفٌ (مَظارِيفُ)
postcard	*bi-ţāqa^{tun} barīdiyya^{tun}*	بِطاقَةٌ بَرِيدِيَّةٌ
address	*3unwān^{un} (3anāwīn^{u})*	عُنْوانٌ (عَناوِينُ)
stamp	*ţāba3^{un} (ţawābi3^{u})*	طابَعٌ (طَوابِعُ)
to affix a stamp	*ʔalşaqa* [4s] *ţāba3^{an}*	أَلْصَقَ طابَعًا
to stamp (with a postmark)	*xatama* [1s2]	خَتَمَ
to send, mail	*ʔarsala* [4s]	أَرْسَلَ
package, parcel	*ţard^{un} (ţurūd^{un})*	طَرْدٌ (طُرودٌ)
mailbox	*şundūq^{u} barīd^{in}*	صُنْدوقُ بَرِيدٍ
counter, window	*nāfiđa^{tun} (nawāfiđ^{u})*	نافِذَةٌ (نَوافِذُ)
mail carrier	*sā3ī barīd^{in}*	ساعِي بَرِيدٍ
to deliver the mail	*sallama* [2s] *-lbarīd^{a}*	سَلَّمَ البَرِيدَ

18 Books and Stationery

library, bookstore, stationery shop	*maktaba*^{tun}	مَكْتَبَةٌ
book	*kitāb*^{un} *(kutub*^{un}*)*	كِتابٌ (كُتُبٌ)
page	*ṣafħa*^{tun}	صَفْحَةٌ
page number	*raqm*^{u} *ṣafħa*^{tin}	رَقْمُ صَفْحَةٍ
bookmark	*muʔaššir*^{u} *kitāb*^{in} *fāṣil*^{u} *kitāb*^{in}	مُؤَشِّرُ كِتابٍ فاصِلُ كِتابٍ
reference book	*kitāb*^{un} *marji3iyy*^{un} *(kutub*^{un} *marji3iyya*^{tun}*)*	كِتابٌ مَرْجِعِيٌّ (كُتُبٌ مَرْجِعِيَّةٌ)
novel	*riwāya*^{tun}	رِوايَةٌ
story	*qiṣṣa*^{tun} *(qiṣaṣ*^{un}*)*	قِصَّةٌ (قِصَصٌ)
fairy tale	*qiṣṣa*^{tun} *xayāliyya*^{tun}	قِصَّةٌ خَيالِيَّةٌ
prose	*naŧr*^{un}	نَثْرٌ
writer, author	*kātib*^{un} *(kuttāb*^{un}*)* *muʔallif*^{un}	كاتِبٌ (كُتّابٌ) مُؤَلِّفٌ
poetry	*ši3r*^{un}	شِعْرٌ
poem	*qaṣīda*^{tun} *(qaṣāʔid*^{u}*)*	قَصيدَةٌ (قَصائِدُ)
poet	*šā3ir*^{un} *(šu3arāʔ*^{u}*)*	شاعِرٌ (شُعَراءُ)

newspaper	*jarīda^{tun} (jarāʔid^{u})* *ṣaḫīfa^{tun} (ṣuḫuf^{un})*	جَريدَةٌ (جَرائِدُ) صَحيفَةٌ (صُحُفٌ)
headline	*3unwān^{un} (3anāwīn^{u})*	عُنْوانٌ (عَناوينُ)
article	*maqāl^{un}*	مَقالٌ
column	*3amūd^{un} ṣaḫafiyy^{un}* *(3awāmīd^{u} ṣaḫafiyya^{tun})*	عَمودٌ صَحَفِيٌّ (عَواميدُ صَحَفِيَّةٌ)
to publish	*našara* [1s3]	نَشَرَ
to print	*ṭaba3a* [1s1]	طَبَعَ

stationery	*qirṭāsiyya^{tun}*	قِرْطاسِيَّةٌ
stationery store	*matjar^{u} qirṭāsiyya^{tin}*	مَتْجَرُ قِرْطاسِيَّةٍ
pen	*qalam^{un} (ʔaqlām^{un})*	قَلَمٌ (أَقْلامٌ)
ballpoint pen	*qalam^{u} ḫibr^{in} jāff^{in}*	قَلَمُ حِبْرٍ جافٍّ
pencil	*qalam^{u} raṣāṣ^{in}*	قَلَمُ رَصاصٍ
eraser	*mimḫā^{tun} (mamāḫ^{in})*	مِمْحاةٌ (مَماحٍ)
to erase	*maḫā* *masaḫa*	مَحى مَسَحَ
(pair of) scissors	*miqaṣṣ^{un}*	مِقَصٌّ
ink	*ḫibr^{un} (ʔaḫbār^{un})*	حِبْرٌ (أَحْبارٌ)

typewriter	*ʔāla^{tun} kātiba^{tun}*	آلَةٌ كاتِبَةٌ

paper	*waraq*^{un}	وَرَقٌ
a sheet of paper	*waraqa*^{tun}	وَرَقَةٌ
ruler	*misṭara*^{tun} *(masāṭir*^{u}*)*	مِسْطَرَةٌ (مَساطِرُ)
(adhesive) tape	*šarīṭ*^{un} *lāṣiq*^{un}	شَرِيطٌ لاصِقٌ
paperclip	*mišbak*^{u} *waraq*^{in} *(mašābik*^{u} *waraq*^{in}*)*	مِشْبَكُ وَرَقٍ (مَشابِكُ وَرَقٍ)
pin, pushpin; staple	*dabbūs*^{un} *(dabābīs*^{u}*)* *dabbūs*^{u} *rasm*^{in}	دَبّوسٌ (دَبابيسُ) دَبّوسُ رَسْمٍ
stapler	*dabbāsa*^{tun} *kābisa*^{tu} *waraq*^{in}	دَبّاسَةٌ كابِسَةُ وَرَقٍ
to staple	*dabbasa* [2s]	دَبَّسَ
to sharpen a pencil	*barā* [1d2] *qalam*^{an}	بَرى قَلَمًا
to photocopy	*istaxraja nusxa*^{tan} *nasaxa ḍawʔiyy*^{an}	اِسْتَخْرَجَ نُسْخَةً نَسَخَ ضَوْئِيًّا
a photocopy	*nusxa*^{tun} *(nusax*^{un}*)*	نُسْخَةٌ (نُسَخٌ)
photocopy machine	*ʔāla*^{tu} *taṣwīr*^{in}	آلَةُ تَصْويرٍ

19 Shopping

shopping	*tasawwuq*^{un}	**تَسَوُّقٌ**
to go shopping	*tasawwaqa* [5s] *đahaba* [1s1] *li-ttasawwuq*^{i}	**تَسَوَّقَ** **ذَهَبَ لِلتَّسَوُّقِ**
We went shopping downtown yesterday.	*tasawwaqnā fī wasaṭ*^{i} *-lmadīna*^{ti} *ʔams*^{a}. *đahabnā li-ttasawwuq*^{i} *fī wasaṭ*^{i} *-lmadīna*^{ti} *ʔams*^{a}.	تَسَوَّقْنا فِي وَسَطِ المَدينَةِ أَمْسَ. ذَهَبْنا لِلتَّسَوُّقِ فِي وَسَطِ المَدينَةِ أَمْسَ.
to buy	*ištarā* [8d1]	**اِشْتَرَى**
to sell	*bā3a* [1h2]	**باعَ**
to pay for __	*dafa3a* [1s1] *ŧaman*^{a} __	**دَفَعَ ثَمَنَ __**
I've already paid for the vegetables.	*laqad dafa3t*^{u} *ŧaman*^{a} *-lxuḍār*^{i}.	لَقَدْ دَفَعْتُ ثَمَنَ الخُضارِ.
How much did you pay for that?	*kam dafa3t*^{a} *muqābil*^{a} *hađā?*	كَمْ دَفَعْتَ مُقابِلَ هَذا؟
to pay in cash	*dafa3a* [1s1] *naqdan*	**دَفَعَ نَقْدًا**
to pay by credit card	*dafa3a* [1s1] *bi-biṭāqa*^{ti} *-liʔtimān*^{i}	**دَفَعَ بِبِطاقَةِ الِائْتِمانِ**
change (money back)	*albāqī*	**الباقِي**
You gave me too much change.	*laqad ʔa3ṭaytanī ziyāda*^{tan} *3alā -lbāqī.*	لَقَدْ أَعْطَيْتَنِي زِيادَةً عَلَى الباقِي.
receipt	*ʔīṣāl*^{un} *fātūra*^{tun} *(fawātīr*^{u}*)*	**إيصالٌ** **فاتورَةٌ (فَواتِيرُ)**

price	*si3r*^{un} *(ʔas3ār*^{un}*)* *ŧaman*^{un} *(ʔaŧmān*^{un}*)* *taklufa*^{tun}	سِعْرٌ (أَسْعارٌ) ثَمَنٌ (أَثْمانٌ) تَكْلُفَةٌ
to cost	*kallafa* [2s]	كَلَّفَ
cheap	*raxīṣ*^{un} *(raxāʔiṣ*^{u}*)* *zahīd*^{un} *(zuhdān*^{u}*)*	رَخيصٌ (رَخائِصُ) زَهيدٌ (زُهْدانُ)
expensive	*ɣāl*^{in} *bāhiẓ*^{un} *mukallif*^{un}	غالٍ باهِظٌ مُكَلِّفٌ
free	*majjāniyy*^{un}	مَجّانِيٌّ
for free	*majjānan* *bālmajjān*^{i}	مَجّانًا بالمَجّانِ
fee	*rasm*^{un} *(rusūm*^{un}*)*	رَسْمٌ (رُسومٌ)
bill	*fātūra*^{tun} *(fawātīr*^{u}*)* *ɦisāb*^{un}	فاتورَةٌ (فَواتيرُ) حِسابٌ
How much do I owe?	*kam*^{i} *-lfātūra*^{tu}*?* *kam*^{i} *-lɦisāb*^{u}*?*	كَمِ الفاتورَةُ؟ كَمِ الحِسابُ؟
advertisement, ad	*ʔi3lān*^{un}	إِعْلانٌ
discount, sale	*xaṣm*^{un} *(xuṣūm*^{un}*)* *taxfīḍ*^{un}	خَصْمٌ (خُصومٌ) تَخْفيضٌ
40% off	*taxfīḍ*^{un} *qīmatuh*^{u} *ʔarba3ūn*^{a} *bi-lmiʔa*^{ti}	تَخْفيضٌ قيمَتُهُ أَرْبَعونَ بِالمِئَةِ

coupon	*qasīma^{tun}*	**قَسيمَةٌ**
bargain	*ṣafqa^{tun} [rābiḫa^{tun}]*	**صَفْقَةٌ [رابِحَةٌ]**
Wow! That's a real bargain!	*rāʔi3^{un}! hađih^{i} ṣafqa^{tun} mumtāz^{tun}!*	رائِعٌ! هَذِهِ صَفْقَةٌ مُمْتازَةٌ!
to haggle over, bargain	*sāwama* [3s]	**ساوَمَ**
I'm not very good at haggling.	*ʔana lā ʔujīd^{u} -lmusāwama^{ta}.*	**أنا لا أُجيدُ المُساوَمَةَ.**
fixed price	*si3r^{un} ŧābit^{un}*	**سِعْرٌ ثابِتٌ**

shopping center, mall	*markaz^{u} tasawwuq^{in} (marākiz^{u} tasawwuq^{in})* *markaz^{un} tijāriyy^{un} (marākiz^{u} tijāriyya^{tun})*	**مَرْكَزُ تَسَوُّقٍ (مَراكِزُ تَسَوُّقٍ)** **مَرْكَزٌ تِجارِيٌّ (مَراكِزُ تِجارِيَّةٌ)**
market	*sūq^{un}* [m. or f.] *(ʔaswāq^{un})*	**سوقٌ (أَسْواقٌ)**
Shall we go shopping this weekend?	*hallā nađhab^{u} li-ttasawwuq^{i} nihāya^{ta} hađā -lʔusbū3^{i}?*	هَلّا نَذْهَبُ لِلتَّسَوُّقِ نِهايَةَ هَذا الأُسْبوعِ؟
store, shop	*matjar^{un} (matājir^{u})* *maḫall^{un} tijāriyy^{un} (maḫallāt^{un} tijāriyya^{tun})*	**مَتْجَرٌ (مَتاجِرُ)** **مَحَلٌّ تِجارِيٌّ (مَحَلّاتٌ تِجارِيَّةٌ)**
There are a lot of nice shops on this street.	*yūjad^{u} -lkaŧīr^{u} min^{a} -lmatājir^{i} -rrāʔi3a^{ti} fī hađā -ššāri3^{i}.*	يوجَدُ الكَثيرُ مِنَ المَتاجِرِ الرّائِعَةِ في هَذا الشّارِعِ.
supermarket	*sūq^{un} markaziyy^{un} (ʔaswāq^{un} markaziyya^{tun})* *matjar^{un} kabīr^{un} (matājir^{u} kabīra^{tun})*	**سوقٌ مَرْكَزِيٌّ (أَسْواقٌ مَرْكَزِيَّةٌ)** **مَتْجَرٌ كَبيرٌ (مَتاجِرُ كَبيرَةٌ)**
cashier	*ʔamīn^{u} ṣundūq^{in}*	**أَمينُ صُنْدوقٍ**

shop keeper	*ṣāḥib^{u} matjar^{in}*	**صاحِبُ مَتْجَرٍ**
shop assistant	*3āmil^{un} musā3id^{un} bi-matjar^{in}*	**عامِلٌ مُساعِدٌ بِمَتْجَرٍ**
customer	*zabūn^{un} (zabāʔin^{u})*	**زَبونٌ (زَبائِنُ)**
to serve a customer	*xadama* [1s3] *zabūn^{an}*	**خَدَمَ زَبونًا**
shopping bag	*kīs^{u} tasawwuq^{in} (ʔakyās^{u} tasawwuq^{in})*	**كيسُ تَسَوُّقٍ (أَكْياسُ تَسَوُّقٍ)**
plastic bag	*kīs^{un} bilāstīkiyy^{un}*	**كيسٌ بِلاسْتيكِيٌّ**
Would you like a bag for that?	*hal turīd^{u} kīs^{an} li-hađā?*	**هَلْ تُريدُ كيسًا لِهَذا؟**
to wrap	*ɣallafa* [2s]	**غَلَّفَ**
to return (a purchased item)	*ʔarja3a* [4s]	**أَرْجَعَ**
to exchange	*istabdala* [10s]	**اِسْتَبْدَلَ**
Can I exchange this for another color?	*ʔayumkinunī -stibdāl^{u} hađā bi-lawn^{in} ʔāxar^{a}?*	أَيُمْكِنُنِي اسْتِبْدالُ هَذا بِلَوْنٍ آخَرَ؟
to get a refund	*istaradda mālah^{u}* *istarja3a nuqūdah^{u}*	**اِسْتَرَدَّ مالَهُ** **اِسْتَرْجَعَ نُقودَهُ**

20 Restaurant

restaurant	*maṭ3am^{un} (maṭā3im^{u})*	**مَطْعَمٌ (مَطاعِمُ)**
fast food restaurant	*maṭ3am^{u} wajabāt^{in} sarī3a^{tin}*	**مَطْعَمُ وَجَباتٍ سَرِيعَةٍ**
waiter	*nādil^{un}*	**نادِلٌ**
waitress	*nādila^{tun}*	**نادِلَةٌ**
bill	*fātūra^{tu} (fawātīr^{u})*	**فاتورَةٌ (فَواتِيرُ)**
to pay the bill	*dafa3a [1s1] -lfātūra^{ta}*	**دَفَعَ الفاتورَةَ**
Waiter! Can I have the bill, please?	*ʔayyuhā -nnādil^{u}! hallā tu3ṭinī -lfātūra^{ta} min faḍlik^{a}?*	أَيُّها النّادِلُ! هَلّا تُعْطِني الفاتورَةَ مِنْ فَضْلِكَ؟
cook, chef	*ṭabbāx^{un}* *ṭāh^{in} (ṭuhā^{tun})*	**طَبّاخٌ** **طاهٍ (طُهاةٌ)**
tip	*ʔikrāmiyya^{tun}* *baqšīš^{un}*	**إِكْرامِيَّةٌ** **بَقْشِيشٌ**
I never know how much to leave for a tip.	*lā ʔa3lam^{u} ʔabadan kam yajib^{u} ʔan ʔu3ṭī ʔikrāmyya^{tan}.*	لا أَعْلَمُ أَبَدًا كَمْ يَجِبُ أَنْ أُعْطي إِكْرامِيَّةً.
service	*xidma^{tun}*	**خِدْمَةٌ**
a table for two	*ṭāwila^{tun} li-šaxṣayn^{i}*	**طاوِلَةٌ لِشَخْصَيْنِ**

21 Recreation and Relaxation

to relax	*istarxā* [10d]	اِسْتَرْخى
relaxation	*istirxāʔ*^{un}	اِسْتِرْخاءٌ
to go for a walk	*đahaba* [1s1] *fī nuzha*^{tin} *tamaššā* [5d]	ذَهَبَ فِي نُزْهَةٍ تَمَشّى
Let's go for a walk in the park.	*hayyā nađhab*^{u} *fī nuzha*^{tin} *fī -lħadīqa*^{ti}.	هَيّا نَذْهَبُ فِي نُزْهَةٍ فِي الحَديقَةِ.
to fly a kite	*ţayyara* [2s] *ţāʔira*^{tan} *waraqiyya*^{tan}	طَيَّرَ طائِرَةً وَرَقِيَّةً
felucca (river sailboat)	*markib*^{un} *širā3iyy*^{un} *(marākib*^{u} *širā3iyya*^{tun}*)*	مَرْكَبٌ شِراعِيٌّ (مَراكِبُ شِراعِيَّةٌ)
day off	*[yawm*^{u}*] ʔijāza*^{tin} *[yawm*^{u}*] 3uţla*^{tin}	[يَوْمُ] إجازَةٍ [يَوْمُ] عُطْلَةٍ
Today's my day off.	*alyawm*^{a} *huwa yawm*^{u} *ʔijāzatī.*	اليَوْمَ هُوَ يَوْمُ إجازَتي.
to rest	*istarāħa* [10h]	اِسْتَراحَ
fun, enjoyable	*mumti3*^{un}	مُمْتِعٌ
friend	*şadīq*^{un} *(ʔaşdiqāʔ*^{un}*)* *şāħib*^{un} *(ʔaşħāb*^{un}*)*	صَديقٌ (أَصْدِقاءُ) صاحِبٌ (أَصْحابٌ)
to meet up with friends	*iltaqā bi-ʔaşdiqāʔih*^{i}	اِلتَقى بِأَصْدِقائِهِ

to hang out (with friends)	*tasakka3a* [5s] *qaḍā* [1d2] *waqt*^{an}	تَسَكَّعَ قَضى وَقْتًا
We hung out at the shopping mall yesterday evening.	*tasakka3nā fī markaz*^{i} *-ttasawwuq*^{i} *masāʔ*^{a} *ʔams*^{in}.	تَسَكَّعْنا في مَرْكَزِ التَّسَوُّقِ مَساءَ أَمْسِ.

to read	*qaraʔa* [1s1(b)]	قَرَأَ
newspaper	*jarīda*^{tun} *(jarāʔid*^{u}*)* *ṣaħīfa*^{tun} *(ṣuħuf*^{un}*)*	جَريدَةٌ (جَرائِدُ) صَحيفَةٌ (صُحُفٌ)
I like to sit in a coffee shop and read the newspaper before I go to work.	*ʔuħibb*^{u} *-ljulūs*^{a} *fī -lmaqhā wa-qirāʔa*^{ti} *-ljarīda*^{ti} *qabl*^{a} *-đđahāb*^{i} *li-l3amal*^{i}.	أُحِبُّ الجُلوسَ في المَقْهى وَقِراءَةِ الجَريدَةِ قَبْلَ الذَّهابِ لِلعَمَلِ.
magazine	*majalla*^{tun}	مَجَلَّةٌ
book	*kitāb*^{un} *(kutub*^{un}*)*	كِتابٌ (كُتُبٌ)
novel	*riwāya*^{tun}	رِوايَةٌ
comic book, graphic novel	*kitāb*^{u} *rusūm*^{in} *hazliyya*^{tin} *qiṣṣa*^{tun} *muṣawwara*^{tun}	كِتابُ رُسومٍ هَزْلِيَّةٍ قِصَّةٌ مُصَوَّرَةٌ

television	*tilfāz*^{un}	تِلْفازٌ
Have you ever been on TV?	*hal sabaq*^{a} *wa-ʔan ẓahart*^{a} *3alā -ttilfāz*^{i}*?*	هَلْ سَبَقَ وَأَنْ ظَهَرْتَ عَلى التِّلْفازِ؟
to watch TV	*šāhada* [3s] *-ttilfāz*^{a}	شاهَدَ التِّلْفازَ
TV show, TV program	*barnāmaj*^{un} *tilfāziyy*^{un} *(barāmij*^{u} *tilfāziyya*^{tun}*)*	بَرْنامَجٌ تِلْفازِيٌّ (بَرامِجُ تِلْفازِيَّةٌ)

What's your favorite TV program?	*mā huwa barnāmajuk^{a} -ttilfāziyy^{u} -lmufaḍḍal^{u}?*	ما هُوَ بَرْنامَجُكَ التِّلْفازِيُّ المُفَضَّلُ؟
What do you like to watch on TV?	*māđā tuɦibb^{u} ʔan tušāhid^{a} 3alā -ttilfāz^{i}?*	ماذا تُحِبُّ أَنْ تُشاهِدَ عَلى التِّلْفازِ؟
I like watching Egyptian dramas.	*ʔuɦibb^{u} mušāhada^{ta} -ddirāmā -lmiṣriyya^{ta}.*	أُحِبُّ مُشاهَدَةَ الدِّراما المِصْرِيَّةَ.
drama	*dirāmā*	**دِراما**
comedy program	*barnāmaj^{un} kūmīdiyy^{un}*	**بَرْنامَجٌ كوميدِيٌّ**
sports program	*barnāmaj^{un} ryāḍiyy^{un}*	**بَرْنامَجٌ رياضِيٌّ**
sporting event	*ɦadaŧ^{un} ryāḍiyy^{un} (ʔaɦdāŧ^{un} ryāḍiyya^{tun})*	**حَدَثٌ رياضِيٌّ (أَحْداثٌ رياضِيَّةٌ)**
soccer match	*mubārā^{tu} kura^{ti} qadam^{in}*	**مُباراةُ كُرَةِ قَدَمٍ**
movie, film	*fīlm^{un} (ʔaflām^{un})*	**فيلْمٌ (أَفْلامٌ)**
documentary	*waŧāʔiqiyy^{un}*	**وَثائِقِيٌّ**
children's program	*barnāmaj^{u} ʔaṭfāl^{in}*	**بَرْنامَجُ أَطْفالٍ**
cartoon	*rusūm^{un} mutaɦarrika^{tun}*	**رُسومٌ مُتَحَرِّكَةٌ**
game show	*barnāmaj^{u} musābaqāt^{in}*	**بَرْنامَجُ مُسابَقاتٍ**
reality TV show	*barnāmaj^{un} tilfāziyy^{un} wāqi3iyy^{un}*	**بَرْنامَجٌ تِلْفازِيٌّ واقِعِيٌّ**
series	*musalsal^{un}*	**مُسَلْسَلٌ**
sitcom	*musalsal^{un} kūmīdiyy^{un}* *musalsal^{un} hazliyy^{un}*	**مُسَلْسَلٌ كوميدِيٌّ** **مُسَلْسَلٌ هَزْلِيٌّ**

episode	*ħalqa*^{tun}	**حَلْقَةٌ**
season	*mawsim*^{un} *(mawāsim*^{u}*)*	**مَوْسِمٌ (مَواسِمُ)**
I haven't seen the second season of this show yet.	*lam ʔušāhid*^{a} *-lmawsim*^{a} *-ŧŧāniy*^{a} *min hađā -lmusalsal*^{i} *ħattā -lʔān*^{a}.	لَمْ أُشاهِدَ المَوْسِمَ الثّانِيَ مِنْ هَذا المُسَلْسَلِ حَتّى الآنَ.
the news	*alʔaxbār*^{u}	**الأَخْبارُ**
weather report	*taqrīr*^{u} *ħāla*^{ti} *-ṭṭaqs*^{i}	**تَقْرِيرُ حالَةِ الطَّقْسِ**
talk show	*barnāmaj*^{un} *ħiwāriyy*^{un}	**بَرْنامَجٌ حِوارِيٌّ**
channel	*qanā*^{tun} *(qanawāt*^{un}*)*	**قَناةٌ (قَنَواتٌ)**
What's on TV (now)?	*māđā yu3raḍ*^{u} *3alā -ttilfāz*^{i} *-lʔān*^{a}?	ماذا يُعْرَضُ عَلى التِّلْفازِ الآنَ؟
There's an interesting program on channel 3.	*hunālik*^{a} *barnāmaj*^{un} *mumti3*^{un} *3alā -lqanā*^{ti} *-ŧŧāliŧa*^{ti}.	هُنالِكَ بَرْنامَجٌ مُمْتِعٌ عَلى القَناةِ الثّالِثَةِ.
to turn the TV on	*šaɣɣala* [2s] *-ttilfāz*^{a}	**شَغَّلَ التِّلْفازَ**
to turn the TV off	*ʔaṭfaʔa* [4s(c)] *-ttilfāz*^{a}	**أَطْفَأَ التِّلْفازَ**
volume	*ṣawt*^{un}	**صَوْتٌ**
to turn the volume up	*rafa3a* [1s1] *-ṣṣawt*^{a}	**رَفَعَ الصَّوْتَ**
to turn the volume down	*ʔaxfaḍa* [4s] *-ṣṣawt*^{a}	**أَخْفَضَ الصَّوْتَ**
I can't hear what they're saying. Could you turn the TV up a bit?	*lā ʔastaṭī3*^{u} *samā3*^{a} *mā yaqūlūnah*^{u}. *hal yumkinuk*^{a} *raf3*^{u} *ṣawt*^{i} *-ttilfāz*^{i} *qalīlan?*	لا أَسْتَطِيعُ سَماعَ ما يَقولونَهُ. هَلْ يُمْكِنُكَ رَفْعُ صَوْتِ التِّلْفازِ قَلِيلًا؟

I'm trying to study. Could you turn the TV down a bit?	*ʔuħāwil^{u} -ddirāsa^{ta}. hal yumkinuk^{a} xafḍ^{u} ṣawt^{i} -ttilfāz^{i} qalīlan?*	أُحاوِلُ الدِّراسَةَ. هَلْ يُمْكِنُكَ خَفْضُ صَوْتِ التِّلْفازِ قَليلًا؟
antenna	*hawāʔiyy^{un}* *lāqiṭ^{un}*	هَوائِيٌّ لاقِطٌ
satellite dish	*ṭabaq^{u} qamar^{in} ṣinā3iyy^{in}*	طَبَقُ قَمَرٍ صِناعِيٍّ
radio	*miđyā3^{un}*	مِذْياعٌ
to listen to the radio	*istama3a ʔilā -lmiđyā3^{i}*	اِسْتَمَعَ إِلى المِذْياعِ
radio station	*maħaṭṭa^{tun} ʔiđā3iyya^{tun}*	مَحَطَّةٌ إِذاعِيَّةٌ
stereo (home music system)	*niẓām^{un} ṣawtiyy^{un} mujassam^{un}*	نِظامٌ صَوْتِيٌّ مُجَسَّمٌ
speakers	*mukabbirāt^{u} ṣawt^{in}*	مُكَبِّراتُ صَوْتٍ
CD	*qurṣ^{un} maḍɣūṭ^{un}*	قُرْصٌ مَضْغوطٌ
CD player	*mušaɣɣil^{u} ʔaqrāṣ^{in} maḍɣūṭa^{tin}*	مُشَغِّلُ أَقْراصٍ مَضْغوطَةٍ
cassette (tape)	*šarīṭ^{un} sam3iyy^{un}*	شَريطٌ سَمْعِيٌّ
(vinyl) record	*qurṣ^{u} fōnōɣrāf^{in}*	قُرْصُ فونوغْرافٍ
song, track	*ʔuɣniya^{tun} (ʔaɣān^{in})*	أُغْنِيَةٌ (أَغانٍ)
to play (a CD, song, etc.)	*šaɣɣala* [2s]	شَغَّلَ
to forward, skip to the next track	*qaddama* [2s]	قَدَّمَ
to rewind, go back to (the previous track)	*rajja3a* [2s]	رَجَّعَ

to pause	*ʔawqafa* [4a1] *muʔaqqatan*	أَوْقَفَ مُؤَقَّتًا
to stop, press 'stop'	*ʔawqafa* [4a1]	أَوْقَفَ
MP3	*MP3*	MP3
to download an MP3	*nazzala* [2s] *milaff*^{a} *MP3*	نَزَّلَ مِلَفَّ MP3
MP3 player	*mušaɣɣil*^{u} *MP3*	مُشَغِّلُ MP3
earphones, headphones	*sammāʒāt*^{u} *[-rraʔs*^{i}*]*	سَمّاعاتُ [الرَّأْسِ]

to visit	*zāra* [1h3]	زارَ
a visit	*ziyāra*^{tun}	زِيارَةٌ
to go on a visit	*đahaba* [1s1] *fī ziyāra*^{tin}	ذَهَبَ فِي زِيارَةٍ
to entertain guests, have guests over	*istaqbala ḍuyūf*^{an} *ladayh*^{i} *ḍuyūf*^{un}	اِسْتَقْبَلَ ضُيوفًا لَدَيْهِ ضُيوفٌ

to sew	*xāṭa* [1h2]	خاطَ
sewing machine	*mākina*^{tu} *xiyāṭa*^{tin}	ماكِنَةُ خِياطَةٍ
sewing needle	*ʔibra*^{tu} *xiyāṭa*^{tin}	إِبْرَةُ خِياطَةٍ
thread	*xayṭ*^{un} *(xuyūṭ*^{un}*)*	خَيْطٌ (خُيوطٌ)
a ball of wool	*kura*^{tu} *ṣūf*^{in}	كُرَةُ صوفٍ
thimble	*kaštabān*^{un} *qumʒ*^{u} *xiyāṭa*^{tin}	كَشْتَبانٌ قُمْعُ خِياطَةٍ

to knit	*ɦāka* [1h3] *nasaja* [1s3]	حاكَ نَسَجَ
knitting needle	*ʔibra^{tu} ɦiyāka^{tin}*	إِبْرَةُ حِياكَةٍ
to crochet	*ɦabaka [bi-şşinnāra^{ti}]*	حَبَكَ [بِالصِّنّارَةِ]
to embroider	*ţarraza* [2s]	طَرَّزَ
to patch, darn	*raqa3a* [1s1]	رَقَعَ

art	*fann^{un} (funūn^{un})*	فَنٌّ (فُنونٌ)
artist	*fannān^{un}*	فَنّانٌ
to draw, sketch, paint	*rasama* [1s3]	رَسَمَ
a painting	*lawɦa^{tun}*	لَوْحَةٌ
a drawing	*rasma^{tun}*	رَسْمَةٌ

photography	*taşwīr^{un} [fōtōɣrāfiyy^{un}]*	تَصْويرٌ [فوْتوْغْرافِيٌّ]
photo(graph)	*şūra^{tun} [fōtōɣrāfiyya^{tan}]* *(şuwar^{un} [fōtōɣrāfiyya^{tun}])*	صورَةٌ [فوْتوْغْرافِيَّةً] (صُوَرٌ [فوْتوْغْرافِيَّةٌ])
to take a photo of	*iltaqaţa şūra^{tan}*	اِلْتَقَطَ صورَةً
Excuse me. Would you take a photo of us?	*ʔu3đurnī. hallā taltaqiţ^{a} şūra^{tan} lanā?*	أُعْذُرْني. هَلّا تَلْتَقِطَ صورَةً لَنا؟
to take a selfie	*iltaqaţa şūra^{tan} šaxşiyya^{tan}*	اِلْتَقَطَ صورَةً شَخْصِيَّةً
photographer	*muşawwir^{un} [fōtōɣrāfiyy^{un}]*	مُصَوِّرٌ [فوْتوْغْرافِيٌّ]

camera	*Ɂāla^{tu} taṣwīr^{in}* *kāmīrā*	**آلَةُ تَصْوِيرٍ** **كاميرا**
to hunt	*iṣṭāda* [8h3]	**اِصْطادَ**
hunting	*ṣayd^{un}*	**صَيْدٌ**
hunter	*ṣayyād^{un}* *ṣāɁid^{un}*	**صَيّادٌ** **صائِدٌ**
hunting dog	*kalb^{u} ṣayd^{in}*	**كَلْبُ صَيْدٍ**
hunting rifle	*bunduqiyya^{tu} ṣayd^{in}*	**بُنْدُقِيَّةُ صَيْدٍ**
to go fishing	*đahaba* [1s1] *li-ṣayd^{i} -ssamak^{i}*	**ذَهَبَ لِصَيْدِ السَّمَكِ**
fishing	*ṣayd^{u} -ssamak^{i}*	**صَيْدُ السَّمَكِ**
fishing pole	*ṣinnāra^{tu} ṣayd^{in}*	**صِنّارَةُ صَيْدٍ**
fishing tackle	*3idda^{tu} ṣayd^{i} -ssamak^{i}* *mu3iddāt^{u} ṣayd^{i} -ssamak^{i}*	**عِدَّةُ صَيْدِ السَّمَكِ** **مُعِدّاتُ صَيْدِ السَّمَكِ**
hook	*xuṭṭāf^{un} (xaṭāṭīf^{u})*	**خُطّافٌ (خَطاطيفُ)**
bait	*ṭu3m^{un}*	**طُعْمٌ**
cinema	*sīnamā*	**سينَما**
Let's go to the cinema this weekend.	*li-nađhab^{a} Ɂilā -ssīnimā nihāya^{ta} hađā -lɁusbū3^{i}.*	لِنَذْهَبَ إِلى السّينِما نِهايَةَ هَذا الأُسْبوعِ.
movie ticket	*tađkira^{tu} fīlm^{in} (tađākir^{u} fīlm^{in})*	**تَذْكِرَةُ فيلْمٍ (تَذاكِرُ فيلْمٍ)**

How much is a (movie) ticket?	*kam ŧaman^{u} -ttađkira^{ti}?*	كَمْ ثَمَنُ التَّذْكِرَةِ؟
movie, film	*fīlm^{un} (ʔaflām^{un})*	**فيلْمٌ (أَفْلامٌ)**
auditorium, movie theater, screening room	*qā3a^{tu} sīnamā* *şāla^{tu} 3arḑ^{in}*	**قاعَةُ سينَما** **صالَةُ عَرْضٍ**
to play, show (a movie)	*3araḑa* [1s2]	**عَرَضَ**
What's playing?	*mā -llađī yu3raḑ^{u}?*	ما الَّذي يُعْرَضُ؟
A new movie is coming out on Friday. Want to go?	*sayaşdur^{u} fīlm^{un} jadīd^{un} yawm^{a} -ljumu3a^{ti}. ʔatawaddu ađđahāb^{a}?*	سَيَصْدُرُ فيلْمٌ جَديدٌ يَوْمَ الجُمُعَةِ. أَتَوَدُّ الذَّهابَ؟
They're showing a classic movie this evening.	*ʔinnahum ya3riḑūn^{a} fīlm^{an} kilāsīkiyy^{an} hađā -lmasāʔ^{a}.*	إِنَّهُمْ يَعْرِضونَ فيلْمًا كِلاسيكِيًّا هَذا المَساءَ.
seat	*maq3ad^{un} (maqā3id^{u})*	**مَقْعَدٌ (مَقاعِدُ)**
What are our seat numbers?	*mā hiya ʔarqām^{u} maqā3idinā?*	ما هِيَ أَرْقامُ مَقاعِدِنا؟
screen	*šāša^{tun}*	**شاشَةٌ**
to sit close to the screen	*jalasa* [1s2] *bi-lqurb^{i} min^{a} -ššāša^{ti}*	**جَلَسَ بِالقُرْبِ مِنَ الشّاشَةِ**
I don't like to sit too close to the screen.	*lā ʔuɧibb^{u} -ljulūs^{a} bi-lqurb^{i} min^{a} -ššāša^{ti}.*	لا أُحِبُّ الجُلوسَ بِالقُرْبِ مِنَ الشّاشَةِ.
to sit in the middle	*jalasa* [1s2] *fī -lmuntaşaf^{i}*	**جَلَسَ فِي المُنْتَصَفِ**
popcorn	*fušār^{un}*	**فُشارٌ**
action movie	*fīlm^{u} ɧaraka^{tin}*	**فيلْمُ حَرَكَةٍ**
romantic comedy	*fīlm^{un} kūmīdiyy^{un} rūmānsiyy^{un}*	**فيلْمٌ كوميدِيٌّ رومانْسِيٌّ**
drama	*fīlm^{un} dirāmiyy^{un}*	**فيلْمٌ دِرامِيٌّ**

horror movie	*fīlm^{u} ru3b^{in}*	**فيلْمُ رُعْبٍ**
thriller	*fīlm^{u} ʔiŧāra^{tin}*	**فيلْمُ إثارَةٍ**
period piece	*fīlm^{un} tārīxiyy^{un}*	**فيلْمٌ تاريخِيٌّ**
science fiction (sci-fi)	*fīlm^{u} xayāl^{in} 3ilmiyy^{in}*	**فيلْمُ خَيالٍ عِلْمِيٍّ**
fantasy	*fīlm^{u} xayāl^{in}*	**فيلْمُ خَيالٍ**
What kind of movies do you like?	*mā naw3^{u} -lʔaflām^{i} -llatī tuɧibbuhā?*	ما نَوْعُ الأَفْلامِ الَّتي تُحِبُّها؟
I love action movies, but I can't stand romantic movies.	*ʔuɧibb^{u} ʔaflām^{a} -lɧaraka^{ti}, lakinnī lā ʔaţīq^{u} -lʔaflām^{a} -rrūmānsiyya^{ta}.*	أُحِبُّ أَفْلامَ الحَرَكَةِ، لَكِنّي لا أُطيقُ الأَفْلامَ الرّومانْسِيَّةَ.
(movie) star	*najm^{un} (nujūm^{un})*	**نَجْمٌ (نُجومٌ)**

theater	*masraɧ^{un} (masāriɧ^{u})*	**مَسْرَحٌ (مَسارِحُ)**
on stage	*3alā -lmasraɧ^{i}*	**عَلى المَسْرَحِ**
aisle	*mamarr^{un}*	**مَمَرٌّ**
actor	*mumaŧŧil^{un}*	**مُمَثِّلٌ**
to act	*maŧŧala* [1s3]	**مَثَّلَ**
to play the role of __	*la3iba* [1s4] *dawr^{a}* __ *maŧŧala* [2s] *dawr^{a}* __	**لَعِبَ دَوْرَ ___** **مَثَّلَ دَوْرَ ___**
intermission	*istirāɧa^{tun}*	**اِسْتِراحَةٌ**
spectator	*mušāhid^{un}* *mutafarrij^{un}*	**مُشاهِدٌ** **مُتَفَرِّجٌ**
audience, crowd	*jumhūr^{un} (jamāhīr^{u})*	**جُمْهورٌ (جَماهيرُ)**

to applaud	*ṣaffaqa* [1s2]	صَفَّقَ
applause	*taṣfīq*^{un}	تَصْفِيقٌ
circus	*sīrk*^{un}	سِيرْكٌ
acrobat	*bahlawān*^{un}	بَهْلَوانٌ
clown	*muharrij*^{un}	مُهَرِّجٌ

cigarette	*sījāra*^{tun} *(sajāʔir*^{u}*)*	سيجارَةٌ (سَجائِرُ)
to smoke	*daxxana* [2s] *sījāra*^{tan}	دَخَّنَ سيجارَةً
smoking	*tadxīn*^{un}	تَدْخِينٌ
No smoking	*attadxīn*^{u} *mamnū3*^{un}	التَّدْخِينُ مَمْنوعٌ
smoker	*mudaxxin*^{un}	مُدَخِّنٌ
non-smoker	*ɣayr*^{u} *mudaxxin*^{in}	غَيْرُ مُدَخِّنٍ
Do you smoke?	*hal tudaxxin*^{u}*?*	هَلْ تُدَخِّنُ؟
Would you like a cigarette?	*hal tarɣab*^{u} *bi-sījāra*^{tin}*?* *hal turīd*^{u} *sījāra*^{tan}*?*	هَلْ تَرْغَبُ بِسيجارَةٍ؟ هَلْ تُرِيدُ سيجارَةً؟
No, thank you. I don't smoke.	*lā, šukran. ʔana lā ʔudaxxin*^{u}*.*	لا، شُكْرًا. أنا لا أُدَخِّنُ.
to quit smoking	*ʔaqla3a* [4s] *3an*^{i} *-ttadxīn*^{i} *taraka* [1s3] *-ttadxīn*^{a}	أَقْلَعَ عَنِ التَّدْخِينِ تَرَكَ التَّدْخِينَ
cigar	*sījār*^{un}	سيجارٌ
pipe	*ɣalyūn*^{un}	غَلْيونٌ

tobacco	*tabɣ^{un}*	تَبْغٌ
matches	*ʔa3wād^{u} ŧiqāb^{in}* *ʔa3wād^{u} kibrīt^{in}*	أَعْوادُ ثِقابٍ أَعْوادُ كِبْريتٍ
lighter	*wallā3a^{tun}*	وَلّاعَةٌ
to light a cigarette	*ʔaš3ala* [4s] *sījāra^{tan}*	أَشْعَلَ سيجارَةً
ashtray	*minfaḍa^{tu} [sajāʔir^{a}]*	مِنْفَضَةٌ [سَجائِرَ]
cigarette butt	*3aqib^{u} sījāra^{tin}* *(ʔa3qāb^{u} sajāʔir^{a})*	عَقِبُ سيجارَةٍ (أَعْقابُ سَجائِرَ)
a pack of cigarettes	*3ulba^{tu} sajāʔir^{a}* *(3ulab^{u} sajāʔir^{a})*	عُلْبَةُ سَجائِرَ (عُلَبُ سَجائِرَ)
shisha, hookah, water-pipe	*nārjīla^{tun}* *šīša^{tun}*	نارْجيلَةٌ شيشَةٌ
to smoke a shisha	*daxxana* [2s] *nārjīla^{tan}* *daxxana* [2s] *šīša^{tan}*	دَخَّنَ نارْجيلَةً دَخَّنَ شيشَةً
mouth-piece (of shisha)	*mabsim^{un} (mabāsim^{u})*	مَبْسِمٌ (مَباسِمُ)
glass container (of shisha)	*wi3āʔ^{un} zujājiyy^{un}* *jarra^{tu} māʔ^{in}*	وِعاءٌ زُجاجِيٌّ جَرَّةُ ماءٍ
hose (of shisha)	*xurṭūm^{un}*	خُرْطومٌ
coal	*faħm^{un}*	فَحْمٌ

22 Music

music	*mūsīqā*	موسيقى
to listen to music	*istama3a li-lmūsīqā*	اِسْتَمَعَ لِلْموسيقى
song	*ʔuɣniya^{tun} (ʔaɣān^{in})*	أُغْنِيَةٌ (أَغانٍ)
singer	*muɣann^{in}*	مُغَنٍّ
to sing	*ɣannā* [2d]	غَنّى
singing	*ɣināʔ^{un}*	غِناءٌ
I love singing, but I'm not very good at it.	*ʔuħibb^{u} -lɣināʔ^{a}, lakinnī lā ʔujīduh^{u}.*	أُحِبُّ الغِناءَ، لَكِنّي لا أُجيدُهُ.
Who's your favorite singer?	*man huwa muɣannīk^{a} -lmufaḍḍal^{u}?*	مَنْ هُوَ مُغَنّيكَ المُفَضَّلُ؟
band, group	*firqa^{tun} (firaq^{un})*	فِرْقَةٌ (فِرَقٌ)
What kind of music do you like?	*ʔayy^{u} naw3^{in} min^{a} -lmūsīqā tufaḍḍil^{u}?*	أَيُّ نَوْعٍ مِنَ الموسيقى تُفَضِّلُ؟
folk music, popular music	*almūsīqā -ššа3biyya^{tu}*	الموسيقى الشَّعْبِيَّةُ
pop music (specifically more Western-sounding music)	*mūsīqā -lbōb^{i}*	موسيقى البوْبِ
rap	*arrāb^{u}*	الرّابُ
classical music	*almūsīqā -lkilāsīkiyya^{tu}*	الموسيقى الكِلاسيكِيَّةُ
rock music	*mūsīqā -rrōk^{i}*	موسيقى الرّوْكِ
jazz	*mūsīqā -ljāz^{i}*	موسيقى الجازِ

Arabic classical music	*almūsīqā -lkilāsīkiyya*^{tu} *-l3arabiyya*^{tu}	الموسيقى الكِلاسيكِيَّةُ العَرَبِيَّةُ
musician	*mūsīqār*^{un} *3āzif*^{un}	موسيقارٌ عازِفٌ
street musician, busker	*3āzif*^{un} *mutajawwil*^{un}	عازِفٌ مُتَجَوِّلٌ
musical instrument	*ʔāla*^{tun} *mūsīqiyya*^{tun}	آلَةٌ موسيقِيَّةٌ
to play (an instrument)	*3azafa* [1s2] *3alā*	عَزَفَ عَلى
Can you play any instruments?	*hal yumkinuk*^{a} *-l3azf*^{u} *3alā ʔayy*^{i} *ʔāla*^{tin}*?*	هَلْ يُمْكِنُكَ العَزْفُ عَلى أيِّ آلَةٍ؟
guitar	*jītār*^{un} *ɣītāra*^{tun}	جيتارٌ غيثارَةٌ
I can play the guitar.	*ʔastaṭī3*^{u} *-l3azf*^{a} *3alā -ljītār*^{i}*.*	أَسْتَطيعُ العَزْفَ عَلى الجيتارِ.
piano	*biyānō*	بِيانوْ
violin	*kamān*^{un}	كَمانٌ
trumpet	*būq*^{un}	بوقٌ
drum	*ṭabl*^{un} *(ṭubūl*^{un}*)*	طَبْلٌ (طُبولٌ)
flute, ney (reed flute)	*nāy*^{un}	نايٌ
oud, lute	*3ūd*^{un} *(ʔa3wād*^{u}*)*	عودٌ (أَعْوادُ)
mizmaar (wooden flute)	*mizmār*^{un} *(mazāmīr*^{u}*)*	مِزْمارٌ (مَزاميرُ)
guitar strings	*ʔawtār*^{u} *jītār*^{in}	أَوْتارُ جيتارٍ

piano keys	*mafātīḩ*^{u} *biyānō*	مَفاتيحُ بِيانوْ
to tune (a guitar, piano)	*ḑabaţa* [1s3] *nāɣama* [3s]	ضَبَطَ ناغَمَ
in tune	*mutanāɣim*^{un} *maḑbūţ*^{un}	مُتَناغِمٌ مَضْبوطٌ
out of tune	*ɣayr*^{u} *mutanāɣim*^{in}	غَيْرُ مُتَناغِمٍ
orchestra	*firqa*^{tun} *mūsīqiyya*^{tun}	فِرْقَةٌ موسيقِيَّةٌ

to dance	*raqaşa* [1s3]	رَقَصَ
a dance	*raqşa*^{tun}	رَقْصَةٌ
dancer	*rāqiş*^{un}	راقِصٌ
ballet dancer	*rāqiş*^{u} *bālīh*^{in}	راقِصُ باليهِ
belly dancing	*raqş*^{un} *šarqiyy*^{un}	رَقْصٌ شَرْقِيٌّ

23 Games and Sports

toy, game	*lu3ba*^{tun}	**لُعْبَةٌ**
doll, puppet	*dumya*^{tun} *(duma*^{n}*)*	**دُمْيَةٌ (دُمًى)**
teddy bear	*dumya*^{tu} *dubb*^{in}	**دُمْيَةُ دُبٍّ**

to play a game	*la3iba* [1s4] *lu3ba*^{tan}	**لَعِبَ لُعْبَةً**
to play billiards	*la3iba* [1s4] *bilyārdō*	**لَعِبَ بِلْيارْدوْ**
to play cards	*la3iba* [1s4] *-lwaraq*^{a}	**لَعِبَ الوَرَقَ**
turn	*dawr*^{un} *(ʔadwār*^{un}*)*	**دَوْرٌ (أَدْوارٌ)**
Whose turn is it?	*dawr*^{u} *man?* *li-man*^{i} *-ddawr*^{u}*?*	دَوْرُ مَنْ؟ لِمَنِ الدَّوْرُ؟
It’s your turn.	*ʔinnah*^{u} *dawruk*^{a}*.*	إِنَّهُ دَوْرُكَ.

chess	*šaṭaranj*^{un}	**شَطَرَنْجٌ**
move	*ḥaraka*^{tun}	**حَرَكَةٌ**
Check! (in chess)	*kiš!*	**كِشْ!**
Checkmate!	*kišš*^{u} *malik*^{in}*!* *māt*^{a} *-ššāh*^{u}*!*	**كِشُّ مَلِكٍ!** **ماتَ الشّاهُ!**
(chess) piece	*qiṭ3a*^{tun} *(qiṭa3*^{un}*)*	**قِطْعَةٌ (قِطَعٌ)**

king	*malik^{un}* *šāh^{un}*	**مَلِكٌ** **شاهٌ**
queen	*wazīr^{un} (wuzarāʔ^{u})* *malika^{tun}*	**وَزِيرٌ (وُزَراءُ)** **مَلِكَةٌ**
bishop	*fīl^{un}*	**فيلٌ**
knight	*ħiṣān^{un}*	**حِصانٌ**
rook	*qal3a^{tun}* *ruxx^{un}*	**قَلْعَةٌ** **رُخٌّ**
pawn	*jundiyy^{un}*	**جُنْدِيٌّ**
backgammon	*ţāwila^{tu} zahr^{in}*	**طاوِلَةُ زَهْرٍ**
dice	*ħajar^{u} nard^{in}*	**حَجَرُ نَرْدٍ**
pair of ones, snake eyes	*zawj^{un} min^{a} -rraqm^{i} wāħid^{in}*	**زَوْجٌ مِنَ الرَّقْمِ واحِدٍ**
sport	*riyāɖa^{tun}*	**رِياضَةٌ**
Do you like sports?	*hal tuħibb^{u} -rriyāɖa^{ta}?*	هَلْ تُحِبُّ الرِّياضَةَ؟
I like watching sports, but I don't play any.	*ʔuħibb^{u} mušāhada^{ta} -lʔal3āb^{i} -rriyāɖiyya^{ti}, lakinnanī lā ʔal3ab^{u} ʔayy^{an} minhā.*	أُحِبُّ مُشاهَدَةَ الأَلْعابِ الرِّياضِيَّةِ، لَكِنَّنِي لا أَلْعَبُ أَيًّا مِنْها.
ball	*kura^{tun}*	**كُرَةٌ**
soccer	*kura^{tu} qadam^{in}*	**كُرَةُ قَدَمٍ**
goal	*hadaf^{un} (ʔahdāf^{un})*	**هَدَفٌ (أَهْدافٌ)**

to score a goal	*sajjala* [2s] *hadaf^{an}* *ʔaḫraza* [4s] *hadaf^{an}*	سَجَّلَ هَدَفًا أَحْرَزَ هَدَفًا
soccer game	*mubārā^{tu} kura^{ti} qadam^{in}* *(mubārayāt^{u} kura^{ti} qadam^{in})*	مُباراةُ كُرَةِ قَدَمٍ (مُبارَياتُ كُرَةِ قَدَمٍ)
soccer field	*mal3ab^{u} kura^{ti} qadam^{in}*	مَلْعَبُ كُرَةِ قَدَمٍ

(American) football	*kura^{tu} qadam^{in} ʔamrīkiyya^{tin}*	كُرَةُ قَدَمٍ أَمْريكِيَّةٍ
baseball	*kura^{tu} -lqā3ida^{ti}*	كُرَةُ القاعِدَةِ
basketball	*kura^{tu} -ssalla^{ti}*	كُرَةُ السَّلَّةِ
basketball hoop	*ṭawq^{u} kura^{ti} -ssalla^{ti}*	طَوْقُ كُرَةِ السَّلَّةِ
boxing	*mulākama^{tun}*	مُلاكَمَةٌ
golf	*ṣawlajān^{un}* *ɣōlf^{un}*	صَوْلَجانٌ غوْلْفٌ
golf ball	*kura^{tu} ṣawlajān^{in}* *kura^{tu} ɣōlf^{in}*	كُرَةُ صَوْلَجانٍ كُرَةُ غوْلْفٍ
golf club	*nādī ṣawlajān^{in}* *nādī ɣōlf^{in}*	نادي صَوْلَجانٍ نادي غوْلْفٍ
golf course	*mal3ab^{u} ṣawlajān^{in}* *(malā3ib^{u} ṣawlajān^{in})* *mal3ab^{u} ɣōlf^{in}* *(malā3ib^{u} ɣōlf^{in})*	مَلْعَبُ صَوْلَجانٍ (مَلاعِبُ صَوْلَجانٍ) مَلْعَبُ غوْلْفٍ (مَلاعِبُ غوْلْفٍ)
hockey	*hōkī*	هوْكي

to ski, go skiing	*tazallaja* [5s] *[3alā -ljalīd*^{i}*]*	تَزَلَّجَ [عَلى الجَليدِ]
tennis; tennis ball	*kura*^{tu} *-lmiḍrab*^{i}	كُرَةُ المِضْرَبِ
tennis court	*mal3ab*^{u} *kura*^{ti} *-lmiḍrab*^{i}	مَلْعَبُ كُرَةِ المِضْرَبِ
tennis net	*šabaka*^{tu} *kura*^{ti} *-lmiḍrab*^{i}	شَبَكَةُ كُرَةِ المِضْرَبِ
tennis racket	*miḍrib*^{u} *kura*^{ti} *-lmiḍrab*^{i} *(maḍārib*^{u} *kura*^{ti} *-lmiḍrab*^{i}*)*	مِضْرَبُ كُرَةِ المِضْرَبِ (مَضارِبُ كُرَةِ المِضْرَبِ)
volleyball	*alkura*^{tu} *-ṭṭāʔira*^{tu}	الكُرَةُ الطّائِرَةُ
volleyball net	*šabaka*^{tu} *kura*^{ti} *-ṭṭāʔira*^{ti}	شَبَكَةُ كُرَةِ الطّائِرَةِ

to kick (a ball)	*rakala* [1s3]	رَكَلَ
to hit	*ḍaraba* [1s2]	ضَرَبَ
to throw	*ramā* [1d2]	رَمى
to catch	*ʔamsaka* [4s]	أَمْسَكَ
to win (a game)	*fāza* [1h3]	فازَ
to lose (a game)	*xasira* [1s4]	خَسِرَ
to beat (a team)	*hazama* [1s2] *taɣallaba* [5s] *3alā*	هَزَمَ تَغَلَّبَ عَلى
to lose to (a team)	*xasira* [1s4] *ʔamām*^{a}	خَسِرَ أَمامَ
Who won?	*man fāz*^{a}*?*	مَنْ فازَ؟
player	*lā3ib*^{un}	لاعِبٌ
team	*farīq*^{un} *(ʔafriqa*^{tun}*)*	فَريقٌ (أَفْرِقَةٌ)

to play against (a team, a player)	*la3iba* [1s4] *ḍidd*^{a}	لَعِبَ ضِدَّ
champion	*baṭal*^{un} *(ʔabṭāl*^{un}*)*	بَطَلٌ (أَبْطالٌ)
score	*natīja*^{tun} *(natāʔij*^{u}*)*	نَتيجَةٌ (نَتائِجُ)
What's the score?	*kam*^{i} *-nnatīja*^{tu}*?* *mā -nnatīja*^{tu}*?*	كَمِ النَّتيجَةُ؟ ما النَّتيجَةُ؟
The score is two to four.	*annatīja*^{tu} *-ṯnān*^{i} *li-ʔarba3a*^{tin}*.*	النَّتيجَةُ اثْنانِ لِأَرْبَعَةٍ.
They're tied three to three.	*ta3ādalū bi-ṯalāṯa*^{tin} *li-ṯalāṯa*^{tin}*.*	تَعادَلوا بِثَلاثَةٍ لِثَلاثَةٍ.
The match ended in a draw (tie).	*intahat*^{i} *-lmubārā*^{tu} *bi-tta3ādul*^{i}*.*	اِنْتَهَتِ المُباراةُ بِالتَّعادُلِ.
fitness	*liyāqa*^{tun}	لِياقَةٌ
exercise	*tadrīb*^{un}	تَدْريبٌ
to exercise, work out	*tadarraba* [5s] *tamarrana* [5s]	تَدَرَّبَ تَمَرَّنَ
workout	*tamrīn*^{un} *tadrīb*^{un}	تَمْرينٌ تَدْريبٌ
How often do you exercise?	*kam marra*^{tan} *tatamarran*^{u}*?* *kam tatamarran*^{u} *ɣāliban?*	كَمْ مَرَّةً تَتَمَرَّنُ؟ كَمْ تَتَمَرَّنُ غالِبًا؟
I try to exercise at least twice a week.	*ʔuḥāwil*^{u} *-ttamarrun*^{a} *marratayn*^{i} *fī -lʔusbū3*^{i} *3alā -lʔaqall*^{i}*.*	أُحاوِلُ التَّمَرُّنَ مَرَّتَيْنِ في الأُسْبوعِ عَلى الأَقَلِّ.
I had a really good workout at the gym this morning.	*tamarrant*^{u} *jayyidan fī -ṣṣāla*^{ti} *-rriyāḍiyya*^{ti} *hađā -ṣṣabāḥ*^{i}*.*	تَمَرَّنْتُ جَيِّدًا في الصّالَةِ الرِّياضِيَّةِ هَذا الصَّباحِ.

gym, health club	*ṣāla^{tun} ryāḍiyya^{tun}* *nād^{in} riyāḍiyy^{un}*	**صالَةٌ رياضِيَّةٌ** **نادٍ رِياضِيٌّ**
to go to the gym	*đahaba* [1s1] *ʔilā -ṣṣāla^{ti} -rriyāḍiyya^{ti}*	**ذَهَبَ إلى الصّالَةِ الرِّياضِيَّةِ**
I go to the gym every morning.	*ʔana ʔađhab^{u} ʔilā -ṣṣāla^{ti} -rriyāḍiyya^{ti} kull^{a} ṣabāɧ^{in}.*	أنا أَذْهَبُ إلى الصّالَةِ الرِّياضِيَّةِ كُلَّ صَباحٍ.
to join a gym, become a member of a gym	*inḍamma li-ṣṣāla^{ti} -rriyāḍiyya^{ti} ʔaṣbaɧa 3uḍw^{an} fī -ṣṣāla^{ti} -rriyāḍiyya^{ti}*	اِنْضَمَّ لِلصّالَةِ الرِّياضِيَّةِ أَصْبَحَ عُضْوًا في الصّالَةِ الرِّياضِيَّةِ
member	*3uḍw^{un} (ʔa3ḍāʔ^{un})*	**عُضْوٌ (أَعْضاءٌ)**
membership	*3uḍwiyya^{tun}*	**عُضْوِيَّةٌ**
How much is a monthly membership at this gym?	*kam taklifa^{tu} -l3uḍwiyya^{ti} -ššahriyya^{ti} fī hađih^{i} -ṣṣāla^{ti} -rriyāḍiyya^{ti}?*	كَمْ تَكْلِفَةُ العُضْوِيَّةِ الشَّهْرِيَّةِ في هَذِهِ الصّالَةِ الرِّياضِيَّةِ؟
Is there a contract?	*hal yūjad^{u} 3aqd^{un}?* *hal hunālik^{a} 3aqd^{un}?*	هَلْ يوجَدُ عَقْدٌ؟ هَلْ هُنالِكَ عَقْدٌ؟
personal trainer	*mudarrib^{un} šaxṣiyy^{un}*	**مُدَرِّبٌ شَخْصِيٌّ**
I'd like to hire a personal trainer.	*ʔarɣab^{u} fī ta3yīn^{i} mudarrib^{in} šaxṣiyy^{in}.*	أَرْغَبُ في تَعْيينِ مُدَرِّبٍ شَخْصِيٍّ.
training session	*ɧiṣṣa^{tun} tadrībiyya^{tun}* *jalsa^{tun} tadrībiyya^{tun}*	**حِصَّةٌ تَدْريبِيَّةٌ** **جَلْسَةٌ تَدْريبِيَّةٌ**
How much does it cost per training session?	*kam taklifa^{tu} -ljalsa^{ti} -ttadrībiyya^{ti}?*	كَمْ تَكْلِفَةُ الجَلْسَةِ التَّدْريبِيَّةِ؟
My goal is to gain muscle.	*hadafī huwa -ktisāb^{u} -l3aḍalāt^{i}.*	هَدَفي هُوَ اكْتِسابُ العَضَلاتِ.

to gain weight	*izdāda wazn^{an}* *kasiba wazn^{an}*	**اِزْدادَ وَزْنًا** **كَسِبَ وَزْنًا**
I feel like I've gained a bit of weight.	*ʔaš3ur^{u} ʔann waznī -zdād^{a} qalīlan.* *ʔaš3ur^{u} ʔannanī -ktasabt^{u} -lqalīl^{a} min^{a} -lwazn^{i}.*	أَشْعُرُ أَنّ وَزْنِي ازْدادَ قَليلًا. أَشْعُرُ أَنَّني اكْتَسَبْتُ القَليلَ مِنَ الوَزْنِ.
to lose weight	*xasira [1s4] wazn^{an}* *faqada [1s2] wazn^{an}*	**خَسِرَ وَزْنًا** **فَقَدَ وَزْنًا**
I want to lose weight.	*ʔurīd^{u} ʔan ʔaxsar^{a} wazn^{an}.*	أُريدُ أَنْ أَخْسَرَ وَزْنًا.
I need to lose five kilos.	*ʔaħtāj^{u} li-xasāra^{ti} xamsa^{ti} kīlūɣirāmāt^{in}.*	أَحْتاجُ لِخَسارَةِ خَمْسَةِ كيلوغِراماتٍ.
to go on a diet	*ittaba3a ħimya^{tan}* *ittaba3a niẓām^{an} ɣiđāʔiy^{an}*	**اِتَّبَعَ حِمْيَةً** **اِتَّبَعَ نِظامًا غِذائِيًا**
I'm on a diet.	*ʔana ʔattaba3^{u} ħimya^{tan}.*	أَنا أَتَّبِعُ حِمْيَةً.
locker room, changing room	*ɣurfa^{tu} xal3^{i} -lmalābis^{i}* *ɣurfa^{ti} tabdīl^{u} -lmalābis^{i}*	**غُرْفَةُ خَلْعِ المَلابِسِ** **غُرْفَةِ تَبْديلُ المَلابِسِ**
locker	*xizāna^{tun}*	**خِزانَةٌ**
to change one's clothes	*baddala [2s] malābisah^{u}* *ɣayyara [2s] malābisah^{u}*	**بَدَّلَ مَلابِسَهُ** **غَيَّرَ مَلابِسَهُ**
gym clothes, workout clothes	*malābis^{u} -ṣṣāla^{ti} -rriyāḍiyya^{ti}* *malābis^{u} -ttamrīn^{i}*	**مَلابِسُ الصّالَةِ الرِّياضِيَّةِ** **مَلابِسُ التَّمْرينِ**
barbell	*ħadīda^{tu} [raf3^{i} ʔaŧqāl^{in}]*	**حَديدَةُ [رَفْعِ أَثْقالٍ]**

dumbbell	*ŧiqāla*^{tu} *ɦadīd*^{in}	ثِقالَةُ حَديدٍ
free weights	*ʔawzān*^{un} *ɦurra*^{tun} *ʔaŧqāl*^{un} *ɦurra*^{tun}	أَوْزانٌ حُرَّةٌ أَثْقالٌ حُرَّةٌ
to lift weights	*rafa3a* [1s1] *ʔaŧqāl*^{an}	رَفَعَ أَثْقالًا
weight machine	*ʔāla*^{tu} *raf3*^{i} *ʔaŧqāl*^{in}	آلَةُ رَفْعِ أَثْقالٍ
to adjust the weight	*ḍabaṭa* [1s3] *-lwazn*^{a}	ضَبَطَ الوَزْنَ
Adjust the weight before you get on the machine.	*ʔuḍbuṭ*^{i} *-lwazn*^{a} *qabl*^{a} *ʔan tasta3mil*^{a} *-lʔāla*^{ta}.	أُضْبُطِ الوَزْنَ قَبْلَ أَنْ تَسْتَعْمِلَ الآلَةَ.
Excuse me, how do you use this machine?	*alma3đira*^{tu}, *kayf*^{a} *tastaxdim*^{u} *hađih*^{i} *-lʔāla*^{ta}?	المَعْذِرَةُ، كَيْفَ تَسْتَخْدِمُ هَذِهِ الآلَةَ؟
to do cardio exercise	*tamarrana* [5s] *tamārīn*^{a} *hawāʔiyya*^{tan}	تَمَرَّنَ تمارينَ هَوائِيَّةً
to burn calories	*ɦaraqa* [2s] *su3rāt*^{in} *ɦarāriyya*^{tan}	حَرَقَ سُعْراتٍ حَرارِيَّةً
running machine, treadmill	*ʔāla*^{tu} *-lmašy*^{i} *ʔāla*^{tu} *-ljary*^{i}	آلَةُ المَشْيِ آلَةُ الجَرْيِ
elliptical trainer	*jihāz*^{u} *-ttamārīn*^{i} *-lbayḍāwiyy*^{i}	جِهازُ التَّمارينِ البَيْضاوِيِّ
stationary bicycle	*darrāja*^{tun} *ŧābita*^{tun}	دَرّاجَةٌ ثابِتَةٌ
to run	*rakaḍa* [1s3] *jarā* [1d2]	رَكَضَ جَرى
I usually spend twenty minutes on the running machine.	*3āda*^{tan} *mā ʔaqḍī 3išrīn*^{a} *daqīqa*^{tan} *3alā ʔāla*^{ti} *-lmašy*^{i}.	عادَةً ما أَقْضي عِشْرينَ دَقيقَةً عَلى آلَةِ المَشْيِ.
to jog, go jogging	*harwala* [11s]	هَرْوَلَ

exercise	*tamrīn^{un} (tamārīn^{u})*	**تَمْرِينٌ (تَمارِينُ)**
to do sit-ups, work one's abs	*marrana* [2s] *3aḍalāt^{i} baṭnih^{i}*	**مَرَّنَ عَضَلاتِ بَطْنِهِ**
to do pull-ups	*tamarrana* [5s] *tamrīn^{a} -l3uqla^{ti}*	**تَمَرَّنَ تَمْرِينَ العُقْلَةِ**
to do push-ups	*tamarrana* [5s] *tamrīn^{a} -ḍḍaɣṭ^{i}*	**تَمَرَّنَ تَمْرِينَ الضَّغْطِ**
How many sit-ups can you do?	*kam takrār^{an} min tamrīn^{i} -lma3ida^{ti} yumkinuk^{a} ʔan taf3al^{a}?*	كَمْ تَكْرارًا مِنْ تَمْرِينِ المَعِدَةِ يُمْكِنُكَ أَنْ تَفْعَلَ؟
a set	*majmū3a^{tun}*	**مَجْمُوعَةٌ**
a rep	*takrār^{un}*	**تَكْرارٌ**
Do three sets of ten reps each.	*tamarran ŧalāŧ^{a} majmū3āt^{in} bi-3ašara^{ti} takrārāt^{in} li-kull^{in} minhā.*	تَمَرَّنْ ثَلاثَ مَجْمُوعاتٍ بِعَشَرَةِ تَكْراراتٍ لِكُلٍّ مِنْها.
Rest for one minute between sets.	*istariḫ li-mudda^{ti} daqīqa^{tin} bayn^{a} -lmajmū3āt^{i}.*	اِسْتَرِحْ لِمُدَّةِ دَقِيقَةٍ بَيْنَ المَجْمُوعاتِ.
to do aerobics	*tamarrana* [5s] *tamārīn^{a} hawāʔiyya^{tan}*	**تَمَرَّنَ تَمارِينَ هَوائِيَّةً**
to do yoga	*mārasa* [3s] *-lyōɣā* *tamarrana* [5s] *yōɣā*	**مارَسَ اليوْغا** **تَمَرَّنَ يوْغا**
to push	*dafa3a* [1s1]	**دَفَعَ**
to pull	*saḫaba* [1s1]	**سَحَبَ**
to lift	*rafa3a* [1s1]	**رَفَعَ**
to lower	*ʔanzala* [4s]	**أَنْزَلَ**
Lift the barbell over your head, then slowly lower it back down.	*irfa3^{i} -lḫadīda^{ta} fawq^{a} raʔsik^{a}, ŧumm^{a} ʔanzilhā bi-buṭʔ^{in} llʔasfal^{i}.*	اِرْفَعِ الحَدِيدَةَ فَوْقَ رَأْسِكَ، ثُمَّ أَنْزِلْها بِبُطْءٍ لِلأَسْفَلِ.

to breathe in	*tanaffasa* [5s] *istanšaqa* [8s]	تَنَفَّسَ اِسْتَنْشَقَ
to breathe out	*zafara* [1s2] *ʔaxraja* [4s] *zafīr*^{an}	زَفَرَ أَخْرَجَ زَفِيرًا
Don’t forget to breathe!	*lā tans*^{a} *ʔan tatanaffas*^{a}*!*	لا تَنْسَ أَنْ تَتَنَفَّسَ!
a jump rope	*ħabl*^{u} *qafz*^{in}	حَبْلُ قَفْزٍ
to jump rope	*qafaza* [1s2] *bi-lħabl*^{i}	قَفَزَ بِالحَبْلِ
scale	*mīzān*^{un} *(mawāzīn*^{u}*)*	مِيزَانٌ (مَوازِينُ)
to weigh oneself	*wazana nafsah*^{u} *qāsa waznah*^{u}	وَزَنَ نَفْسَهُ قاسَ وَزْنَهُ

24 Travel and Vacations

travel, traveling	*safar*^{un}	سَفَرٌ
to travel, go on a journey	*sāfara* [3s]	سافَرَ
vacation	*ʔijāza*^{tun} *3uṭla*^{tun}	إِجازَةٌ عُطْلَةٌ
to take a vacation	*ʔaxađa* [1s3(a)] *ʔijāza*^{tan} *ʔaxađa* [1s3(a)] *3uṭla*^{ta}	أَخَذَ إِجازَةً أَخَذَ عُطْلَةً
a trip	*riɧla*^{tun}	رِحْلَةٌ
tourism	*siyāɧa*^{tun}	سِياحَةٌ
tourist	*sāʔiɧ*^{un} *(suyyāɧ*^{un}*)*	سائِحٌ (سُيّاحٌ)
to go on a tour	*đahaba* [1s1] *fī jawla*^{tin}	ذَهَبَ فِي جَوْلَةٍ
tour guide	*muršid*^{un} *syāɧiyy*^{un}	مُرْشِدٌ سياحِيٌّ
tourist police	*šurṭa*^{tu} *-ssiyāɧa*^{ti}	شُرْطَةُ السِّياحَةِ

at the seaside	*3alā šāṭiʔ*^{i} *-lbaɧr*^{i}	عَلى شاطِئِ البَحْرِ
seaside resort	*muntaja3*^{un} *baɧriyy*^{un}	مُنْتَجَعٌ بَحْرِيٌّ
at the beach	*3ind*^{a} *-ššāṭiʔ*^{i}	عِنْدَ الشّاطِئِ
on the coast	*3alā -ssāɧil*^{i}	عَلى السّاحِلِ
beach	*šāṭiʔ*^{un} *(šawāṭiʔ*^{u}*)*	شاطِئٌ (شَواطِئُ)

I just got back from the beach.	*laqad 3udt^{u} li-ttaww^{i} min^{a} -ššāṭiʔ^{i}.*	لَقَدْ عُدْتُ لِلتَّوِّ مِنَ الشّاطِئِ.
sand	*raml^{un} (rimāl^{un})*	رَمْلٌ (رِمالٌ)
to build a sandcastle	*banā [1d2] qal3a^{tan} ramliyya^{tan}*	بَنى قَلْعَةً رَمْلِيَّةً
sun umbrella, beach umbrella	*miẓalla^{tu} šāṭiʔ^{in}*	مِظَلَّةُ شاطِئٍ
to sunbathe	*ʔaxađa [1s3(a)] ħammām^{a} šams^{in}*	أَخَذَ حَمّامَ شَمْسٍ
to sunburn	*sufi3a [1s1] bi-ššams^{i}* *iħtaraqa [8s] min^{a} -ššams^{i}*	سُفِعَ بِالشَّمْسِ اِحْتَرَقَ مِنَ الشَّمْسِ
I'm so sunburned! It hurts!	*ʔana muħtariq^{un} min^{a} -ššams^{i}! ʔinnah^{u} muʔlim^{un}!*	أَنا مُحْتَرِقٌ مِنَ الشَّمْسِ! إِنَّهُ مُؤْلِمٌ!
to put on sunblock	*waḍa3a [1a1] wāqī šams^{in}*	وَضَعَ واقِي شَمْسٍ
to tan	*ismarra [9s]*	اِسْمَرَّ
tanned	*musmarr^{un}* *madbūɣ^{un}*	مُسْمَرٌّ مَدْبوغٌ
to go into the water	*nazala [1s2] fī -lmāʔ^{i}*	نَزَلَ فِي الماءِ
wave	*mawja^{tun} (ʔamwāj^{un})*	مَوْجَةٌ (أَمْواجٌ)
to swim	*sabaħa [1s1]*	سَبَحَ
swimming	*sibāħa^{tun}*	سِباحَةٌ
swimming pool	*ħammām^{u} sibāħa^{tin}*	حَمّامُ سِباحَةٍ
Do you know how to swim?	*hal tujīd^{u} -ssibāħa^{ta}?*	هَلْ تُجيدُ السِّباحَةَ؟
I can swim pretty well.	*ʔana ʔujīd^{u} -ssibāħa^{ta}.*	أَنا أُجيدُ السِّباحَةَ.

I don’t know how to swim.	*ʔana lā ʔujīd^{u} -ssibāɧa^{ta}.*	أنا لا أُجيدُ السِّباحَةَ.
to dive, go scuba diving	*ɣaṭasa* [1s2]	**غَطَسَ**
to snorkel	*sabaɧa* [1s1] *bi-ʔunbūb^{i} -ttanaffus^{i}*	**سَبَحَ بِأُنْبوبِ التَّنَفُّسِ**
to go camping	*xayyama* [2s]	**خَيَّمَ**
camp	*muxayyam^{un}*	**مُخَيَّمٌ**
tent	*xayma^{tun} (xiyām^{un})*	**خَيْمَةٌ (خِيامٌ)**
to go hiking, trek	*mašā* [1d2] *li-masāfāt^{in} ṭawīla^{tin}* *tanazzaha* [5s] *bayn^{a} -lmurtafa3āt^{i}*	**مَشى لِمَسافاتٍ طَويلَةٍ** **تَنَزَّهَ بَيْنَ المُرْتَفَعاتِ**
suitcase	*ɧaqība^{tu} safar^{in} (ɧaqāʔib^{u} safar^{in})*	**حَقيبَةُ سَفَرٍ (حَقائِبُ سَفَرٍ)**
to pack one’s suitcase	*ɧazama* [1s2] *ɧaqībatah^{u}*	**حَزَمَ حَقيبَتَهُ**
to unpack one’s suitcase	*farraɣa* [2s] *ɧaqībatah^{u}*	**فَرَّغَ حَقيبَتَهُ**
passport	*jawāz^{u} safar^{in}*	**جَوازُ سَفَرٍ**
to get a passport	*istaxraja jawāz^{a} safar^{in}* *ɧaṣala 3alā jawāz^{i} safar^{in}*	**اِسْتَخْرَجَ جَوازَ سَفَرٍ** **حَصَلَ عَلى جَوازِ سَفَرٍ**
passport photo	*ṣūra^{tu} jawāz^{i} safar^{in}*	**صورَةُ جَوازِ سَفَرٍ**
visa	*taʔšīra^{tun}*	**تَأْشيرَةٌ**
to issue a visa	*ʔaṣdara* [4s] *taʔšīra^{tan}*	**أَصْدَرَ تَأْشيرَةً**

tourist visa	taʔšīra^{tun} syāɦiyya^{tun}	**تَأْشيرَةٌ سياحِيَّةٌ**
residence permit	taşrīɦ^{u} ʔiqāma^{tin}	**تَصْريحُ إِقامَةٍ**
work permit	taşrīɦ^{u} 3amal^{in}	**تَصْريحُ عَمَلٍ**
valid	şāliɦ^{un}	**صالِحٌ**
to expire	intaha şalāɦiyyatuh^{u}	**اِنْتَهى صَلاحِيَّتُهُ**
abroad	xārij^{a} -lbilād^{i} bi-lxārij^{i}	**خارِجَ البِلادِ** **بِالخارِجِ**
to travel abroad	sāfara [3s] li-lxārij^{i}	**سافَرَ لِلْخارِجِ**
Have you ever been abroad?	hal sabaq^{a} wa-ʔan sāfart^{a} xārij^{a} -lbilād^{i}?	هَلْ سَبَقَ وَأَنْ سافَرْتَ خارِجَ البِلادِ؟
border	ɦudūd^{un}	**حُدودٌ**
customs	jamārik^{u}	**جَمارِكُ**
customs officer	muwaẓẓaf^{u} jamārik^{in}	**مُوَظَّفُ جَمارِكٍ**
to declare	şarraɦa [2s]	**صَرَّحَ**
to smuggle	harraba [2s]	**هَرَّبَ**
exchange office	maktab^{u} şirāfa^{tin} (makātib^{u} şirāfa^{tin})	**مَكْتَبُ صِرافَةٍ** **(مَكاتِبُ صِرافَةٍ)**
to change money	istabdala 3umla^{tan} istibdala -nnuqūd^{a}	**اِسْتَبْدَلَ عُمْلَةً** **اِسْتَبْدَلَ النُّقودَ**
I'd like to change $100 to Egyptian pounds, please.	ʔarɣab^{u} fī -stibdāl^{i} miʔa^{ti} dūlār^{in} ʔilā junayh^{in} mişriyy^{in} min faḑlik^{a}.	أَرْغَبُ فِي اسْتِبْدالِ مِئَةِ دولارٍ إِلى جُنَيْهٍ مِصْرِيٍّ مِنْ فَضْلِكَ.

exchange rate	si3r^{u} ṣarf^{in}	سِعْرُ صَرْفٍ
ticket	tađkira^{tun} (tađākir^{u})	تَذْكِرَةٌ (تَذاكِرُ)
to buy a ticket	ištarā tađkira^{tan}	اِشْتَرى تَذْكِرَةً
airplane	ṭāʔira^{tun}	طائِرَةٌ
flight	riɧla^{tun} ṭayarān^{un}	رِحْلَةٌ طَيَرانٌ
to fly	sāfara [3s]	سافَرَ
to book a seat	ɧajaza [1s3] maq3ad^{an}	حَجَزَ مَقْعَدًا
I'd like to book a seat on the next available flight.	ʔarɣab^{u} fī ɧajz^{i} maq3ad^{in} 3alā -rriɧla^{ti} -lmutāɧa^{ti} -ttālya^{ti}.	أَرْغَبُ فِي حَجْزِ مَقْعَدٍ عَلى الرِّحْلَةِ المُتاحَةِ التّالِيَةِ.
first class	addaraja^{tu} -lʔūlā	الدَّرَجَةُ الأُولى
I've never flown first class before.	lam ʔusāfir fī -ddaraja^{ti} -lʔūlā musbaqan.	لَمْ أُسافِرْ فِي الدَّرَجَةِ الأُولى مُسْبَقًا.
business class	daraja^{tu} rijāl^{i} -lʔa3māl^{i}	دَرَجَةُ رِجالِ الأَعْمالِ
economy class, coach	addaraja^{tu} -liqtiṣādiyya^{tu} addaraja^{tu} -ssiyāɧiyya^{tu}	الدَّرَجَةُ الاِقْتِصادِيَّةُ الدَّرَجَةُ السِّياحِيَّةُ
airfare	ʔujra^{tu} -ssafar^{i} -ljawwiyy^{i}	أُجْرَةُ السَّفَرِ الجَوِّيِّ
The airfare was reasonable.	kānat ʔujra^{tu} -ssafar^{i} [-ljawwiyy^{i}] ma3qūla^{tan}.	كانَتْ أُجْرَةُ السَّفَرِ [الجَوِّيِّ] مَعْقولَةً.
airport	maṭār^{un}	مَطارٌ

to check in	*sajjala* [2s] *wuṣūlah*^{u}	**سَجَّلَ وُصولَهُ**
aisle seat	*maq3ad*^{un} *bi-jiwār*^{i} *-lmamarr*^{i}	**مَقْعَدٌ بِجِوارِ المَمَرِّ**
window seat	*maq3ad*^{un} *bi-jiwār*^{i} *-nnāfiđa*^{ti}	**مَقْعَدٌ بِجِوارِ النّافِذَةِ**
I prefer an aisle seat.	*ʔufaḍḍil*^{u} *-lmaq3ad*^{a} *-lmujāwir*^{a} *li-lmamarr*^{i}.	أُفَضِّلُ المَقْعَدَ المُجاوِرَ لِلْمَمَرِّ.
gate	*bawwāba*^{tun}	**بَوّابَةٌ**
to board	*rakiba* [1s4] *ṣa3ida* [1s4] *istaqalla* [10g]	**رَكِبَ** **صَعِدَ** **اِسْتَقَلَّ**
to be delayed	*taʔaxxara* [5s(a)]	**تَأَخَّرَ**
Your flight has been delayed by two hours.	*laqad taʔaxxarat riђlatuk*^{a} *li-mudda*^{ti} *sā3atayn*^{i}.	لَقَدْ تَأَخَّرَتْ رِحْلَتُكَ لِمُدَّةِ ساعَتَيْنِ.
to be canceled	*ʔulɣiya* [p]	**أُلْغِيَ**
to take off	*ʔaqla3a* [4s]	**أَقْلَعَ**
Our flight leaves in 30 minutes from gate 5.	*sa-tuɣādir*^{u} *riђlatunā ba3d*^{a} *ŧalāŧīn*^{a} *daqīqa*^{tan} *min*^{a} *-lbawwāba*^{ti} *-lxāmisa*^{ti}.	سَتُغادِرُ رِحْلَتُنا بَعْدَ ثَلاثينَ دَقيقَةً مِنَ البَوّابَةِ الخامِسَةِ.
to land	*habaṭa* [1s2]	**هَبَطَ**
pilot	*ṭayyār*^{un} *qāʔid*^{a} *-ṭṭāʔira*^{ti}	**طَيّارٌ** **قائِدَ الطّائِرَةِ**
flight attendant	*muḍīf*^{u} *ṭayarān*^{in}	**مُضيفُ طَيَرانٍ**

layover, transit	*tawaqquf*^{un} *murūr*^{un} *3ābir*^{un}	تَوَقُّفٌ مُرورٌ عابِرٌ
I had a 3-hour layover in Dubai.	*tawaqqaft*^{u} *li-mudda*^{ti} *ŧalāŧ*^{i} *sā3āt*^{in} *fī dubayy*^{i}.	تَوَقَّفْتُ لِمُدَّةِ ثَلاثِ ساعاتٍ فِي دُبَيِّ.

train	*qiţār*^{un}	قِطارٌ
to take the train	*rakiba* [1s4] *qiţār*^{an} *istaqalla* [10g] *qiţār*^{an}	رَكِبَ قِطارًا اِسْتَقَلَّ قِطارًا
first class	*addaraja*^{tu} *-lʔūlā*	الدَّرَجَةُ الأولى
second class	*addaraja*^{tu} *-ttāniya*^{tu}	الدَّرَجَةُ الثّانِيَةُ
third class	*addaraja*^{tu} *-ttālita*^{tu}	الدَّرَجَةُ الثّالِثَةُ
train station	*maɧaţţa*^{tu} *qiţār*^{in}	مَحَطَّةُ قِطارٍ
one-way ticket	*tađkira*^{tu} *đahāb*^{in} *tađakira*^{tun} *bi-ttijāh*^{in} *wāɧid*^{in}	تَذْكِرَةُ ذَهابٍ تَذْكِرَةٌ بِاتِّجاهٍ واحِدٍ
round-trip ticket	*tađkira*^{tu} *đihāb*^{in} *wa-3awda*^{tin}	تَذْكِرَةُ ذِهابٍ وَعَوْدَةٍ
waiting room	*ɣurfa*^{tu} *-ntiẓār*^{in}	غُرْفَةُ انْتِظارٍ
platform	*raşīf*^{un} (*ʔarşifa*^{tun}) *minaşşa*^{tun}	رَصيفٌ (أَرْصِفَةٌ) مِنَصَّةٌ
track, rails	*xaţţ*^{un} *quɖbān*^{un}	خَطٌّ قُضْبانٌ
railway, railroad	*sikka*^{tun} *ɧadīdiyya*^{tun}	سِكَّةٌ حَديدِيَّةٌ

to arrive	*waṣala* [1a2]	وَصَلَ
arrival	*wuṣūl*^{un}	وُصولٌ
to depart	*ɣādara* [3s]	غادَرَ
departure	*muɣādara*^{tun}	مُغادَرَةٌ
compartment	*maqṣūra*^{tun}	مَقْصورَةٌ
(train) car	*3araba*^{tu} *qiṭār*^{in}	عَرَبَةُ قِطارٍ
express	*qiṭār*^{un} *sarī3*^{un}	قِطارٌ سَريعٌ
non-express train	*qiṭār*^{un} *3ādiyy*^{un}	قِطارٌ عادِيٌّ
to change trains	*ɣayyara* [2s] *-lqiṭār*^{a}	غَيَّرَ القِطارَ

bus	*ħāfila*^{tun}	حافِلَةٌ
to take the bus	*rakiba* [1s4] *-lħāfila*^{ta} *istaqalla* [10g] *-lħāfila*^{ta}	رَكِبَ الحافِلَةَ اِسْتَقَلَّ الحافِلَةَ
I took a bus from Cairo to Alexandria.	*rakibt*^{u} *ħāfila*^{tan} *min*^{a} *-lqāhira*^{ti} *ʔilā -lʔiskandariyya*^{ti}.	رَكِبْتُ حافِلَةً مِنَ القاهِرَةِ إلى الإِسْكَنْدَرِيَّةِ.
air-conditioned	*mukayyaf*^{un}	مُكَيَّفٌ
comfortable	*murīħ*^{un}	مُريحٌ
uncomfortable, tiring	*mut3ib*^{un} *ɣīr*^{u} *murīħ*^{in}	مُتْعِبٌ غيرُ مُريحٍ
bus station	*maħaṭṭa*^{tu} *ħāfilāt*^{in}	مَحَطَّةُ حافِلاتٍ

hitchhiking	attaţafful^{u} fī -ssafar^{i} assafar^{u} mutaţaffilan (bi-lmajjān)^{i}	**التَّطَفُّلُ فِي السَّفَرِ** **السَّفَرُ مُتَطَفِّلًا (بِالمَجّانِ)**
Hitchhiking is dangerous.	attaţafful^{u} fī -ssafar^{i} ʔamr^{un} xaţīr^{un}.	التَّطَفُّلُ فِي السَّفَرِ أَمْرٌ خَطِيرٌ.
to hitchhike	sāfara [3s] mutaţaffilan bi-lmajjān^{i}	**سافَرَ مُتَطَفِّلًا بِالمَجّانِ**
hitchhiker	musāfir^{un} mutaţaffil^{un}	**مُسافِرٌ مُتَطَفِّلٌ**

hotel	funduq^{un} (fanādiq^{u})	**فُنْدُقٌ (فَنادِقُ)**
reservation	ɦajz^{un}	**حَجْزٌ**
I have a reservation.	ladayy^{a} ɦajz^{un}.	لَدَيَّ حَجْزٌ.
to reserve, book	ɦajaza [1s2]	**حَجَزَ**
room	ɣurfa^{tun} (ɣuraf^{un})	**غُرْفَةٌ (غُرَفٌ)**
I want to book a room.	ʔurīd^{u} ʔan ʔaɦjiz^{a} ɣurfa^{tan}.	أُرِيدُ أَنْ أَحْجِزَ غُرْفَةً.
a single room	ɣurfa^{tun} mufrada^{tun}	**غُرْفَةٌ مُفْرَدَةٌ**
a double room	ɣurfa^{tun} muzdawaja^{tun}	**غُرْفَةٌ مُزْدَوَجَةٌ**
a twin room	ɣurfa^{tun} bi-sarīrayn^{i} ɣurfa^{tun} tawʔam^{un}	**غُرْفَةٌ بِسَرِيرَيْنِ** **غُرْفَةٌ تَوْأَمٌ**
How much is it per night?	kam taklifa^{tu} -llayla^{ti}?	كَمْ تَكْلِفَةُ اللَّيْلَةِ؟
I'd like to stay for three nights.	ʔawadd^{u} -lbaqāʔ^{a} li-mudda^{ti} ŧalāŧ^{i} layāl^{in}.	أَوَدُّ البَقاءَ لِمُدَّةِ ثَلاثِ لَيالٍ.
to check in	sajjala [2s] wuşūlah^{u} waşala [1a2]	**سَجَّلَ وُصولَهُ** **وَصَلَ**

to check out	*ɣādara* [3s] *xaraja*	**غادَرَ** **خَرَجَ**
What time is checkout?	*matā maw3id^u -lmuɣādara^{ti}?*	مَتى مَوْعِدُ المُغادَرَةِ؟
lobby	*radha^{tun}*	**رَدْهَةٌ**
porter	*ɦammāl^{un}* *3attāl^{un}*	**حَمّالٌ** **عَتّالٌ**

25 Government and Politics

government	*ɦukūma*^{tun}	حُكومَةٌ
to govern, rule over	*ɦakama* [1s3]	حَكَمَ
cabinet	*majlis*^{u} *wuzarāʔ*^{in}	مَجْلِسُ وُزَراءٍ
ministry, department	*wizāra*^{tun}	وِزارَةٌ
minister, secretary	*wazīr*^{un} *(wuzarāʔ*^{u}*)*	وَزيرٌ (وُزَراءُ)
prime minister	*raʔīs*^{u} *wuzarāʔ*^{in}	رَئيسُ وُزَراءٍ
parliament	*barlamān*^{un} *majlis*^{u} *-nnuwwāb*^{i}	بَرْلَمانٌ مَجْلِسُ النُّوّابِ
member of parliament, MP	*3uḍw*^{un} *fī -lbarlamān*^{i}	عُضْوٌ فِي البَرْلَمانِ
president	*raʔīs*^{un} *(ruʔasāʔ*^{u}*)*	رَئيسٌ (رُؤَساءُ)
vice president	*nāʔib*^{u} *raʔīs*^{in}	نائِبُ رَئيسٍ
republic	*jumhūriyya*^{tun}	جُمْهورِيَّةٌ

kingdom	*mamlaka*^{tun} *(mamālik*^{u}*)*	مَمْلَكَةٌ (مَمالِكُ)
monarchy, royalty	*malakiyya*^{tun}	مَلَكِيَّةٌ
king	*malik*^{un} *(mulūk*^{un}*)*	مَلِكٌ (مُلوكٌ)
queen	*malika*^{tun}	مَلِكَةٌ
prince	*ʔamīr*^{u} *(ʔumarāʔ*^{u}*)*	أَميرُ (أُمَراءُ)

princess	*ʔamīra*^{tun}	**أَميرَةٌ**
emperor	*ʔimbirāṭōr*^{un} *(ʔabāṭira*^{tun}*)*	**إِمْبِراطورٌ (أَباطِرَةٌ)**
empress	*ʔimbirāṭōra*^{tun}	**إِمْبِراطورَةٌ**
empire	*ʔimbirāṭōriyya*^{tun}	**إِمْبِراطورِيَّةٌ**

people, nation	*ša3b*^{u} *(šu3ūb*^{un}*)*	**شَعْبٌ (شُعوبٌ)**
citizen	*muwāṭin*^{un}	**مُواطِنٌ**
to vote	*ṣawwata* [2s]	**صَوَّتَ**
voter	*nāxib*^{un}	**ناخِبٌ**
majority	*ʔaɣlabiyya*^{tun}	**أَغْلَبِيَّةٌ**
minority	*ʔaqalliyya*^{tun}	**أَقَلِّيَّةٌ**
(political) party	*ḥizb*^{un} *(ʔaḥzāb*^{un}*)*	**حِزْبٌ (أَحْزابٌ)**
to nominate	*raššaḥa* [2s]	**رَشَّحَ**
nomination	*taršīḥ*^{un}	**تَرْشيحٌ**
elections	*intixābāt*^{un}	**إِنْتِخاباتٌ**
to elect	*intaxaba* [8s]	**إِنْتَخَبَ**
He was elected president.	*untuxiba raʔīs*^{an}.	أُنْتُخِبَ رَئيسًا.
presidential term	*fatra*^{tun} *riʔāsiyya*^{tun} *mudda*^{tu} *-rriʔāsa*^{ti}	**فَتْرَةٌ رِئاسِيَّةٌ** **مُدَّةُ الرِّئاسَةِ**

In the US, a president can serve a maximum of two terms.	*yumkin^u li-rraʔīs^i fī -lwilāyāt^i -lmuttaħida^ti ʔan yašɣal^a -lmanṣib^a li-fatratayn^i ka-ħadd^in ʔaqṣā.*	يُمْكِنُ لِلرَّئِيسِ فِي الوِلاياتِ المُتَّحِدَةِ أَنْ يَشْغَلَ المَنْصِبَ لِفَتْرَتَيْنِ كَحَدٍّ أَقْصى.

democracy	*dīmuqrāṭiyya^tun*	**ديمُقْراطِيَّةٌ**
democratic	*dīmuqrāṭiyy^un*	**ديمُقْراطِيٌّ**
constitution	*dustūr^un (dasātīr^u)*	**دُسْتورٌ (دَساتيرُ)**
reform	*ʔiṣlāħ^un*	**إِصْلاحٌ**
dictator	*diktātōr^un*	**دِكْتاتورٌ**
dictatorship	*diktātōriyya^tun*	**دِكْتاتورِيَّةٌ**

capital, capital city	*3āṣima^tun (3awāṣim^u)*	**عاصِمَةٌ (عَواصِمُ)**
Cairo is the capital of Egypt.	*alqāhira^tu 3āṣima^tu miṣr^a.*	القاهِرَةُ عاصِمَةُ مِصْرَ.
province	*muħāfaẓa^tun* *muqāṭa3a^tun*	**مُحافَظَةٌ** **مُقاطَعَةٌ**
state	*wilāya^tun*	**وِلايَةٌ**

politics	*siyāsa^tun*	**سِياسَةٌ**
political; politician	*siyāsiyy^un*	**سِياسِيٌّ**
summit	*qimma^tun (qimam^un)* *muʔtamar^u qimma^tin*	**قِمَّةٌ (قِمَمٌ)** **مُؤْتَمَرُ قِمَّةٍ**

demonstration, protest	*muẓāhara*^{tun} *iḫtijāj*^{un}	مُظاهَرَةٌ اِحتِجاجٌ
march	*masīra*^{tun}	مَسيرَةٌ
to demonstrate, protest	*taẓāhara* [6s] *iḫtajja* [8g]	تَظاهَرَ اِحْتَجَّ
demonstrator, protester	*mutaẓāhir*^{un}	مُتَظاهِرٌ
revolution	*ŧawra*^{tun}	ثَوْرَةٌ

society	*mujtama3*^{un}	مُجْتَمَعٌ
social	*ijtimā3iyy*^{un}	اِجْتِماعِيٌّ
free	*ḫurr*^{un} (*ʔaḫrār*^{un})	حُرٌّ (أَحْرارٌ)
freedom	*ḫurriyya*^{tun}	حُرِّيَّةٌ

26 Crime and Justice

crime	*jarīma^{tun} (jarāʔim^{u})*	جَريمَةٌ (جَرائِمُ)
criminal	*mujrim^{un}*	مُجْرِمٌ
to commit a crime	*irtakaba jarīma^{tan}*	اِرْتَكَبَ جَريمَةً
to break the law	*xaraqa* [1s3] *-lqānūn^{a}* *xālafa* [3s] *-lqānūn^{a}*	خَرَقَ القانونَ خالَفَ القانونَ
theft	*sariqa^{tun}*	سَرِقَةٌ
to steal, rob	*saraqa* [1s2]	سَرَقَ
thief	*liṣṣ^{un} (luṣūṣ^{un})* *sāriq^{un}*	لِصٌّ (لُصوصٌ) سارِقٌ
to break into a house	*iqtaḩama manzil^{an}*	اِقْتَحَمَ مَنْزِلًا
rape	*iɣtiṣāb^{un}*	اِغْتِصابٌ
to rape	*iɣtaṣaba* [8s]	اِغْتَصَبَ
murder	*[jarīma^{tu}] qatl^{in}* *iɣtiyāl^{un}*	[جَريمَةُ] قَتْلٍ اِغْتِيالٌ
to murder, kill	*qatala* [1s3]	قَتَلَ
murderer	*qātil^{un} (qatala^{tun})*	قاتِلٌ (قَتَلَةٌ)
assault	*i3tidāʔ^{un}*	اِعْتِداءٌ
to assault, attack	*i3tadā 3alā* *hājama*	اِعْتَدى عَلى هاجَمَ

vandalism	*taxrīb*^{un}	تَخْرِيبٌ
to vandalize	*xarraba* [2s]	خَرَّبَ
to pickpocket	*našala* [1s3]	نَشَلَ
a pickpocket	*naššāl*^{un} *sāriq*^{u} *-ljuyūb*^{i}	نَشّالٌ سارِقُ الجُيوبِ

to arrest	*i3taqala* *ʔalqā -lqabḍ*^{a} *3alā*	اِعْتَقَلَ أَلْقى القَبْضَ عَلى
to be arrested	*u3tuqila* *ʔulqiya -lqabḍ*^{u} *3alayh*^{i}	اُعْتُقِلَ أُلْقِيَ القَبْضُ عَلَيْهِ
to interrogate	*istajwaba* [10s]	اِسْتَجْوَبَ

court	*maɦkama*^{tun} *(maɦākim*^{u}*)*	مَحْكَمَةٌ (مَحاكِمُ)
justice	*3adāla*^{tun}	عَدالَةٌ
judge	*qāḍ*^{in} *(quḍā*^{tun}*)*	قاضٍ (قُضاةٌ)
lawyer	*muɦām*^{in}	مُحامٍ
prosecutor	*mudda3*^{in} *3āmm*^{un} *nāʔib*^{un} *3āmm*^{un}	مُدَّعٍ عامٌّ نائِبٌ عامٌّ
law	*qānūn*^{un} *(qawānīn*^{u}*)*	قانونٌ (قَوانِينُ)
legal	*qānūniyy*^{un} *šar3iyy*^{un}	قانونِيٌّ شَرْعِيٌّ

illegal	*ɣayr^{u} qānūniyy^{in}* *ɣayr^{u} šar3iyy^{in}*	**غَيْرُ قانونِيٍّ** **غَيْرُ شَرْعِيٍّ**
I think that's illegal.	*ʔa3taqid^{u} ʔann^{a} hađā ɣayr^{a} qānūniyy^{in}.*	أَعْتَقِدُ أَنَّ هَذا غَيْرَ قانونِيٍّ.

judgment, sentence	*ɦukm^{un} (ʔaɦkām^{un})*	**حُكْمٌ (أَحْكامٌ)**
to convict	*ʔadāna* [4h]	**أَدانَ**
punishment	*3uqūba^{tun}*	**عُقوبَةٌ**
to sentence __ to	*ɦakama* [1s3] *3alā __ bi-*	**حَكَمَ عَلى ـــ بِـ**
The judge sentenced him to five years in prison.	*ɦakama 3alayh^{i} -lqāḍī bi-ssajn^{i} xams^{a} sanawāt^{in}.*	حَكَمَ عَلَيْهِ القاضي بِالسَّجْنِ خَمْسَ سَنَواتٍ.
prison	*sijn^{un} (sujūn^{un})*	**سِجْنٌ (سُجونٌ)**
to be sentenced	*ɦukima* [p] *3alayh^{i}*	**حُكِمَ عَلَيْهِ**
He was sentenced to life in prison.	*ɦukima 3alayh^{i} bi-ssajn^{i} -lmuʔabbad^{i}.* *ɦukim^{a} 3alayh^{i} bi-ssajn^{i} madā -lɦayā^{ti}.*	حُكِمَ عَلَيْهِ بِالسَّجْنِ المُؤَبَّدِ. حُكِمَ عَلَيْهِ بِالسَّجْنِ مَدى الحَياةِ.
in prison, imprisoned	*masjūn^{un} (masājīn^{u})*	**مَسْجونٌ (مَساجينُ)**
prisoner	*sajīn^{un} (sujanāʔ^{u})*	**سَجينٌ (سُجَناءُ)**
to escape from prison	*haraba* [1s3] *min^{a} -ssijn^{i}*	**هَرَبَ مِنَ السِّجْنِ**
death sentence, capital punishment	*3uqūba^{tu} -lʔi3dām^{i}* *ɦukm^{u} -lʔi3dām^{i}*	**عُقوبَةُ الإِعْدامِ** **حُكْمُ الإِعْدامِ**
I don't believe in the death penalty.	*ʔana lā ʔuʔmin^{u} bi-3uqūba^{ti} -lʔi3dām^{i}.*	أَنا لا أُؤْمِنُ بِعُقوبَةِ الإِعْدامِ.

to accuse __ of	*ittahama __ bi-*	**اِتَّهَمَ ـــ بِ**
He was accused of murdering his wife.	*uttuhim[a] bi-qatl[i] zawjatih[i].*	اُتُّهِمَ بِقَتْلِ زَوْجَتِهِ.
accused of	*muttaham[un] bi-*	**مُتَّهَمٌ بِ**
charge, accusation	*tuhma[tun] (tuham[un])*	**تُهْمَةٌ (تُهَمٌ)**
defense	*difā3[un]*	**دِفاعٌ**
to be hanged	*šuniqa [p]*	**شُنِقَ**

27 Money

money	*māl*^{un} *nuqūd*^{un}	مالٌ نُقودٌ
currency	*3umla*^{tun}	عُمْلَةٌ
dollar	*dūlār*^{un}	دولارٌ
euro	*yōrō*	يوْروْ
pound sterling	*junayh*^{un} *ʔistirlīniyy*^{un}	جُنَيْهٌ إسْتِرْلينِيٌّ
pound	*junayh*^{un}	جُنَيْهٌ
lira, pound	*līra*^{tun}	ليرَةٌ
dinar	*dīnār*^{un}	دينارٌ
dirham	*dirham*^{un}	دِرْهَمٌ
riyal, rial	*riyāl*^{un}	رِيالٌ
shekel	*šaykal*^{un}	شَيْكَلٌ
coin	*3umla*^{tun} *ma3diniyya*^{tun}	عُمْلَةٌ مَعْدِنِيَّةٌ
bill	*3umla*^{tun} *waraqiyya*^{tun}	عُمْلَةٌ وَرَقِيَّةٌ
a 100-pound bill	*waraqa*^{tu} *-lmiʔa*^{ti} *junayh*^{in}	وَرَقَةُ المِئَةِ جُنَيْهٍ
change (coins)	*fakka*^{tun} *albāqī*	فَكَّةٌ الباقي
to break a bill, make change	*fakka* [1g3]	فَكَّ

Could you break this bill, please?	*hal yumkinuk^{a} fakk^{u} hađih^{i} -nnuqūd^{i} min fadlik^{a}?*	هَلْ يُمْكِنُكَ فَكُّ هَذِهِ النُّقودِ مِنْ فَضْلِكَ؟

tax	*ḍarība^{tun} (ḍarā?ib^{u})*	ضَرِيبَةٌ (ضَرائِبُ)
to tax	*faraḍa [1s2] ḍarība^{tan} 3alā*	فَرَضَ ضَرِيبَةً عَلى
to pay taxes	*dafa3a [1s1] -ḍḍarā?ib^{a}*	دَفَعَ الضَّرائِبَ
to evade taxes	*taharraba [5s] min^{a} -ḍḍarā?ib^{i}*	تَهَرَّبَ مِنَ الضَّرائِبِ
VAT (sales tax)	*ḍarība^{tu} -lqīma^{ti} -lmuḍāfa^{ti}* *ḍarība^{tu} -lmabī3āt^{i}*	ضَرِيبَةُ القيمَةِ المُضافَةِ ضَرِيبَةُ المَبيعاتِ

income	*daxl^{un}*	دَخْلٌ
expenses	*nafaqāt^{un}* *maṣrūfāt^{un}*	نَفَقاتٌ مَصْروفاتٌ
funds	*?amwāl^{un}* *mawārid^{u} māliyya^{tun}*	أَمْوالٌ مَوارِدُ مالِيَّةٌ
financial, fiscal, monetary	*māliyy^{un}* *naqdiyy^{un}*	مالِيٌّ نَقْدِيٌّ
rich	*ɣaniyy^{un} (?aɣniyā?^{un})*	غَنِيٌّ (أَغْنِياءُ)
wealth	*ŧarwa^{tun}*	ثَرْوَةٌ
poor	*faqīr^{un} (fuqarā?^{u})*	فَقيرٌ (فُقَراءُ)
poverty	*faqr^{un}*	فَقْرٌ

upper class	*ţabaqa*^{tun} *ɣaniyya*^{tun} *ţabaqa*^{tun} *3ulyā*	طَبَقَةٌ غَنِيَّةٌ طَبَقَةٌ عُلْيا
middle class	*ţabaqa*^{tun} *wusţā* *ţabaqa*^{tun} *mutawassiţa*^{tun}	طَبَقَةٌ وُسْطى طَبَقَةٌ مُتَوَسِّطَةٌ
working class	*ţabaqa*^{tun} *3āmila*^{tun}	طَبَقَةٌ عامِلَةٌ

28 Business and Commerce

business	*3amal*^{un}	عَمَلٌ
commerce, trade; business, commercial venture	*tijāra*^{tun}	تِجارَةٌ
commercial	*tijāriyy*^{un}	تِجارِيٌّ
merchant	*tājir*^{un} *(tujjār*^{un}*)*	تاجِرٌ (تُجّارٌ)
store, shop	*matjar*^{un} *(matājir*^{u}*)*	مَتْجَرٌ (مَتاجِرُ)

businessman; entrepreneur	*rajul*^{u} *ʔa3māl*^{in} *riyādiyy*^{un}	رَجُلُ أَعْمالٍ رِيادِيٌّ
businesswoman	*sayyida*^{tu} *ʔa3māl*^{in}	سَيِّدَةُ أَعْمالٍ
to start one's own business	*badaʔa* [1s1] *3amalah*^{u} *-lxāṣṣa*	بَدَأَ عَمَلَهُ الخاصَّ

company	*šarika*^{tun}	شَرِكَةٌ
to go on a business trip	*đahaba* [1s1] *fī riħla*^{ti} *3amal*^{in}	ذَهَبَ فِي رِحْلَةِ عَمَلٍ
committee	*lajna*^{tun} *(lijān*^{un}*)*	لَجْنَةٌ (لِجانٌ)
board, council	*majlis*^{un} *(majālis*^{u}*)*	مَجْلِسٌ (مَجالِسُ)
chair, chairman	*raʔīs*^{un} *(ruʔasāʔ*^{u}*)*	رَئيسٌ (رُؤَساءُ)
administration	*ʔidāra*^{tun}	إِدارَةٌ

to meet	*ijtama3a bi-* *qābala*	اِجْتَمَعَ بِ قابَلَ
meeting	*ijtimā3*^{un} *muqābala*^{tun}	اِجْتِماعٌ مُقابَلَةٌ
appointment	*maw3id*^{un} *(mawā3īd*^{u}*)*	مَوْعِدٌ (مَواعيدُ)
to cancel	*ʔalɣā* [4d]	أَلْغى
to postpone	*ʔajjala* [2s(a)]	أَجَّلَ
conference	*muʔtamar*^{un}	مُؤْتَمَرٌ
seminar	*nadwa*^{tun}	نَدْوَةٌ
proposal	*muqtaraħ*^{un}	مُقْتَرَحٌ
office	*maktab*^{un} *(makātib*^{u}*)*	مَكْتَبٌ (مَكاتِبُ)
head office, headquarters	*maqarr*^{un} *raʔīsiyy*^{un} *(maqārr*^{u} *raʔīsiyya*^{tun}*)* *maktab*^{un} *raʔīsiyy*^{un} *(makātib*^{u} *raʔīsiyya*^{tun}*)*	مَقَرٌّ رَئيسِيٌّ (مَقارُّ رَئيسِيَّةٌ) مَكْتَبٌ رَئيسِيٌّ (مَكاتِبُ رَئيسِيَّةٌ)
factory	*maṣna3*^{un} *(maṣāni3*^{u}*)*	مَصْنَعٌ (مَصانِعُ)
to manufacture	*ṣana3a* [1s1]	صَنَعَ
industry	*ṣinā3a*^{tun} *majāl*^{un}	صِناعَةٌ مَجالٌ

29 Agriculture

agriculture	*zirā3a*^{tun}	زِراعَةٌ
farm	*mazra3a*^{tun} *(mazāri3*^{u}*)*	مَزْرَعَةٌ (مَزارِعُ)
farmer	*muzāri3*^{un}	مُزارِعٌ
barn, pen, corral, coop	*ɦaẓīra*^{tun} *(ɦaẓāʔir*^{u}*)*	حَظِيرَةٌ (حَظائِرُ)
livestock, cattle	*māšiya*^{tun} *(mawāš*^{in}*)* *na3am*^{un} *(ʔan3ām*^{un}*)*	ماشِيَةٌ (مَواشٍ) نَعَمٌ (أَنْعامٌ)
cow	*baqara*^{tun}	بَقَرَةٌ
to milk	*ɦalaba* [1s3]	حَلَبَ
donkey	*ɦimār*^{un} *(ɦamīr*^{un}*)*	حِمارٌ (حَمِيرٌ)
goat	*ma3z*^{un} *(mā3iz*^{un}*)* *3anaza*^{tun} *(3anz*^{un}*)*	مَعْزٌ (ماعِزٌ) عَنَزَةٌ (عَنْزٌ)
The farmer is out feeding his goats.	*almuzāri3*^{u} *bi-lxārij*^{i} *yuṭ3im*^{u} *mā3izah*^{u}*.*	المُزارِعُ بِالخارِجِ يُطْعِمُ ماعِزَهُ.
mule	*baɣl*^{un} *(biɣāl*^{un}*)*	بَغْلٌ (بِغالٌ)
pig	*xinzīr*^{un} *(xanāzīr*^{u}*)*	خِنْزِيرٌ (خَنازِيرُ)
sheep	*xarūf*^{un} *(xirāf*^{un}*)*	خَرُوفٌ (خِرافٌ)
shepherd	*rā3*^{in} *(ru3āt*^{un}*)*	راعٍ (رُعاةٌ)
chickens, hens	*dajāj*^{un}	دَجاجٌ

rooster	*dīk*^{un} *(duyūk*^{un}*)*	دِيكٌ (دُيوكٌ)
chick	*farx*^{un} *(ʔafrāx*^{un}*)* *katkūt*^{un} *(katākīt*^{u}*)*	فَرْخٌ (أَفْراخٌ) كَتْكوتٌ (كَتاكيتُ)
to lay an egg	*waḍa3at* [1a1] *bayḍa*^{tan}	وَضَعَتْ بَيْضَةً
ducks	*baṭṭ*^{un}	بَطٌّ
geese	*ʔiwazz*^{un}	إِوَزٌّ
turkey	*dīk*^{un} *rūmiyy*^{un} *(duyūk*^{un} *rūmiyya*^{tun}*)*	دِيكٌ رومِيٌّ (دُيوكٌ رومِيَّةٌ)
camel	*jamal*^{un} *(jimāl*^{un}*)*	جَمَلٌ (جِمالٌ)
horse	*ħiṣān*^{un} *(ʔaħṣina*^{tun}*)*	حِصانٌ (أَحْصِنَةٌ)
stable	*ʔisṭabl*^{u}	إِسْطَبْلُ
to graze	*ra3ā* [1d1]	رَعى
hay	*tibn*^{un}	تِبْنٌ
field	*ħaql*^{u} *(ħuqūl*^{un}*)*	حَقْلٌ (حُقولٌ)
to plow	*ħaraṯa* [1s2]	حَرَثَ
tractor	*jarrār*^{un} *zirā3iyy*^{un} *jarrāra*^{tun}	جَرّارٌ زِراعِيٌّ جَرّارَةٌ
orchard	*bustān*^{un} *(basātīn*^{u}*)*	بُسْتانٌ (بَساتِينُ)
to plant	*zara3a* [1s1]	زَرَعَ

to irrigate	*saqā* [1d2] *rawā* [1d2]	سَقى رَوى
harvest	*ɧaṣādᵘⁿ*	حَصادٌ
to harvest	*ɧaṣada* [1s2]	حَصَدَ
wheat	*qamɧᵘⁿ*	قَمْحٌ
corn	*đuraᵗᵘⁿ*	ذُرَةٌ
grain, cereals	*ɧubūbᵘⁿ [pl.]*	حُبوبٌ

30 Military

war	*ɦarb*^{un} [f.] *(ɦurūb*^{un}*)*	حَرْبٌ (حُروبٌ)
peace	*salām*^{un}	سَلامٌ
to declare war on	*ʔa3lana* [4s] *-lɦarba 3alā*	أَعْلَنَ الحَرْبَ عَلى
at war with	*fī ɦālat*^{i} *ɦarb*^{in} *ma3*^{a} *fī ɦarb*^{in} *ḍidd*^{a}	فِي حالَةِ حَرْبٍ مَعَ فِي حَرْبٍ ضِدَّ
military	*3askariyy*^{un}	عَسْكَرِيٌّ
army	*jayš*^{un}	جَيْشٌ
air force	*quwwāt*^{un} *jawwiyya*^{tun} *silāɦ*^{u} *-ljaww*^{i}	قُوّاتٌ جَوِّيَّةٌ سِلاحُ الجَوِّ
navy	*quwwāt*^{un} *baɦriyya*^{tun}	قُوّاتٌ بَحْرِيَّةٌ
soldier	*jundiyy*^{un} *(junūd*^{un}*)*	جُنْدِيٌّ (جُنودٌ)
sailor	*baɦɦār*^{un} *mallāɦ*^{un}	بَحّارٌ مَلّاحٌ
to recruit, enlist	*jannada* [2s]	جَنَّدَ
battle	*ma3raka*^{tun} *(ma3ārik*^{u}*)*	مَعْرَكَةٌ (مَعارِكُ)
attack	*hujūm*^{un}	هُجومٌ
to attack	*hājama* [3s]	هاجَمَ
to defend	*dāfa3a* [3s]	دافَعَ

defense	*difā3*^{un}	دِفاعٌ
bomb	*qunbula*^{tun} *(qanābil*^{u}*)*	قُنْبُلَةٌ (قَنابِلُ)
grenade	*qunbula*^{tun} *yadawiyya*^{tun} *(qanābil*^{u} *yadawiyya*^{tun}*)*	قُنْبُلَةٌ يَدَوِيَّةٌ (قَنابِلُ يَدَوِيَّةٌ)
to explode	*infajara* *tafajjara*	اِنْفَجَرَ تَفَجَّرَ
explosion	*infijār*^{un}	اِنْفِجارٌ
mine	*luɣm*^{un} *(ʔalɣām*^{un}*)*	لُغْمٌ (أَلْغامٌ)
missile	*ṣārūx*^{un} *(ṣawārīx*^{u}*)*	صاروخٌ (صَواريخُ)
tank	*dabbāba*^{tun}	دَبّابَةٌ
to occupy	*iɧtalla* [8g1]	اِحْتَلَّ
occupation	*iɧtilāl*^{un}	اِحْتِلالٌ
to liberate	*ɧarrara* [2s]	حَرَّرَ
liberation	*taɧrīr*^{un}	تَحْرِيرٌ

31 The Mind

mind; intelligence	*3aql^{un} (3uqūl^{un})*	عَقْلٌ (عُقولٌ)
consciousness	*wa3y^{un}* *ʔidrāk^{un}*	وَعْيٌ إِدْراكٌ
to think about	*fakkara* [2s] *bi-*	فَكَّرَ بِـ
What are you thinking about?	*bima tufakkir^{u}?*	بِمَ تُفَكِّرُ؟
to remember	*tađakkara* [5s]	تَذَكَّرَ
Do you remember me?	*hal tatađakkarunī?*	هَلْ تَتَذَكَّرُني؟
to remind __ about	*đakkara* [2s] *__ bi-*	ذَكَّرَ ـــ بِـ
Remind me to set my alarm.	*đakkirnī ʔan ʔaḍbiṭ^{a} -lmunabbih^{a}.*	ذَكِّرْني أَنْ أَضْبِطَ المُنَبِّهَ.
to plan on	*xaṭṭaṭa* [2s] *li-*	خَطَّطَ لِـ
plan	*xuṭṭa^{tun} (xuṭaṭ^{un})*	خُطَّةٌ (خُطَطٌ)
to forget	*nasiya* [1d4]	نَسِيَ
forgetful	*kaṯīr^{u} -nnisyān^{i}*	كَثيرُ النِّسْيانِ
memory	*đākira^{tun}*	ذاكِرَةٌ
to believe	*ṣaddaqa* [2s]	صَدَّقَ
I don't believe that!	*lā ʔuṣaddiq^{a} đalik^{a}!*	لا أُصَدِّقَ ذَلِكَ!
to understand	*fahima* [1s4]	فَهِمَ
to decide	*qarrara* [2s]	قَرَّرَ

decision	*qarār^{un}*	**قَرارٌ**
to know	*3alima* [1s4] *3arafa* [1s2]	**عَلِمَ** **عَرَفَ**
knowledge	*ma3rifa^{tun} (ma3ārif^{u})*	**مَعْرِفَةٌ (مَعارِفُ)**
to imagine	*taxayyala* [5s] *taşawwara* [5s]	**تَخَيَّلَ** **تَصَوَّرَ**
imagination	*xayāl^{un}* *taşawwur^{un}*	**خَيالٌ** **تَصَوُّرٌ**
to guess	*xammana* [2s]	**خَمَّنَ**
How did you guess?	*kayf^{a} xammant^{a}?*	كَيْفَ خَمَّنْتَ؟
guess	*taxmīn^{un}*	**تَخْمينٌ**
to predict, expect	*tanabbaʔa* *tawaqqa3a*	**تَنَبَّأَ** **تَوَقَّعَ**
crazy, insane	*majnūn^{un} (majānīn^{u})*	**مَجْنونٌ (مَجانينُ)**
intelligent, clever	*đakiyy^{un} (ʔađkyāʔ^{u})*	**ذَكِيٌّ (أَذْكياءُ)**
intelligence	*đakāʔ^{un}*	**ذَكاءٌ**
stupid	*ɣabiyy^{un} (ʔaɣbiyāʔ^{u})* *ʔablah^{un} (bulahāʔ^{u})*	**غَبِيٌّ (أَغْبِياءُ)** **أَبْلَهُ (بُلَهاءُ)**
stupidity, idiocy	*ɣabāʔ^{un}* *balāha^{tun}*	**غَباءٌ** **بَلاهَةٌ**

32 Feelings

feeling, emotion	*šu3ūr*^{un} *ʔiɧsās*^{un} *3āţifa*^{tun} *(3awaāţif*^{u}*)*	**شُعورٌ** **إِحْساسٌ** **عاطِفَةٌ (عَواطِفُ)**
to feel	*ša3ara* [1s3] *ʔaɧassa* [4g]	**شَعَرَ** **أَحَسَّ**
to feel good	*ša3ara* [1s3] *ʔannah*^{u} *bi-ɧāla*^{tin} *jayyida*^{tin}	**شَعَرَ أَنَّهُ بِحالَةٍ جَيِّدَةٍ**
to feel bad	*ša3ara* [1s3] *ʔannah*^{u} *bi-ɧāla*^{tin} *sayyiʔa*^{tin} *ša3ara* [1s3] *bi-ssūʔ*^{i}	**شَعَرَ أَنَّهُ بِحالَةٍ سَيِّئَةٍ** **شَعَرَ بِالسّوءِ**
How do you feel?	*kayf*^{a} *taš3ur*^{u}*?* *mā huwa šu3ūruk*^{a}*?*	كَيْفَ تَشْعُرُ؟ ما هُوَ شُعورُكَ؟
to laugh	*ɖaɧika* [1s4]	**ضَحِكَ**
laughter	*ɖaɧik*^{un}	**ضَحِكٌ**
to cry	*bakā* [1d2]	**بَكى**
to smile	*ibtasama* [8s]	**اِبْتَسَمَ**
to frown	*3abasa* [1s2]	**عَبَسَ**
happy	*sa3īd*^{un} *masrūr*^{un}	**سَعيدٌ** **مَسْرورٌ**
I'm really happy about the news.	*ʔana sa3īd*^{un} *bi-hađih*^{i} *-lʔaxbār*^{i}*.*	أنا سَعيدٌ بِهَذِهِ الأَخْبارِ.
sad	*ɧazīn*^{un} *(ɧazānā)*	**حَزينٌ (حَزانَى)**

upset	*mustāʔ^{un}* *munza3ij^{un}*	مُسْتاءٌ مُنْزَعِجٌ
to annoy	*ʔaz3aja* [4s] *ḑāyaqa* [3s]	أَزْعَجَ ضايَقَ
angry with __, annoyed by, fed up with	*munza3ij^{un} min* *ɣāḑib^{un} min*	مُنْزَعِجٌ مِنْ غاضِبٌ مِنْ
I'm really annoyed at myself for that.	*ʔana munza3ij^{un} jiddan min nafsī bi-sabab^{i} đalik^{a}.*	أَنا مُنْزَعِجٌ جِدًّا مِنْ نَفْسي بِسَبَبِ ذَلِكَ.
annoying	*muz3ij^{un}*	مُزْعِجٌ
to surprise	*fājaʔa* [3s(c)]	فاجَأَ
That really surprises me.	*hađā ɧaqqan yufājiʔunī.*	هَذا حَقًّا يُفاجِئُني.
surprising	*mufājiʔ^{un}*	مُفاجِئٌ
to be surprised	*tafājaʔa* *indahaša*	تَفاجَأَ اِنْدَهَشَ
surprised	*mutafājiʔ^{un}* *mundahiš^{un}*	مُتَفاجِئٌ مُنْدَهِشٌ
excited about	*mutaɧammis^{un} li-* *mutašawwiq^{un} li-*	مُتَحَمِّسٌ لِـ مُتَشَوِّقٌ لِـ
exciting	*muŧīr^{un}* *ɧamāsiyy^{un}* *mušawwiq^{un}*	مُثيرٌ حَماسِيٌّ مُشَوِّقٌ
tired	*mut3ab^{un}*	مُتْعَبٌ

tiring	*mut3ib*^{un}	مُتْعِبٌ
to fear, be afraid of	*xāfa* [1h1] *min*	خافَ مِنْ
fear	*xawf*^{un}	خَوْفٌ
proud of	*faxūr*^{un} *bi-*	فَخورٌ بِ
embarrassed by	*muḫraj*^{un} *min*	مُحْرَجٌ مِنْ
thankful, grateful	*mumtann*^{un} *šākir*^{un}	مُمْتَنٌّ شاكِرٌ

33 Personality

personality	*šaxşiyya*^{tun}	شَخْصِيَّةٌ
modest	*mutawāḑi3*^{un}	مُتَواضِعٌ
shy	*xajūl*^{un}	خَجولٌ
friendly	*wadūd*^{un}	وَدودٌ
sociable	*ijtimā3iyy*^{un}	اِجْتِماعِيٌّ
cruel, harsh	*qās*^{in} *faẓẓ*^{un}	قاسٍ فَظٌّ
kind	*laţīf*^{un} *ţayyib*^{u} *-lqalb*^{i} *ɧanūn*^{un}	لَطيفٌ طَيِّبُ القَلْبِ حَنونٌ
generous	*karīm*^{un} *saxiyy*^{un} *mi3ţāʔ*^{un}	كَريمٌ سَخِيٌّ مِعْطاءٌ
greedy	*jaši3*^{un} *ţammā3*^{un}	جَشِعٌ طَمّاعٌ
hard-working, diligent	*mujtahid*^{un} *muwāẓib*^{un} *kādd*^{un}	مُجْتَهِدٌ مُواظِبٌ كادٌّ
lazy	*kasūl*^{un} *(kusālā)*	كَسولٌ (كُسالى)
serious	*jādd*^{un}	جادٌّ

funny, jovial, likable	*mariħ^un^* *maħbūb^un^*	مَرِحٌ مَحْبوبٌ
nice, pleasant, sweet	*laṭīf^un^ (liṭāf^un^)* *ẓarīf^un^ (ẓirāf^un^)*	لَطيفٌ (لِطافٌ) ظَريفٌ (ظِرافٌ)
jovial, merry, lively	*bašūš^un^* *mariħ^un^* *mubtahij^un^*	بَشوشٌ مَرِحٌ مُبْتَهِجٌ
strange	*ɣarīb^un^ (ɣurabāʔ^u^)*	غَريبٌ (غُرَباءُ)
jealous, envious	*ɣayūr^un^* *ħasūd^un^*	غَيورٌ حَسودٌ

34 Likes and Dislikes

to like, love	*ʔaħabba* [4g]	**أَحَبَّ**
I like traveling and learning foreign languages.	*ʔuħibb^{u} -ssafar^{a} wa-ta3allam^{a} -lluɣāt^{i} -lʔajnabiyya^{ti}.*	أُحِبُّ السَّفَرَ وَتَعَلُّمَ اللُّغاتِ الأَجْنَبِيَّةِ.
to enjoy	*istamta3a* [10s]	**اِسْتَمْتَعَ**
to hate	*kariha* [1s4]	**كَرِهَ**
I hate getting up early.	*ʔakrah^{u} -listīqāẓ^{a} mubakkiran.*	أَكْرَهُ الِاسْتيقاظَ مُبَكِّرًا.
interested in	*muhtamm^{un} bi-*	**مُهْتَمٌّ بِ**
I'm not interested in politics.	*last^{u} muhtamm^{an} bi-ssiyāsa^{ti}.*	لَسْتُ مُهْتَمًّا بِالسِّياسَةِ.
hobby	*hiwāya^{tun}*	**هِوايَةٌ**
What are your hobbies?	*mā hiya hiwāyātuk^{a}?*	ما هِيَ هِواياتُكَ؟
to praise	*madaħa* [1s1] *ʔašāda* [4h] *bi-* *ʔaŧnā* [4d] *3alā*	**مَدَحَ** **أَشادَ بِ** **أَثْنى عَلى**
praise	*madīħ^{un}* *ʔišāda^{tun}* *ŧanāʔ^{un}*	**مَديحٌ** **إِشادَةٌ** **ثَناءٌ**
to criticize	*intaqada* *naqada*	**اِنْتَقَدَ** **نَقَدَ**

criticism	*intiqād*^{un} *naqd*^{un}	اِنْتِقادٌ نَقْدٌ
to complain about	*šakā* [1d3] *min* *tađammara* [5s] *min*	شَكا مِنْ تَذَمَّرَ مِنْ
complaint	*šakwā (šakāwā)* *tađammur*^{un}	شَكْوى (شَكاوى) تَذَمُّرٌ
to admire, love, adore	*ʔu3jiba* [p] *bi-*	أُعْجِبَ بِ
I love this color.	*ʔu3jab*^{u} *bi-hađā -llawn*^{i}*.*	أُعْجَبُ بِهَذا اللَّوْنِ.
to prefer __ to	*faḍḍala* [2s] *__3alā*	فَضَّلَ __عَلى
I prefer the train to the bus.	*ʔufaḍḍil*^{u} *-lqiṭār*^{a} *3alā -lħāfila*^{ti}*.*	أُفَضِّلُ القِطارَ عَلى الحافِلَةِ.

35 Opinions and Agreement

to get along with	*insajama ma3^{a}*	اِنْسَجَمَ مَعَ
They don't get along (with each other) very well.	*ʔinnahum lā yansajimūn^{a} ma3^{a} ba3ḍihim kaṫīran.*	إِنَّهُمْ لا يَنْسَجِمونَ مَعَ بَعْضِهِمْ كَثيرًا.
to argue about	*jādala* [3s] *fī*	جادَلَ فِي
They're always arguing about politics.	*ʔinnahum yatajādalūn^{a} dāʔiman fī -ssiyāsa^{ti}.*	إِنَّهُمْ يَتَجادَلونَ دائِمًا فِي السِّياسَةِ.
to have a discussion	*ladayh^{i} munāqaša^{tun}*	لَدَيْهِ مُناقَشَةٌ
agreement	*ittifāq^{un}* *ittifāqiyya^{tun}*	اِتِّفاقٌ اِتِّفاقِيَّةٌ
to agree with	*ittafaqa ma3^{a}*	اِتَّفَقَ مَعَ
to disagree with	*ixtalafa ma3^{a}* *3āraḍa*	اِخْتَلَفَ مَعَ عارَضَ
certain, sure	*mutaʔakkid^{un}*	مُتَأَكِّدٌ
okay	*muwāfiq^{un}* *ḥasanan*	مُوافِقٌ حَسَنًا
opinion	*raʔy^{un} (ʔārāʔ^{un})*	رَأْيٌ (آراءٌ)
What do you think about __?	*mā raʔyuk^{a} fī __?*	ما رَأْيُكَ فِي ___؟
I think...	*ʔa3taqid^{u}...* *ʔaẓunn^{u}...*	أَعْتَقِدُ... أَظُنُّ...

in my opinion	*fī raʔyiī* *fī -3tiqādī*	**فِي رَأْيِي** **فِي اعْتِقادي**

36 Desires and Intentions

desire	*raɣba*^{tun}	**رَغْبَةٌ**
to desire	*raɣiba* [1s4]	**رَغِبَ**
intention	*niyya*^{tun} *(nawāyā)*	**نِيَّةٌ (نوايا)**
to want	*ʔarāda* [4h] *raɣiba* [1s4]	**أرادَ** **رَغِبَ**
I want to...	*ʔurīd*^{u} *ʔan* *ʔarɣab*^{u} *fī*	**أُرِيدُ أَنْ** **أَرْغَبُ فِي**
I don't want to eat anything.	*lā ʔurīd*^{u} *ʔan ʔākul*^{a} *ʔayy*^{a} *šayʔ*^{in}*.* *lā ʔarɣab*^{u} *fī ʔakl*^{i} *ʔayy*^{i} *šayʔ*^{in}*.*	لا أُرِيدُ أَنْ آكُلَ أَيَّ شَيْءٍ. لا أَرْغَبُ فِي أَكْلِ أَيِّ شَيْءٍ.
I want a car.	*ʔurīd*^{u} *sayyāra*^{tan}*.*	**أُرِيدُ سَيّارَةً.**
I wish I had a car.	*laytanī ʔamtalik*^{u} *sayyāra*^{tan}*.*	**لَيْتَنِي أَمْتَلِكُ سَيّارَةً.**
to wish, hope	*tamannā* *rajā* *ʔamila*	**تَمَنَّى** **رَجا** **أَمِلَ**
I hope that...	*ʔatamannā ʔan* *ʔarjū ʔan* *ʔāmul*^{u}	**أَتَمَنَّى أَنْ** **أَرْجو أَنْ** **آمُلُ**
I hope to see you again.	*ʔatamannā ʔan ʔarāk*^{a} *marra*^{tan} *ʔuxrā.*	أَتَمَنَّى أَنْ أَراكَ مَرَّةً أُخْرى.
I hope nothing happened to him.	*ʔāmul*^{u} *ʔallā yaħduṯ*^{a} *lah*^{u} *šayʔ*^{un}*.*	آمُلُ أَلّا يَحْدُثَ لَهُ شَيْءٌ.

to wish	*raɣiba* [1s4] *tamannā* [5d]	**رَغِبَ** **تَمَنَّى**
I wish I were in Egypt.	*laytanī kunt*ᵃ *fī miṣr*ᵃ. *ʔatamannā law ʔannanī fī miṣr*ᵃ.	لَيْتَنِي كُنْتَ فِي مِصْرَ. أَتَمَنَّى لَوْ أَنَّنِي فِي مِصْرَ.
to look forward to	*taṭalla3a* [5s] *ʔilā*	**تَطَلَّعَ إِلى**
I'm looking forward to meeting you.	*ʔataṭalla3*ᵘ *li-liqāʔik*ᵃ. *ʔatūq*ᵘ *li-muqābalatik*ᵃ.	أَتَطَلَّعُ لِلِقائِكَ. أَتوقُ لِمُقابَلَتِكَ.

37 Religion

religion	*dīn^{un} (ʔadyān^{un})*	دِينٌ (أَدْيانٌ)
religious (concerning religion)	*dīniyy^{un}*	دِينِيٌّ
faith, belief	*ʔīmān^{un}*	إِيمانٌ
secular	*3almāniyy^{un}*	عَلْمانِيٌّ
to believe in	*ʔāmana* [4s(a)] *bi-*	آمَنَ بِ
Do you believe in God?	*hal tuʔmin^{u} bi-llāh^{i}?*	هَلْ تُؤْمِنُ بِاللهِ؟
(person) **religious**	*mutadayyin^{un}*	مُتَدَيِّنٌ
He's a very religious man.	*ʔinnah^{u} rajul^{un} mutadayyin^{un} jiddan.*	إِنَّهُ رَجُلٌ مُتَدَيِّنٌ جِدًّا.
ceremony	*ṭaqs^{un} (ṭuqūs^{un})*	طَقْسٌ (طُقوسٌ)
to pray	*da3ā* [1d3]	دَعا
She prayed to God that her son would be alright.	*da3at^{i} -llāh^{a} ʔan yakūn^{a} -bnuhā bi-xayr^{in}.*	دَعَتِ اللهَ أَنْ يَكونَ ابْنُها بِخَيْرٍ.
prayer	*du3āʔ^{un}*	دُعاءٌ
soul	*rūɦ^{un}* [m. or f.] *(ʔarwāɦ^{un})*	روحٌ (أَرْواحٌ)
heaven, Paradise	*janna^{tun}* *firdaws^{un}* [f.]	جَنَّةٌ فِرْدَوْسٌ
god	*ʔilāh^{un} (ʔāliha^{tun})*	إِلَهٌ (آلِهَةٌ)
goddess	*ʔilāha^{tun}*	إِلَهَةٌ

God, Allah	*allāh^u*	**اللهُ**
prophet	*nabiyy^u (ʔanbiyāʔ^un)*	**نَبِيٌّ (أَنْبِياءُ)**
messenger	*rasūl^un (rusul^un)*	**رَسولٌ (رُسُلٌ)**
angel	*malāk^un (malāʔika^tun)*	**مَلاكٌ (مَلائِكَةٌ)**
jinn, genie	*jinniyy^un (jinn^un)*	**جِنِّيٌّ (جِنٌّ)**
hell	*jaɦīm^un*	**جَحيمٌ**
devil, demon	*šayṭān^un (šayāṭīn^u)*	**شَيْطانٌ (شَياطينُ)**
the Devil, Satan	*aššayṭān^u*	**الشَّيْطانُ**
sin	*đanb^un (đunūb^un)*	**ذَنْبٌ (ذُنوبٌ)**
to sin	*ʔađnaba* [4s]	**أَذْنَبَ**
evil (noun)	*šarr^u (šurūr^un)*	**شَرٌّ (شُرورٌ)**
evil (adjective)	*širrīr^un (ʔašrār^un)*	**شِرّيرٌ (أَشْرارٌ)**

superstition	*xurāfa^tun*	**خُرافَةٌ**
superstitious (person)	*muʔmin^un bi-lxurāfāt^i*	**مُؤْمِنٌ بِالخُرافاتِ**
good luck	*ɦaẓẓ^un jayyid^un* *ɦaẓẓ^un muwaffaq^un*	**حَظٌّ جَيِّدٌ** **حَظٌّ مُوَفَّقٌ**
bad luck	*ɦaẓẓ^un sayyiʔ^un*	**حَظٌّ سَيِّئٌ**
pagan	*waŧaniyy^un*	**وَثَنِيٌّ**
paganism	*alwaŧaniyya^tu*	**الوَثَنِيَّةُ**

Islam	*alʔislāmᵘ*	الإِسْلامُ
Muslim	*muslimᵘⁿ*	مُسْلِمٌ
Islamic	*ʔislāmiyyᵘⁿ*	إِسْلامِيٌّ
The Prophet Muhammad	*annabiyyᵘ muɧammadᵘⁿ*	النَّبِيُّ مُحَمَّدٌ
Christianity	*almasīɧiyyaᵗᵘ*	المَسيحِيَّةُ
Christian	*masīɧiyyᵘⁿ*	مَسيحِيٌّ
Christ	*almasīɧᵘ*	المَسيحُ
Jesus	*3īsā* *yasū3ᵘⁿ*	عيسى يَسوعٌ

Jesus is called by عيسى *3īsā* Muslims, and يَسوعٌ *yasū3un* by Christians.

Judaism	*alyahūdiyyaᵗᵘ*	اليَهودِيَّةُ
Jew, Jewish	*yahūdiyyᵘⁿ*	يَهودِيٌّ
Buddhism	*albūđiyyaᵗᵘ*	البوذِيَّةُ
Buddhist	*būđiyyᵘⁿ*	بوذِيٌّ
Buddha	*būđā*	بوذا
Hinduism	*alhindūsiyyaᵗᵘ*	الهِنْدوسِيَّةُ
Hindu	*hindūsiyyᵘⁿ*	هِنْدوسِيٌّ
atheism	*alʔilɧādᵘ*	الإِلْحادُ
atheist	*mulɧidᵘⁿ*	مُلْحِدٌ

mosque	*jāmi3*^{un} *(jawāmi3*^{u}*)*	جامِعٌ (جَوامِعُ)
masjid	*masjid*^{un} *(masājid*^{u}*)*	مَسْجِدٌ (مَساجِدُ)
Friday prayer	*ṣalā*^{tu} *-ljum3a*^{ti}	صَلاةُ الجُمْعَةِ
imam	*ʔimām*^{un} *(ʔaʔimma*^{tun}*)*	إِمامٌ (أَئِمَّةٌ)
Friday sermon	*xuṭba*^{tu} *-ljum3a*^{ti}	خُطْبَةُ الجُمْعَةِ
to preach	*ʔalqā* [4d] *xuṭba*^{tan} *dīniyya*^{tan} *wa3aẓa* [1a2]	أَلْقى خُطْبَةً دينِيَّةً وَعَظَ
call to prayer	*ʔađān*^{un}	أَذانٌ
to call to prayer	*ʔađđana* [2s(a)]	أَذَّنَ
ablution (ceremonial washing before praying)	*wuḍūʔ*^{un}	وُضوءٌ
to perform ritual ablutions	*tawaḍḍaʔa* [5s(c)]	تَوَضَّأَ
to perform prayer	*ṣallā* [2d]	صَلّى
prayer	*ṣalā*^{tun} *(ṣalawāt*^{un}*)*	صَلاةٌ (صَلَواتٌ)
dawn prayer	*ṣalā*^{tu} *-lfajr*^{i}	صَلاةُ الفَجْرِ
Duha prayer (voluntary morning prayer)	*ṣalā*^{tu} *-ḍḍuħā*	صَلاةُ الضُّحى
noon prayer	*ṣalā*^{tu} *-ẓẓuhr*^{i}	صَلاةُ الظُّهْرِ
afternoon prayer	*ṣalā*^{tu} *-l3aṣr*^{i}	صَلاةُ العَصْرِ
sunset prayer	*ṣalā*^{tu} *-lmaɣrib*^{i}	صَلاةُ المَغْرِبِ
evening prayer	*ṣalā*^{tu} *-l3išāʔ*^{i}	صَلاةُ العِشاءِ
Eid prayers	*ṣalā*^{tu} *-l3īd*^{i}	صَلاةُ العيدِ

Quran	*alqurʔān*^{u}	القُرْآنُ
to recite the Quran	*talā* [1d3] *-lqurʔān*^{a}	تَلا القُرْآنَ
sura (chapter of Quran)	*sūra*^{tun} *(suwar*^{un}*)*	سورَةٌ (سُوَرٌ)
verse	*ʔāya*^{tun}	آيَةٌ
Hadith	*ɧadīŧ*^{un} *(ʔaɧādīŧ*^{u}*)*	حَديثٌ (أَحاديثُ)
Sunnah	*assunna*^{tu}	السُّنَّةُ

church	*kanīsa*^{tun} *(kanāʔis*^{u}*)*	كَنيسَةٌ (كَنائِسُ)
church service	*xidma*^{tu} *-lkanīsa*^{ti}	خِدْمَةُ الكَنيسَةِ
minister, pastor	*kāhin*^{un} *(kahana*^{tun}*)*	كاهِنٌ (كَهَنَةٌ)
priest (Catholic, Orthodox)	*qass*^{un} *(qusūs*^{un}*)*	قَسٌّ (قُسوسٌ)
nun	*rāhiba*^{tun}	راهِبَةٌ
pope	*albābā*	البابا
to preach about	*wa3aẓa* [1a2] *bi-*	وَعَظَ بِ
sermon	*maw3iẓa*^{tun} *(mawā3iẓ*^{u}*)*	مَوْعِظَةٌ (مَواعِظُ)
pulpit	*minbar*^{un} *(manābir*^{u}*)*	مِنْبَرٌ (مَنابِرُ)
altar	*mađbaɧ*^{u} *[-lkanīsa*^{ti}*]* *(mađābiɧ*^{u} *[-lkanīsa*^{ti}*])*	مَذْبَحُ [الكَنيسَةِ] (مَذابِحُ [الكَنيسَةِ])
choir	*jawqa*^{tun}	جَوْقَةٌ
Bible	*alkitāb*^{u} *-lmuqaddas*^{u}	الكِتابُ المُقَدَّسُ

The New Testament	*al3ahd^{u} -ljadīd^{u}*	العَهْدُ الجَديدُ
evangelical	*ʔinjīliyy^{un}*	إِنْجيلِيٌّ
to baptize	*3ammada* [2s]	عَمَّدَ
baptism	*ma3mūdiyya^{tun}*	مَعْمودِيَّةٌ

38 Language

language	*luɣa*^{tun}	لُغَةٌ
foreign language	*luɣa*^{tun} *ʔajnabiyya*^{tun}	لُغَةٌ أَجْنَبِيَّةٌ
(foreign) accent	*lakna*^{tun} *lahja*^{tun}	لَكْنَةٌ لَهْجَةٌ
native language	*alluɣa*^{tu} *-lʔumm*^{u}	اللُّغَةُ الأُمُّ
Chinese	*alluɣa*^{tu} *-ṣṣīniyya*^{tu}	اللُّغَةُ الصِّينِيَّةُ
Dutch	*alluɣa*^{tu} *-lhūlandiyya*^{tu}	اللُّغَةُ الهولَنْدِيَّةُ
English	*alluɣa*^{tu} *-lʔinjilīziyya*^{tu}	اللُّغَةُ الإنْجِلِيزِيَّةُ
Farsi	*alluɣa*^{tu} *-lfārisiyya*^{tu}	اللُّغَةُ الفارِسِيَّةُ
French	*alluɣa*^{tu} *-lfaransiyya*^{tu}	اللُّغَةُ الفَرَنْسِيَّةُ
German	*alluɣa*^{tu} *-lʔalmāniyya*^{tu}	اللُّغَةُ الأَلْمانِيَّةُ
Greek	*alluɣa*^{tu} *-lyūnāniyya*^{tu}	اللُّغَةُ اليونانِيَّةُ
Hebrew	*alluɣa*^{tu} *-l3ibriyya*^{tu}	اللُّغَةُ العِبْرِيَّةُ
Hindi	*alluɣa*^{tu} *-lhindiyya*^{tu}	اللُّغَةُ الهِنْدِيَّةُ
Italian	*alluɣa*^{tu} *-lʔīṭāliyya*^{tu}	اللُّغَةُ الإيطالِيَّةُ
Japanese	*alluɣa*^{tu} *-lyābāniyya*^{tu}	اللُّغَةُ اليابانِيَّةُ
Korean	*alluɣa*^{tu} *-lkūriyya*^{tu}	اللُّغَةُ الكورِيَّةُ
Portuguese	*alluɣa*^{tu} *-lburtuɣāliyya*^{tu}	اللُّغَةُ البُرْتُغالِيَّةُ

Russian	*alluɣa^{tu} -rrūsiyya^{tu}*	اللُّغَةُ الرّوسِيَّةُ
Spanish	*alluɣa^{tu} -lʔisbāniyya^{tu}*	اللُّغَةُ الإسْبانِيَّةُ
Turkish	*alluɣa^{tu} -tturkiyya^{tu}*	اللُّغَةُ التُّرْكِيَّةُ

Arabic	*alluɣa^{tu} -l3arabiyya^{tu}*	اللُّغَةُ العَرَبِيَّةُ
Classical Arabic	*alluɣa^{tu} -l3arabiyya^{tu} -lfuṣḩā*	اللُّغَةُ العَرَبِيَّةُ الفُصْحى
Modern Standard Arabic	*alluɣa^{tu} -l3arabiyya^{tu} -lfuṣḩā -lḩadīŧa^{tu}*	اللُّغَةُ العَرَبِيَّةُ الفُصْحى الحَديثَةُ
colloquial language	*luɣa^{tun} 3āmmiyya^{tun}*	لُغَةٌ عامِّيَّةٌ
Egyptian Arabic	*alluɣa^{tu} -l3āmmiyya^{tu} -lmiṣriyya^{tu}*	اللُّغَةُ العامِّيَّةُ المِصْرِيَّةُ
Moroccan Arabic	*alluɣa^{tu} -l3āmmiyya^{tu} -lmaɣribiyya^{tu}*	اللُّغَةُ العامِّيَّةُ المَغْرِبِيَّةُ
Levantine Arabic	*alluɣa^{tu} -l3āmmiyya^{tu} -ššāmiyya^{tu}*	اللُّغَةُ العامِّيَّةُ الشّامِيَّةُ
Gulf Arabic	*alluɣa^{tu} -l3āmmiyya^{tu} -lxalījiyya^{tu}*	اللُّغَةُ العامِّيَّةُ الخَليجِيَّةُ

to learn	*ta3allama* [5s]	تَعَلَّمَ
practice, exercise	*tadrīb^{un}* *tamrīn^{un} (tamārīn^{u})*	تَدْريبٌ تَمْرينٌ (تَمارينُ)
to practice	*tadarraba* [5s] *tamarrana* [5s]	تَدَرَّبَ تَمَرَّنَ
level	*mustawa^{n} (mustawayāt^{un})*	مُسْتَوًى (مُسْتَوَياتٌ)
beginner's	*mubtadiʔ^{un}*	مُبْتَدِئٌ

intermediate	*mutawassiṭ*^{un}	**مُتَوَسِّطٌ**
advanced	*mutaqaddim*^{un}	**مُتَقَدِّمٌ**
writing	*kitāba*^{tun}	**كِتابَةٌ**
to write	*kataba* [1s3]	**كَتَبَ**
reading	*qirāʔa*^{tun}	**قِراءَةٌ**
to read	*qaraʔa* [1s1(b)]	**قَرَأَ**
alphabet	*[alɦurūf*^{u}*] alʔabjadiyya*^{tu}	**[الحُروفُ] الأَبْجَدِيَّةُ**
letter	*ɦarf*^{un} *(ɦurūf*^{un}*)*	**حَرْفٌ (حُروفٌ)**
Chinese characters	*alɦurūf*^{u} *-ṣṣīniyya*^{tu}	**الحُروفُ الصِّينِيَّةُ**
to spell	*hajjā* [2d]	**هَجَّى**
spelling	*tahjiya*^{tun}	**تَهْجِيَةٌ**
How do you spell that?	*kayf*^{a} *tuhajjī hađih*^{i}*?*	كَيْفَ تُهَجِّي هَذِهِ؟
handwriting, penmanship	*xaṭṭ*^{u} *-lyad*^{i}	**خَطُّ اليَدِ**
I have such bad penmanship.	*xaṭṭ*^{u} *yadiī sayyiʔ*^{un}*.*	خَطُّ يَدِي سَيِّئٌ.
legible	*maqrūʔ*^{un}	**مَقْروءٌ**
illegible	*ɣayr*^{u} *maqrūʔ*^{in}	**غَيْرُ مَقْروءٍ**
His handwriting is completely illegible.	*xaṭṭah*^{u} *ɣayr*^{u} *maqrūʔ*^{in} *ʔiṭlāq*^{an}*.*	خَطُّهُ غَيْرُ مَقْروءٍ إِطْلاقًا.
calligraphy	*fann*^{u} *-lxaṭṭ*^{i}	**فَنُّ الخَطِّ**

speaking, speech	*taħadd^{un}ŧ^{un}* *kalām^{un}*	**تَحَدُّثٌ** **كَلامٌ**
I need to practice speaking more.	*ʔaħtāj^{u} li-mumārasa^{ti} -ttaħadduŧ^{i} ʔakŧar^{a}.*	أَحْتاجُ لِمُمارَسَةِ التَّحَدُّثِ أَكْثَرَ.
You can't understand anything he says.	*lā yumkinuk^{a} fahm^{a} ʔayy^{i} šayʔ^{in} yaqūluh^{u}.*	لا يُمْكِنُكَ فَهْمَ أَيِّ شَيْءٍ يَقولُهُ.
to speak	*taħaddaŧa* [5s] *takallama* [5s]	**تَحَدَّثَ** **تَكَلَّمَ**
Can you speak Arabic?	*hal tastaţī3^{u} -ttaħadduŧ^{a} bi-l3arabiyya^{ti}?* *ʔayumkinuk^{a} -ttakallum^{a} bi-l3arabiyya^{ti}?*	هَلْ تَسْتَطيعُ التَّحَدُّثَ بِالعَرَبِيَّةِ؟ أَيُمْكِنُكَ التَّكَلُّمَ بِالعَرَبِيَّةِ؟
I know a few words.	*ʔa3rif^{u} ba3ḍ^{a} -lkalimāt^{i}.*	أَعْرِفُ بَعْضَ الكَلِماتِ.
I know some basic Arabic.	*ʔa3rif^{u} ba3ḍ^{a} ʔsāsyyāt^{i} -lluɣa^{ti} -l3arabiyya^{ti}.*	أَعْرِفُ بَعْضَ أساسيّاتِ اللُّغَةِ العَرَبِيَّةِ.
I can speak a little Arabic.	*ʔastaţī3^{u} -ttaħadduŧ^{a} bi-l3arabiyya^{ti} qalīlan.*	أَسْتَطيعُ التَّحَدُّثَ بِالعَرَبِيَّةِ قَليلًا.
I can get by in Arabic.	*ʔataħaddaŧ^{u} -l3arabiyya^{ta} bi-ba3ḍ^{in} min^{a} -ṣṣu3ūba^{ti}.* *ʔajid^{u} ba3ḍ^{a} -ṣṣu3ūba^{ti} fī -ttaħadduŧ^{i} bi-l3arabiyya^{ti}.*	أَتَحَدَّثُ العَرَبِيَّةَ بِبَعْضٍ مِنَ الصُّعوبَةِ. أَجِدُ بَعْضَ الصُّعوبَةِ فِي التَّحَدُّثِ بِالعَرَبِيَّةِ.
I speak Arabic pretty well.	*ʔataħaddaŧ^{u} -l3arabiyya^{ta} bi-šakl^{in} jayyid^{in}.*	أَتَحَدَّثُ العَرَبِيَّةَ بِشَكْلٍ جَيِّدٍ.
broken Arabic	*luɣa^{tun} 3arabiyya^{tun} rakīka^{tun}* *luɣa^{tun} 3arabiyya^{tun} ɣayr^{u} salīma^{tin}*	**لُغَةٌ عَرَبِيَّةٌ رَكيكَةٌ** **لُغَةٌ عَرَبِيَّةٌ غَيْرُ سَليمَةٍ**

fluently	*bi-ṭalāqa^{tin}*	**بِطلاقَةٍ**
I speak Arabic fluently.	*ʔataħaddaṯ^{u} -lluɣa^{ta} -l3arabiyya^{ta} bi-ṭalāqa^{tin}.*	أَتَحَدَّثُ اللُّغَةَ العَرَبِيَّةَ بِطلاقَةٍ.
pronunciation	*nuṭq^{un}* *lafẓ^{un}*	**نُطْقٌ** **لَفْظٌ**
How do you pronounce this word?	*kayf^{a} tanṭiq^{u} hađih^{i} -lkalima^{ta}?*	كَيْفَ تَنْطِقُ هَذِهِ الكَلِمَةَ؟
to pronounce	*naṭaqa* [1s3] *lafaẓa*	**نَطَقَ** **لَفَظَ**
Your Arabic pronunciation is quite good.	*nuṭquk^{a} li-lluɣa^{ti} -l3arabiyya^{ti} jayyid^{un} jiddan.*	نُطْقُكَ لِلُّغَةِ العَرَبِيَّةِ جَيِّدٌ جِدًّا.

listening	*istimā3^{un}*	**اِسْتِماعٌ**
I need to work on my listening skills in Arabic.	*ʔaħtāj^{u} ʔilā taṭwīr^{i} mahārāt^{i} -listimā3^{i} bi-lluɣa^{ti} -l3arabiyya^{ti}.*	أَحْتاجُ إِلى تَطْوِيرِ مَهاراتِ الاِسْتِماعِ بِاللُّغَةِ العَرَبِيَّةِ.
to listen to	*istama3a* [8s]	**اِسْتَمَعَ**

vocabulary	*mufradāt^{un}*	**مُفْرَداتٌ**
word	*kalima^{tun}*	**كَلِمَةٌ**
dictionary	*qāmūs^{un} (qawāmīs^{u})*	**قامُوسٌ (قَوامِيسُ)**
to look up a word in the dictionary	*baħaṯa* [1s1] *3an kalima^{tin} fī -lqāmūs^{i}*	**بَحَثَ عَنْ كَلِمَةٍ فِي القامُوسِ**
flashcard	*biṭāqa^{tu} -stiđkār^{in}* *biṭāqa^{tun} ta3līmiyya^{tun}*	**بِطاقَةُ اسْتِذْكارٍ** **بِطاقَةٌ تَعْلِيمِيَّةٌ**

to repeat	*karrara* [2s]	كَرَّرَ
repetition	*takrār*^{un}	تَكْرارٌ
grammar	*qawā3id*^{u} *naɦw*^{un} *wa-ṣarf*^{un}	قَواعِدُ نَحْوٌ وَصَرْفٌ
grammatical	*naɦwiyy*^{un}	نَحْوِيٌّ
grammatical rule	*qā3ida*^{tun} *naɦwiyya*^{tun} (*qawā3id*^{u} *naɦwiyya*^{tun})	قاعِدَةٌ نَحْوِيَّةٌ (قَواعِدُ نَحْوِيَّةٌ)
to inflect, conjugate, decline	*ṣarrafa* [2s]	صَرَّفَ
inflection, conjugation, declension	*taṣrīf*^{un}	تَصْريفٌ
suffix	*lāɦiqa*^{tun}	لاحِقَةٌ
prefix	*bādiʔa*^{tun}	بادِئَةٌ
case	*ɦāla*^{tun}	حالَةٌ
tense	*zaman*^{un} (*ʔazmān*^{un})	زَمَنٌ (أَزْمانٌ)
gender	*jins*^{un} (*ʔajnās*^{un})	جِنْسٌ (أَجْناسٌ)
singular	*mufrad*^{un}	مُفْرَدٌ
dual	*muŧannā*	مُثَنًّى
plural	*jam3*^{un}	جَمْعٌ
masculine	*muđakkar*^{un}	مُذَكَّرٌ
feminine	*muʔannaŧ*^{un}	مُؤَنَّثٌ

neuter	*muɦāyid^{un}*	مُحايِدٌ
the present tense	*azzaman^{u} -lmuḍāri3^{u}*	الزَّمَنُ المُضارِعُ
the past tense	*azzaman^{u} -lmāḍī*	الزَّمَنُ الماضي
the future tense	*zaman^{u} -lmustaqbal^{i}*	زَمَنُ المُسْتَقْبَلِ
article	*ʔadāt^{u} ta3rīf^{in}*	أَداةُ تَعْريفٍ
preposition	*ɦarf^{u} jarr^{in}*	حَرْفُ جَرٍّ
noun	*ism^{un} (ʔasmāʔ^{un})*	اِسْمٌ (أَسْماءٌ)
verb	*fi3l^{u} (ʔaf3āl^{un})*	فِعْلُ (أَفْعالٌ)
adjective	*ṣifa^{tun}*	صِفَةٌ
adverb	*ẓarf^{un} (ẓurūf^{un})*	ظَرْفٌ (ظُروفٌ)
subject	*fā3il^{un}*	فاعِلٌ
object	*maf3ūl^{un} bih^{i}*	مَفْعولٌ بِهِ
definiteness; definite [noun]	*ma3rifa^{tun}*	مَعْرِفَةٌ
definite	*mu3arraf^{un}*	مُعَرَّفٌ
indefiniteness; indefinite [noun]	*nakira^{tun}*	نَكِرَةٌ
word order	*tartīb^{u} -lkalimāt^{i}*	تَرْتيبُ الكَلِماتِ
sentence	*jumla^{tun} (jumal^{un})*	جُمْلَةٌ (جُمَلٌ)
paragraph	*faqra^{tun}*	فَقْرَةٌ
vowel	*ɦarf^{u} 3illa^{tin}* *ɦarf^{un} mutaɦarrik^{un}*	حَرْفُ عِلَّةٍ حَرْفٌ مُتَحَرِّكٌ

consonant	*ɦarf*^{un} *sākin*^{un}	حَرْفٌ ساكِنٌ
syllable	*maqṭa3*^{un} *[lafẓiyy*^{un}*]*	مَقْطَعٌ [لَفْظِيٌّ]

punctuation	*tarqīm*^{un}	تَرْقيمٌ
punctuation mark	*3alāma*^{tu} *tarqīm*^{in}	عَلامَةُ تَرْقيمٍ
period	*nuqṭa*^{tun} *(nuqaṭ*^{un}*)*	نُقْطَةٌ (نُقَطٌ)
comma	*fāṣila*^{tun}	فاصِلَةٌ
exclamation mark	*3alāma*^{tu} *ta3ajjub*^{in}	عَلامَةُ تَعَجُّبٍ
question mark	*3alāma*^{tu} *-stifhām*^{in}	عَلامَةُ اسْتِفْهامٍ
quotation mark	*3alāmatā tanṣīṣ*^{in}	عَلامَتا تَنْصيصٍ
colon	*nuqṭatān*^{i} *raʔsiyyatān*^{i}	نُقْطَتانِ رَأْسِيَّتانِ
parenthesis, bracket	*qaws*^{un} *(ʔaqwās*^{un}*)*	قَوْسٌ (أَقْواسٌ)
(a pair of) parentheses	*qawsān*^{i}	قَوْسانِ

39 Countries and Nationalities

country, nation	*dawla^tun^ (duwal^un^)* *balad^un^ [m. or f.] (buldān^un^)*	**دَوْلَةٌ (دُوَلٌ)** **بَلَدٌ (بُلْدانٌ)**
What countries have you been to?	*mā hiya -lbuldān^u^ -llatī zurtahā?*	ما هِيَ البُلْدانُ الَّتِي زُرْتَها؟
international	*dawliyy^un^*	**دَوْلِيٌّ**
worldwide	*3ālamiyy^un^*	**عالَمِيٌّ**
culture	*ŧaqāfa^tun^*	**ثَقافَةٌ**
foreign; foreigner	*ʔajnabiyy^un^ (ʔajānib^u^)*	**أَجْنَبِيٌّ (أَجانِبُ)**

nationality, citizenship	*jinsiyya^tun^*	**جِنْسِيَّةٌ**
Where are you from?	*min ʔayy^i^ balad^in^ ʔant^a^?* *min ʔayn^a^ ʔant^a^?*	مِنْ أَيِّ بَلَدٍ أَنْتَ؟ مِنْ أَيْنَ أَنْتَ؟
I'm from Egypt.	*ʔana min miṣr^a^.*	أَنا مِنْ مِصْرَ.
I'm Egyptian.	*ʔana miṣriyy^un^.*	أَنا مِصْرِيٌّ.

Nouns and adjectives denoting nationality or origin use the nisba suffix ـِيٌّ *-iyy^un^*, as seen above. This requires first removing any definite articles and final vowels. These forms are only listed for countries in the following section if there is a notable variation or irregular plural.

Countries are feminine in Arabic.

Ethiopia	*ʔaŧyūbyā*	**أَثْيوبْيا**
Nigeria	*nayjīryā*	**نَيْجِيرْيا**

South Africa	*janūb^{u} ʔafrīqyā*	جَنوبُ أَفْريقْيا
Norway	*annarwīj^{u}*	النَّرويجُ
Sweden **Swedish**	*assuwayd^{u}* *suwaydiyy^{un}*	السُّوَيْدُ سُوَيْدِيٌّ
Finland	*finlandā*	فِنْلَنْدا
Denmark	*addanimārk^{u}*	الدَّنِمارْكُ
Germany **German**	*ʔalmānyā* *ʔalmāniyy^{un} (ʔalmān^{un})*	أَلْمانْيا أَلْمانِيٌّ (أَلْمانٌ)
The Netherlands, Holland	*hūlandā*	هولَنْدا
Belgium	*baljīkā*	بَلْجيكا
Ireland	*ʔayirlandā*	أَيِرْلَنْدا
Great Britain	*birīṭānyā [-lʕuẓmā]*	بِريطانْيا [العُظْمى]
England **English**	*ʔinjiltirā* *ʔinjilīziyy^{un} (ʔinjilīz^{un})*	إِنْجِلْتِرا إِنْجِليزِيٌّ (إِنْجِليزٌ)
Scotland	*ʔuskutlandā*	أُسْكُتْلَنْدا
Wales	*wēlz^{u}*	ويْلْزُ
France **French**	*faransā* *faransiyy^{un}*	فَرَنْسا فَرَنْسِيٌّ
Spain	*ʔisbānyā*	إِسْبانْيا
Portugal	*alburtuɣāl^{u}*	البُرْتُغالُ

Switzerland	*siwīsrā*	سِويسْرا
Italy	*ʔīṭālyā*	إِيطالْيا
Austria **Austrian**	*annamsā* *namsāwiyy*^{un}	النَّمْسا نَمْساوِيٌّ
The Czech Republic **Czech**	*jumhūriyya*^{tu} *-ttišīk*^{i} *tišīkiyy*^{un}	جُمْهورِيَّةُ التِّشيكِ تِشيكِيٌّ
Slovakia	*sulōfākyā*	سُلوْفاكْيا
Poland	*būlandā*	بولَنْدا
Hungary	*almajar*^{u} *hanaɣāryā*	المَجَرُ هَنَغارْيا
Romania	*rūmānyā*	رومانْيا
Bulgaria	*bulɣāryā*	بُلْغارْيا
Turkey **Turkish**	*turkiyā* *turkiyy*^{un} (*ʔatrāk*^{un})	تُرْكِيا تُرْكِيٌّ (أَتْراكٌ)
Ukraine	*ʔūkrānyā*	أوكْرانْيا
Russia	*rūsyā*	روسْيا
Iran	*ʔīrān*^{u}	إيرانُ
Afghanistan **Afghan**	*ʔafɣānistān*^{u} *ʔafɣāniyy*^{un}	أَفْغانِسْتانُ أَفْغانِيٌّ
Pakistan	*bākistān*^{u}	باكِسْتانُ

India	*alhind*^{u}	الهِنْدُ
China	*aṣṣīn*^{u}	الصِّينُ
South Korea	*kūryā -ljanūbiyya*^{tu}	كورْيا الجَنوبِيَّةُ
Japan	*alyābān*^{u}	اليابانُ
Taiwan	*tāīwān*^{u}	تايْوانُ
Thailand	*tāīlānd*^{u}	تايْلانْدُ
Vietnam	*fītnām*^{u}	فيتْنامُ
Malaysia	*mālīzyā*	ماليزْيا
Indonesia	*ʔindūnīsyā*	إِنْدونيسْيا
The Philippines	*alfilibbīn*^{u}	الفِلِبّينُ
Australia	*ʔusturālyā*	أُسْتُرالْيا
New Zealand	*nuyūzīlandā*	نيوزيلَنْدا
Canada	*kanadā*	كَنَدا
The United States American	*alwilāyāt*^{u} *-lmuttaḥida*^{tu} *ʔamrīkiyy*^{un}	الوِلاياتُ المُتَّحِدَةُ أَمْريكِيٌّ
Mexico	*almaksīk*^{u}	المَكْسيكُ
Colombia	*kōlōmbiyā*	كولومْبِيا
Venezuela	*finziwīlā*	فِنْزويلا

Brazil	*albarāzīl*ᵘ	البَرازيلُ
Argentina	*alʔarjantīn*ᵘ	الأَرْجَنْتينُ
Chile	*tišīlī*	تِشيلي

40 The Arab World

Countries are feminine in Arabic. The only exceptions are five Arab countries, noted as masculine below. Cities are also feminine. Below, we see the name of each country in the Arab League, followed by its noun/adjective of nationality, and its capital city.

Algeria	*aljazāʔir*^{u}	الجَزائِرُ
Algerian	*jazāʔiriyy*^{un}	جَزائِرِيٌّ
Algiers	*aljazāʔir*^{u} *-l3āṣima*^{tu}	الجَزائِرُ العاصِمَةُ
	al3āṣima^{tu} *-ljazāʔiriyya*^{tu}	العاصِمَةُ الجَزائِرِيَّةُ
Bahrain	*albaḩrayn*^{u}	البَحْرَيْنُ
Bahraini	*baḩarīniyy*^{un}	بَحرينِيٌّ
Manama	*almanāma*^{tu}	المَنامَةُ
Egypt	*miṣr*^{u}	مِصْرُ
Egyptian	*miṣriyy*^{un}	مِصْرِيٌّ
Cairo	*alqāhira*^{tu}	القاهِرَةُ
Iraq	*al3irāq*^{u} [m.]	العِراقُ
Iraqi	*3irāqiyy*^{un}	عِراقِيٌّ
Baghdad	*baɣdād*^{u}	بَغْدادُ
Jordan	*alʔurdunn*^{u} [m.]	الأُرْدُنُّ
Jordanian	*ʔurduniyy*^{un}	أُرْدُنِيٌّ
Amman	*3ammān*^{u}	عَمّانُ

Kuwait **Kuwaiti**	*alkuwayt*^{u} *kuwaytiyy*^{un}	الكُوَيْتُ كُوَيْتِيٌّ
Kuwait City	*alkuwayt*^{u} *-l3āṣima*^{tu} *al3āṣima*^{tu} *-lkuwaytiyya*^{tu}	الكُوَيْتُ العاصِمَةُ العاصِمَةُ الكُوَيْتِيَّةُ
Lebanon **Lebanese**	*lubnān*^{u} [m.] *lubnāniyy*^{un}	لُبْنانُ لُبْنانِيٌّ
Beirut	*bayrūt*^{u}	بَيْروتُ
Libya **Libyan**	*lībyā* *lībiyy*^{un}	ليبْيا ليبِيٌّ
Tripoli	*ṭarābulus*^{u}	طَرابُلُسُ
Morocco **Moroccan**	*almaɣrib*^{u} [m.] *maɣribiyy*^{un}	المَغْرِبُ مَغْرِبِيٌّ
Rabat	*arribāṭ*^{u}	الرِّباطُ
Oman **Omani**	*3umān*^{u} *3umāniyy*^{un}	عُمانُ عُمانِيٌّ
Muscat	*masqaṭ*^{u}	مَسْقَطُ
Palestine **Palestinian**	*filasṭīn*^{u} *filasṭīniyy*^{un}	فِلَسْطينُ فِلَسْطينِيٌّ
Jerusalem	*alquds*^{u}	القُدْسُ
Ramallah	*rāmullāh*^{i}	رامُ اللّٰهِ

Qatar Qatari	qaṭar^{u} qaṭariyy^{un}	قَطَرُ قَطَرِيٌّ
Doha	addawħa^{tu}	الدَّوْحَةُ
Saudi Arabia Saudi	almamlaka^{tu} -l3arabiyya^{tu} -ssa3ūdiyya^{tu} sa3ūdiyy^{un}	المَمْلَكَةُ العَرَبِيَّةُ السَّعودِيَّةُ سَعودِيٌّ
Riyadh	arriyāḍ^{u}	الرِّياضُ
Somalia Somali	aṣṣūmāl^{u} ṣūmāliyy^{un}	الصّومالُ صومالِيٌّ
Mogadishu	maqdīšū	مَقْديشو
Sudan Sudanese	assūdān^{u} [m.] sūdāniyy^{un}	السّودانُ سودانِيٌّ
Khartoum	alxurṭūm^{u}	الخُرْطومُ
Syria Syrian	sūryā sūriyy^{un}	سورْيا سورِيٌّ
Damascus	dimašq^{u}	دِمَشْقُ
The Emirates Emirati	alʔimārāt^{u} ʔimārātiyy^{un}	الإماراتُ إماراتِيٌّ
Abu Dhabi	ʔabū ẓaby^{in}	أَبو ظَبْيٍ
Tunisia Tunisian	tūnis^{u} tūnisiyy^{un}	تونِسُ تونِسِيٌّ

Tunis	tūnis^{u} -l3āṣima^{tu} al3āṣima^{tu} -ttūnisiyya^{tu}	تونِسُ العاصِمَةُ العاصِمَةُ التّونِسِيَّةُ
Yemen Yemeni	alyaman^{u} yamaniyy^{un}	اليَمَنُ يَمَنِيٌّ
Sanaa	ṣan3āʔ^{u}	صَنْعاءُ

Africa	ʔafrīqyā	أَفْرِيقْيا
The Levant	bilād^{u} -ššām^{i}	بِلادُ الشّامِ
The Arabian Peninsula	šibh^{u} -ljazīra^{ti} -l3arabiyya^{ti}	شِبْهُ الجَزِيرَةِ العَرَبِيَّةِ
The Mediterranean Sea	albaħr^{u} -lʔabyaḍ^{u} -lmuta wassiṭ^{u}	البَحْرُ الأَبْيَضُ المُتَوَسِّطُ
The Nile River	nahr^{u} -nnīl^{i}	نَهْرُ النّيلِ
The Suez Canal	qanā^{tu} -ssuways^{i}	قَناةُ السُّوَيْسِ
The Red Sea	albaħr^{u} -lʔaħmar^{u}	البَحْرُ الأَحْمَرُ
The Persian Gulf	alxalīj^{u} -l3arabiyy^{u}	الخَلِيجُ العَرَبِيُّ
The Gulf of Aden	xalīj^{u} 3adan^{in}	خَلِيجُ عَدَنٍ
The Arabian Sea	baħr^{u} -l3arab^{i}	بَحْرُ العَرَبِ
The Dead Sea	albaħr^{u} -lmayyit^{u}	البَحْرُ المَيِّتُ
Euphrates river	nahr^{u} -lfurāt^{i}	نَهْرُ الفُراتِ
Degla river	nahr^{u} dijla^{ta}	نَهْرُ دِجْلَةَ
Jordan river	nahr^{u} -lʔurdun^{i}	نَهْرُ الأُرْدُنِ

Petra	*albatrā*	البَتْرا
The Pyramids	*alʔahrāmāt*^{u} *alʔahrām*^{u}	الأَهْراماتُ الأَهْرامُ
Atlas Mountains	*jibāl*^{u} *-lʔaṭlas*^{i}	جِبالُ الأَطْلَسِ
Negev desert	*ṣaḫrāʔ*^{u} *-nnaqab*^{i}	صَحْراءُ النَّقَبِ
The Empty Quarter	*ṣaḫrāʔ*^{u} *-rrub3*^{i} *-lxāliyy*^{i}	صَحْراءُ الرُّبْعِ الخالِيِّ
The Syrian Desert	*aṣṣaḫrāʔ*^{u} *-ssūriyya*^{tu} *ṣaḫarāʔ*^{u} *sūryā* *bādiya*^{tu} *-ššām*^{i}	الصَّحْراءُ السّورِيَّةُ صَحَراءُ سورْيا بادِيَةُ الشّامِ
The Sahara Desert	*aṣṣaḫrāʔ*^{u} *-lkubrā*	الصَّحْراءُ الكُبْرى

41 Earth and Space

land; ground, soil; earth	*ʔarɖ^{un} [f.] (ʔarāɖ^{in})*	أَرْضٌ (أَراضٍ)
island	*jazīra^{tun} (juzur^{un})*	جَزيرَةٌ (جُزُرٌ)
peninsula	*šibh^{u} jazīra^{tin}*	شِبْهُ جَزيرَةٍ
mountain	*jabal^{un} (jibāl^{un})*	جَبَلٌ (جِبالٌ)
tunnel	*nafaq^{un} (ʔanfāq^{un})*	نَفَقٌ (أَنْفاقٌ)
mountain range	*silsila^{tu} jibāl^{in}*	سِلْسِلَةُ جِبالٍ
mountainous, hilly	*jabaliyy^{un}*	جَبَلِيٌّ
hill	*tall^{u} (tilāl^{un})*	تَلٌّ (تِلالٌ)
flat	*musaʈʈaɧ^{un}*	مُسَطَّحٌ
plateau	*haɖba^{tun} (hiɖāb^{u})*	هَضْبَةٌ (هِضابُ)
valley	*wād^{in} (widyān^{un})*	وادٍ (وِدْيانٌ)
ravine, gorge	*xāniq^{un} (xwāniq^{u})*	خانِقٌ (خوانِقُ)
cliff	*jarf^{un} (jurūf^{un})*	جَرْفٌ (جُروفٌ)

continent	*qārra^{tun}*	قارَّةٌ
North America	*ʔamrīkā -ššamāliyya^{tu}*	أَمْريكا الشَّمالِيَّةُ
South America	*ʔamrīkā -ljanūbiyya^{tu}*	أَمْريكا الجَنوبِيَّةُ
Europe	*ʔōrōbbā*	أوْروبّا

Africa	*ʔafrīqyā*	أَفْرِيقْيا
Asia	*ʔāsyā*	آسْيا
Australia	*ʔusturālyā*	أُسْتُرالْيا

water	*māʔ*^{un}	ماءٌ
to freeze	*tajammada* [5s]	تَجَمَّدَ
to melt	*đāba* [1h3]	ذابَ
sea	*baħr*^{un} *(biħār*^{un}*)*	بَحْرٌ (بِحارٌ)
bay, gulf	*xalīj*^{u} *(xiljān*^{u}*)*	خَليجُ (خِلْجانُ)
canal	*qanā*^{tun} *(qanawāt*^{un}*)*	قَناةٌ (قَنواتٌ)
river	*nahr*^{un} *(ʔanhār*^{un}*)*	نَهْرٌ (أَنْهارٌ)
stream	*jadwal*^{un} *māʔiyy*^{un} *(jadāwil*^{u} *māʔiyya*^{tun}*)*	جَدْوَلٌ مائِيٌّ (جَداوِلُ مائِيَّةٌ)
lake	*buħayra*^{tun}	بُحَيْرَةٌ
waterfall, cataract	*šallāl*^{un}	شَلّالٌ
swamp	*mustanqa3*^{un}	مُسْتَنْقَعٌ

ocean	*muħīţ*^{un}	مُحيطٌ
Pacific Ocean	*almuħīţ*^{u} *-lhādī*	المُحيطُ الهادي
Atlantic Ocean	*almuħīţ*^{u} *-lʔaţlasiyy*^{u}	المُحيطُ الأَطْلَسِيُّ
Indian Ocean	*almuħīţ*^{u} *-lhindiyy*^{u}	المُحيطُ الهِنْدِيُّ

equator	*xaṭṭ^{u} -listiwāʔ^{i}*	خَطُّ الاِسْتِواءِ
the tropics	*almanāṭiq^{u} -listiwāʔiyya^{tu}*	المَناطِقُ الاِسْتِوائِيَّةُ
the Arctic	*alquṭb^{u} -ššamāliyy^{u}*	القُطْبُ الشَّمالِيُّ
desert	*ṣaħrāʔ^{u} [f.] (ṣaħār^{in})*	صَحْراءُ (صَحارٍ)
forest, jungle	*ɣāba^{tun}*	غابَةٌ
plains, grasslands	*suhūl^{un}*	سُهولٌ
sand dunes	*kuŧbān^{un} ramliyya^{tun}*	كُثْبانٌ رَمْلِيَّةٌ
oasis	*wāħa^{tun}*	واحَةٌ

volcano	*burkān^{un} (barākīn^{u})*	بُرْكانٌ (بَراكينُ)
lava	*ħimam^{un} burkāniyya^{tun}*	حِمَمٌ بُرْكانِيَّةٌ
to erupt	*infajara* *ŧāra*	اِنْفَجَرَ ثارَ
eruption	*infijār^{un}*	اِنْفِجارٌ
dormant, extinct	*xāmid^{un}*	خامِدٌ
This volcano hasn't erupted in millions of years.	*lam yanfajir hađā -lburkān^{u} munđ^{u} malāyīn^{i} -ssinīn^{i}.*	لَمْ يَنْفَجِرْ هَذا البُرْكانُ مُنْذُ مَلايينِ السِّنينِ.
earthquake	*hazza^{tun} ʔarḍiyya^{tun}* *zilzāl^{un} (zalāzil^{u})*	هَزَّةٌ أَرْضِيَّةٌ زِلْزالٌ (زَلازِلُ)
an earthquake struck	*waqa3^{a} zilzāl^{un}*	وَقَعَ زِلْزالٌ

Did you feel the earthquake this morning?	*hal ša3art^{a} bi-zzilzāl^{i} hađā -ṣṣabāḫ^{i}?*	هَلْ شَعَرْتَ بِالزِّلْزالِ هَذا الصَّباحِ؟
air	*hawāʔ^{un}*	**هَواءٌ**
sky	*samāʔ^{un}* [m. or f.]	**سَماءٌ**
moon	*qamar^{un} (ʔaqmār^{un})*	**قَمَرٌ (أَقْمارٌ)**
planet	*kawkab^{un} (kawākib^{u})*	**كَوْكَبٌ (كَواكِبُ)**
sun	*aššams^{u}* [f.]	**الشَّمْسُ**
star	*najma^{tun}*	**نَجْمَةٌ**
universe, cosmos	*kawn^{un} (ʔakwān^{un})*	**كَوْنٌ (أَكْوانٌ)**
space, outer space	*faḍāʔ^{un}* *faḍāʔ^{un} xārijiyy^{un}*	**فَضاءٌ** **فَضاءٌ خارِجِيٌّ**
comet	*muđannab^{un}*	**مُذَنَّبٌ**
meteorite, falling star	*šihāb^{un} (šuhub^{un})* *nayzak^{un} (nayāzik^{u})*	**شِهابٌ (شُهُبٌ)** **نَيْزَكٌ (نَيازِكُ)**
sunlight	*ḍawʔ^{u} -ššams^{i}*	**ضَوْءُ الشَّمْسِ**
sunrise	*šurūq^{u} -ššams^{i}* *aššurūq^{u}*	**شُروقُ الشَّمْسِ** **الشُّروقُ**
The sun rises in the east.	*tušriq^{u} -ššams^{u} fī -ššarq^{i}.*	تُشْرِقُ الشَّمْسُ فِي الشَّرْقِ.
sunset	*ɣurūb^{u} -ššams^{i}* *alɣurūb^{u}*	**غُروبُ الشَّمْسِ** **الغُروبُ**

The sun sets in the west.	*taɣrub^{u} -ššams^{u} fī -lɣarb^{i}.*	تَغْرُبُ الشَّمْسُ فِي الغَرْبِ.
dusk, twilight	*alɣasq^{u}* *alšafaq^{u}*	**الغَسْقُ** **الشَّفَقُ**
compass	*bawṣala^{tun}*	**بَوْصَلَةٌ**
map	*xarīṭa^{tun} (xarāʔiṭ^{u})*	**خَرِيطَةٌ (خَرائِطُ)**
north	*šamāl^{un}*	**شَمالٌ**
south	*janūb^{u}*	**جَنوبُ**
west	*ɣarb^{un}*	**غَرْبٌ**
east	*šarq^{u}*	**شَرْقُ**
northwest	*šamāl^{u} ɣarb^{in}*	**شَمالُ غَرْبٍ**
southwest	*janūb^{u} ɣarb^{in}*	**جَنوبُ غَرْبٍ**
northeast	*šamāl^{u} šarq^{in}*	**شَمالُ شَرْقٍ**
southeast	*janūb^{u} šarq^{in}*	**جَنوبُ شَرْقٍ**
Alexandria is in the north of Egypt.	*taqa3^{u} -lʔiskandariyya^{tu} fī šamāl^{i} miṣr^{a}.*	تَقَعُ الإِسْكَنْدَرِيَّةُ فِي شَمالِ مِصْرَ.
Sudan is to the south of Egypt.	*taqa3^{u} -ssūdān^{u} janūb^{a} miṣr^{a}.*	تَقَعُ السّودانُ جَنوبَ مِصْرَ.
northern	*šamāliyy^{un}*	**شَمالِيٌّ**
southern	*janūbiyy^{un}*	**جَنوبِيٌّ**
western	*ɣarbiyy^{un}*	**غَرْبِيٌّ**

eastern	*šarqiyy^{un}*	**شَرْقِيٌّ**
the North Pole	*alquṭb^{u} -ššamāliyy^{u}*	**القُطْبُ الشَّمالِيُّ**
the South Pole	*alquṭb^{u} -ljanūbiyy^{u}*	**القُطْبُ الجَنوبِيُّ**

42 Weather

weather	*ṭaqs^{un}*	**طَقْسٌ**
What's the weather like today?	*mā hiya ħāla^{tu} -ṭṭaqs^{i} -lyawm^{a}?*	ما هِيَ حالَةُ الطَّقْسِ اليَوْمَ؟
The weather is __.	*aṭṭaqs^{u} __.*	الطَّقْسُ ___.
good, nice, fair	*mu3tadil^{un}* *jamīl^{un}*	**مُعْتَدِلٌ** **جَميلٌ**
bad, miserable	*sayyiʔ^{un}*	**سَيِّئٌ**
What a nice day!	*yā lah^{u} min yawm^{in} jamīl^{in}!*	يا لَهُ مِنْ يَوْمٍ جَميلٍ!

temperature	*daraja^{tu} -lħarāra^{ti}*	**دَرَجَةُ الحَرارَةِ**
What's the temperature?	*kam tabluɣ^{u} daraja^{tu} -lħarāra^{ti}?*	كَمْ تَبْلُغُ دَرَجَةُ الحَرارَةِ؟
(It's) 25 degrees [Celsius].	*xams^{un} wa-3išrūn^{a} daraja^{tan}.*	خَمْسٌ وَعِشْرونَ دَرَجَةً.
It's in the low twenties.	*fī ʔawāʔil^{i} -l3išrīnāt^{i}.*	في أَوائِلِ العِشْريناتِ.
in the mid-twenties	*fī muntaṣaf^{i} -l3išrīnāt^{i}*	**في مُنْتَصَفِ العِشْريناتِ**
in the high twenties	*fī ʔawāxir^{i} -l3išrīnāt^{i}*	**في أَواخِرِ العِشْريناتِ**
It's around 30 degrees.	*ħawālay ŧalāŧīn^{a} daraja^{tan}.*	حَوالَيْ ثَلاثينَ دَرَجَةً.
It's over 30 degrees.	*ʔakŧar^{u} min ŧalāŧīn^{a} daraja^{tan}.*	أَكْثَرُ مِنْ ثَلاثينَ دَرَجَةً.
It's below zero/freezing.	*taħt^{a} -ṣṣifr^{i}.*	**تَحْتَ الصِّفْرِ.**
the maximum temperature, the high	*daraja^{tu} -lħarāra^{ti} -lquṣwā*	**دَرَجَةُ الحَرارَةِ القُصْوى**

the minimum temperature, the low	*daraja^{tu} -lħarāra^{ti} -ddunyā*	**دَرَجةُ الحَرارَةِ الدُّنْيا**

الطَّقْسُ *aṭṭaqs^{u}* serves as the subject when talking about the weather, whereas in English the subject would be "it," as in "It's hot" or "It's sunny."

It's __.	*aṭṭaqs^{u} __.*	الطَّقْسُ __.
heat	*ħarāra^{tun}*	**حَرارَةٌ**
It's very hot.	*aṭṭaqs^{u} ħārr^{un} jiddan.*	الطَّقْسُ حارٌّ جِدًّا.
warmth	*difʔ^{un}*	**دِفْءٌ**
coolness, coldness	*burūda^{tun}*	**بُرودَةٌ**
It's really cold.	*aṭṭaqs^{u} bārid^{un} jiddan.*	الطَّقْسُ بارِدٌ جِدًّا.
It's freezing outside.	*albard^{u} qāris^{un} fī -lxārij^{i}.*	البَرْدُ قارِسٌ فِي الخارِجِ.
heatwave	*mawja^{tu} ħarr^{in}* *mawja^{tun} ħārra^{tun}*	**مَوْجَةُ حَرٍّ** **مَوْجَةٌ حارَّةٌ**
How hot does it get where you're from?	*mā huwa madā ħarāri^{ti} -ṭṭaqs^{i} fī baladik^{a}?*	ما هُوَ مَدى حَرارَةِ الطَّقْسِ فِي بَلَدِكَ؟
Where I'm from, it doesn't usually get over 30 degrees in the summer.	*lā tazīd^{u} daraja^{tu} -lħarāra^{ti} fī baladī 3āda^{tan} 3an ŧalāŧīn^{a} daraja^{tan} fī -ṣṣayf^{i}.*	لا تَزِيدُ دَرَجَةُ الحَرارَةِ فِي بَلَدِي عادَةً عَنْ ثَلاثِينَ دَرَجَةً فِي الصَّيْفِ.
It's hotter than it was yesterday.	*aṭṭaqs^{u} ʔaħarr^{u} min yawm^{i} ʔams^{in}.*	الطَّقْسُ أَحَرُّ مِنْ يَوْمِ أَمْسٍ.
I don't like hot weather.	*ʔana lā ʔuħibb^{u} -ṭṭaqs^{a} -lħārr^{a}.*	أَنا لا أُحِبُّ الطَّقْسَ الحارَّ.

sky	*samāʔ^{un} (samawāt^{un})*	**سَماءٌ (سَمَواتٌ)**
The sky is clear.	*assamāʔ^{u} ṣāfiya^{tun}.*	السَّماءُ صافِيَةٌ.

It's sunny.	*aṭṭaqs^{u} mušmis^{un}.*	الطَّقْسُ مُشْمِسٌ.
sun	*šams^{un} (šumūs^{un})*	**شَمْسٌ (شُموسٌ)**
The sun has come out.	*ʔašraqat^{i} -ššams^{u}.*	أَشْرَقَتِ الشَّمْسُ.
The sun is shining.	*aššams^{u} mušriqa^{tun}.*	الشَّمْسُ مُشْرِقَةٌ.
darkness	*ẓalām^{un}*	**ظَلامٌ**
It's dark.	*aṭṭaqs^{u} muẓlim^{un}.* *aljaww^{u} muẓlim^{un}*	الطَّقْسُ مُظْلِمٌ. الجَوُّ مُظْلِمٌ
cloud	*ɣayma^{tun} (ɣuyūm^{un})*	**غَيْمَةٌ (غُيومٌ)**
It's cloudy/overcast.	*aṭṭaqs^{u} ɣāʔim^{un}.* *aljaww^{u} mulabbad^{un} bi-lɣuyūm^{i}.*	الطَّقْسُ غائِمٌ. الجَوُّ مُلَبَّدٌ بِالغُيومِ.

rain	*maṭar^{un}*	**مَطَرٌ**
It is raining.	*ʔinnahā tumṭir^{u}.*	إِنَّها تُمْطِرُ.
It's rainy.	*aljaww^{u} mumṭir^{un}.*	الجَوُّ مُمْطِرٌ.
It's started to rain.	*badaʔat tumṭir^{u}.*	بَدَأَتْ تُمْطِرُ.
It's stopped raining.	*tawaqqaf^{a} -lmaṭar^{u}.*	تَوَقَّفَ المَطَرُ.
It is pouring.	*ʔinnahā tumṭir^{u} bi-ɣazāra^{tin}.*	إِنَّها تُمْطِرُ بِغَزارَةٍ.
It is drizzling.	*ʔinnahā tumṭir^{u} rađāđan.* *ʔinnhā tumṭir^{u} qalīlan.*	إِنَّها تُمْطِرُ رَذاذًا. إِنّها تُمْطِرُ قَليلًا.
rainbow	*qaws^{u} quzaħ^{in}* *qaws^{u} -lmaṭar^{i}*	**قَوْسُ قُزَحٍ** **قَوْسُ المَطَرِ**

wind	*rīħ^{un} [f.]*	**ريحٌ**
It's windy.	*aţţaqs^{u} 3āşif^{un}.* *aljaww^{u} 3āşif^{un}.*	**الطَّقْسُ عاصِفٌ.** **الجَوُّ عاصِفٌ.**
to blow	*habba [1g3]*	**هَبَّ**
khamsin (hot, dusty southerly wind in the spring)	*riyāħ^{u} -lxamāsīn^{i}*	**رِياحُ الخَماسينِ**

snow	*ŧalj^{un} (ŧulūj^{un})*	**ثَلْجٌ (ثُلوجٌ)**
It's snowing.	*ʔinnahā tuŧlij^{u}.* *alŧalj^{u} yatasāqaţ^{u}.*	إِنَّها تُثْلِجُ. الثَّلْجُ يَتَساقَطُ.
Does it snow where you're from?	*hal tuŧlij^{u} fī baladik^{a}?* *hal yatasāqaţ^{u} -ŧŧalj^{u} fī baladik^{a}?*	هَلْ تُثْلِجُ فِي بَلَدِكَ؟ هَلْ يَتَساقَطُ الثَّلْجُ فِي بَلَدِكَ؟
Where I'm from, it snows a lot in the winter.	*tatasāqaţ^{u} -ŧŧulūj^{u} fī baladī kaŧīran fī -ššitāʔ^{i}.*	تَتَساقَطُ الثُّلوجُ فِي بَلَدي كَثيرًا فِي الشِّتاءِ.
hail	*barad^{un}*	**بَرَدٌ**
It's hailing.	*ʔinnahā tumţir^{u} barad^{an}.*	إِنَّها تُمْطِرُ بَرَدًا.
fog	*ḑabāb^{un}*	**ضَبابٌ**
It's foggy.	*aţţaqs^{u} ḑabābiyy^{un}.* *aljaww^{u} ḑabābiyy^{un}.*	**الطَّقْسُ ضَبابِيٌّ.** **الجَوُّ ضَبابِيٌّ.**

storm	*3āşifa^{tun} (3awāşif^{u})*	**عاصِفَةٌ (عَواصِفُ)**

There's a windstorm.; It's stormy.	*aṭṭaqs*^{u} *3āṣif*^{un}. *aljaww*^{u} *3āṣif*^{un}.	الطَّقسُ عاصِفٌ. الجَوُّ عاصِفٌ.
There's a rainstorm.	*hunālik*^{a} *3āṣifa*^{tun} *mumṭira*^{tun}.	هُنالِكَ عاصِفَةٌ مُمْطِرَةٌ.
sandstorm, dust storm	*3āṣifa*^{tun} *turābiyya*^{tun} *3āṣifa*^{tun} *ramliyya*^{tun}	**عاصِفَةٌ تُرابِيَّةٌ** **عاصِفَةٌ رَمْلِيَّةٌ**
hurricane, typhoon, cyclone	*ʔi3ṣār*^{un} *(ʔa3āṣīr*^{u}*)*	**إِعْصارٌ (أَعاصِيرُ)**
tornado	*ʔi3ṣār*^{un} *qum3iyy*^{un}	**إِعْصارٌ قُمْعِيٌّ**
dust devil	*dawwāma*^{tun} *turābiyya*^{tun}	**دَوّامَةٌ تُرابِيَّةٌ**
the eye of the storm	*markaz*^{u} *-l3āṣifa*^{ti}	**مَرْكَزُ العاصِفَةِ**
lightning	*barq*^{un}	**بَرْقٌ**
There was a flash of lightning.	*kāna hunāk*^{a} *wamīḍ*^{u} *barq*^{in}.	كانَ هُناكَ وَميضُ بَرْقٍ.
Lightning struck the tree.	*ḍaraba -lbarq*^{u} *-ššajara*^{ta}.	ضَرَبَ البَرْقُ الشَّجَرَةَ.
thunder	*ra3d*^{un}	**رَعْدٌ**
The thunder woke me up last night.	*ʔayqaẓanī -rra3d*^{u} *layla*^{ta} *ʔams*^{i}.	أَيْقَظَني الرَّعْدُ لَيْلَةَ أَمْسِ.

weather forecast	*annašra*^{tu} *-ljawwiyya*^{tu} *tawaqqu3āt*^{u} *-ṭṭaqs*^{i}	**النَّشْرَةُ الجَوِّيَّةُ** **تَوَقُّعاتُ الطَّقسِ**
What's the forecast for tomorrow?	*mā hiya -ttawaqqu3āt*^{u} *li-ṭaqs*^{i} *yawm*^{in} *ɣad*^{in}?	ما هِيَ التَّوَقُّعاتُ لِطَقسِ يَوْمِ غَدٍ؟
Do you think it's going to rain?	*hal ta3taqid*^{u} *ʔannahā satumṭir*^{u}?	هَلْ تَعْتَقِدُ أَنَّها سَتُمْطِرُ؟

It looks like (it's going to) rain.	*yabdū ʔannahā satumṭir^{u}.*	يَبْدو أَنَّها سَتُمْطِرُ.
We're expecting a storm.	*naħnu natawaqqa3^{u} 3āṣifa^{tan}.*	نَحْنُ نَتَوَقَّعُ عاصِفَةً.

climate	*munāx^{un}*	**مُناخٌ**
arid, dry	*qāħil^{un}* *jāff^{un}*	**قاحِلٌ** **جافٌّ**
Cairo has a very arid climate.	*munāx^{u} -lqāhira^{ti} qāħil^{un} jiddan.*	مُناخُ القاهِرَةِ قاحِلٌ جِدًّا.
humid	*raṭib^{un}*	**رَطِبٌ**
tropical	*istiwāʔiyy^{un}*	**اِسْتِوائِيٌّ**
The weather is quite changeable.	*aṭṭaqs^{u} mutaqallib^{un} jiddan.*	الطَّقْسُ مُتَقَلِّبٌ جِدًّا.
drought	*jafāf^{un}*	**جَفافٌ**
flood	*fayaḍān^{un}*	**فَيَضانٌ**

43 Animals

animal	*ɧayawān*^{un}	**حَيَوانٌ**
pet	*ɧayawān*^{un} *ʔalīf*^{un}	**حَيَوانٌ أَليفٌ**
Do you have any pets?	*hal ladayk*^{a} *ʔayy*^{u} *ɧayawānāt*^{in} *ʔalīfa*^{tin}?	هَلْ لَدَيْكَ أَيُّ حَيَوانَاتٍ أَليفَةٍ؟
dog	*kalb*^{un} (*kilāb*^{un})	**كَلْبٌ (كِلابٌ)**
cat	*qiţţa*^{tun} (*qiţaţ*^{un})	**قِطَّةٌ (قِطَطٌ)**
I like cats, but I don't like dogs so much.	*ʔuɧibb*^{u} *-lqiţaţ*^{a}*, lakinnanī lā ʔuɧibb*^{u} *-lkilāb*^{a} *kaŧīran.*	أُحِبُّ القِطَطَ، لَكِنَّني لا أُحِبُّ الكِلابَ كَثيرًا.
cage	*qafaş*^{un} (*ʔaqfāş*^{un})	**قَفَصٌ (أَقْفاصٌ)**
kennel	*bayt*^{u} *-lkalb*^{i} (*buyūt*^{u} *-lkilāb*^{i}) *bīt*^{u} *-lɧayawānāt*^{i} (*buyūt*^{u} *-lɧayawānāt*^{i})	**بَيْتُ الكَلْبِ (بُيوتُ الكِلابِ)** **بيتُ الحَيَوانَاتِ (بُيوتُ الحَيَوانَاتِ)**
leash	*ɧabl*^{u} [*kalb*^{in}] (*ɧibāl*^{u} [*kilāb*^{in}])	**حَبْلُ [كَلْبٍ] (حِبالُ [كِلابٍ])**
dog collar	*ţawq*^{u} *kalb*^{in} (*ʔaţwāq*^{u} *kilāb*^{in})	**طَوْقُ كَلْبٍ (أَطْواقُ كِلابٍ)**
to train	*darraba* [2s]	**دَرَّبَ**
(pet) food, feed	*ţa3ām*^{u} *-lɧayawānāt*^{i} *-lʔalīfa*^{ti}	**طَعامُ الحَيَوانَاتِ الأَليفَةِ**
to feed	*ʔaţ3ama* [4s]	**أَطْعَمَ**

Both masculine and feminine noun forms exist for most animals. These are, of course, used when referring to animals of a specific gender.

Otherwise, it is usually the masculine form that is used to refer to an animal. However, certain animals are more commonly referred to by their feminine forms. The more common form is listed below.

bear	*dubb^{un} (dibaba^{tun})*	دُبٌّ (دِبَبَةٌ)
beaver	*qundus^{un} (qanādis^{u})*	قُنْدُسٌ (قَنادِسُ)
buffalo	*jāmūsa^{tun} (jawāmīs^{u})*	جاموسَةٌ (جَواميسُ)
cheetah	*fahd^{un} (fuhūd^{un})*	فَهْدٌ (فُهودٌ)
deer, gazelle	*ɣazāl^{un} (ɣizlān^{un})*	غَزالٌ (غِزْلانٌ)
elephant	*fīl^{un} (fiyala^{tun})*	فيلٌ (فِيَلَةٌ)
fox	*ŧa3lab^{un} (ŧŧa3ālib^{u})*	ثَعْلَبٌ (ثَّعالِبُ)
giraffe	*zarāfa^{tun}*	زَرافَةٌ
hippopotamus	*faras^{u} -nnahr^{i}*	فَرَسُ النَّهْرِ
kangaroo	*kunɣur^{un} (kanāɣir^{u})*	كُنْغُرٌ (كَناغِرُ)
koala	*addubb^{u} -lʔusturāliyy^{u}* *kuwālā*	الدُّبُّ الأُسْتُرالِيُّ كُوالا
leopard	*annamir^{u} -lmuraqqaţ^{u}*	النَّمِرُ المُرَقَّطُ
lion	*ʔasad^{un} (ʔusūd^{un})*	أَسَدٌ (أُسودٌ)
mouse; rat	*faʔr^{un} (fiʔrān^{un})* *jirđ^{un} (jirđān^{un})*	فَأْرٌ (فِئْرانٌ) جُرْذٌ (جِرْذانٌ)
polar bear	*dubb^{un} quţbiyy^{un}*	دُبٌّ قُطْبِيٌّ
rabbit	*ʔarnab^{un} (ʔarānib^{u})*	أَرْنَبٌ (أَرانِبُ)

rhinoceros	*waɦīd^{u} -lqarn^{i}*	وَحيدُ القَرْنِ
skunk	*ẓurbān^{un}*	ظُرْبانٌ
squirrel	*sinjāb^{un} (sanājib^{u})*	سِنْجابٌ (سَناجِبُ)
tiger	*namir^{un} (numūr^{u})*	نَمِرٌ (نُمورُ)
wolf	*điʔb^{un} (điʔāb^{un})*	ذِئْبٌ (ذِئابٌ)

seal	*3ijl^{u} -lbaɦr^{i}* *fuqma^{tun}*	عِجْلُ البَحْرِ فُقْمَةٌ
sealion	*ʔasad^{u} -lbaɦr^{i}*	أَسَدُ البَحْرِ
dolphin	*dūlfīn^{un}*	دولْفينٌ
whale	*ɦūt^{un} (ɦītān^{un})*	حوتٌ (حيتانٌ)

bird	*ţāʔir^{un} (ţuyūr^{un})*	طائِرٌ (طُيورٌ)
canary	*kanāriyy^{un}*	كَنارِيٌّ
crow, raven	*ɣurāb^{un} (ɣirbān^{un})*	غُرابٌ (غِرْبانٌ)
doves	*yamām^{un}*	يَمامٌ
eagle, condor, vulture	*nisr^{un} (nusūr^{un})*	نِسْرٌ (نُسورٌ)
hawk, falcon	*şaqr^{un} (şuqūr^{un})*	صَقْرٌ (صُقورٌ)
ostrich	*na3āma^{tun} (na3ām^{un})*	نَعامَةٌ (نَعامٌ)
parrot	*babbaɣāʔ^{un} (babbaɣāwāt^{un})*	بَبَّغاءٌ (بَبَّغاواتٌ)

peacock	*ţāwūs^{un} (ţawāwīs^{u})*	طاووسٌ (طَواويسُ)
penguin	*biţrīq^{un} (baţārīq^{u})*	بِطْريقٌ (بَطاريقُ)
pigeons	*ɦamām^{un}*	حَمامٌ
seagull	*nawras^{un} (nawāris^{u})*	نَوْرَسٌ (نَوارِسُ)
small bird (sparrow, finch, etc.)	*3uşfūr^{un} (3aşāfīr^{u})*	عُصْفورٌ (عَصافيرُ)
stork	*laqlaq^{un} (laqāliq^{u})*	لَقْلَقٌ (لَقالِقُ)
swallow	*sunūnū*	سُنونو
swan	*tamm^{un}*	تَمٌّ

reptiles	*zawāɦif^{un}*	زَواحِفُ
cobra	*kōbrā*	كوبْرا
crocodile	*timsāɦ^{un} (tamāsīɦ^{u})*	تِمْساحٌ (تَماسيحُ)
lizard	*siɦliyya^{tun} (saɦāl^{in})*	سِحْلِيَّةٌ (سَحالٍ)
snake	*ŧu3bān^{un} (ŧa3ābīn^{u})*	ثُعْبانٌ (ثَعابينُ)
turtle, tortoise	*sulaɦfā^{tun} (salāɦif^{u})*	سُلَحْفاةٌ (سَلاحِفُ)

frog	*ḍifda3^{un} (ḍafādi3^{u})*	ضِفْدَعٌ (ضَفادِعُ)

fish	*samaka^{tun} (ʔasmāk^{un})*	سَمَكَةٌ (أَسْماكٌ)
shark	*[samaka^{tu}] qirš^{in} ([ʔasmāk^{u}] qirš^{in})*	[سَمَكَةُ] قِرْشٍ ([أَسْماكُ] قِرْشٍ)

jellyfish	*qindīl^{u} -lbaħr^{i} (qanādīl^{u} -lbaħr^{i})*	**قِنْديلُ البَحْرِ (قَناديلُ البَحْرِ)**
insect, bug	*ħašara^{tun}*	**حَشَرَةٌ**
ants	*naml^{un}*	**نَمْلٌ**
bees	*naħl^{un}*	**نَحْلٌ**
A bee stung me.	*ladaɣatnī naħla^{tun}.*	لَدَغَتْني نَحْلَةٌ.
bee-sting	*ladɣa^{tu} naħla^{tin}*	**لَدْغَةُ نَحْلَةٍ**
beehive	*xaliyya^{tu} naħl^{in}*	**خَلِيَّةُ نَحْلٍ**
beetle	*xunfusāʔ^{u} (xanāfis^{u})*	**خُنْفُساءُ (خَنافِسُ)**
butterfly	*farāša^{tun}*	**فَراشَةٌ**
cockroach	*ṣurṣūr^{un} (ṣarāṣīr^{u})*	**صُرْصورٌ (صَراصيرُ)**
cricket	*ṣurṣūr^{u} -llayl^{i}*	**صُرْصورُ اللَّيْلِ**
dragon-fly	*ya3sūb^{un} (ya3āsīb^{u})*	**يَعْسوبٌ (يَعاسيبُ)**
flea	*burɣūṯ^{un} (barāɣīṯ^{u})*	**بُرْغوثٌ (بَراغيثُ)**
flies	*đubāb^{un}*	**ذُبابٌ**
grasshopper, locust	*jundub^{un} (janādib^{u})*	**جُنْدُبٌ (جَنادِبُ)**
lice	*qaml^{un}*	**قَمْلٌ**
The child has head lice.	*yu3ānī -ṭṭifl^{u} min qaml^{i} -rraʔs^{i}.* *aṭṭifl^{u} muṣāb^{un} bi-qaml^{i} -rraʔs^{i}.*	يُعاني الطِّفْلُ مِنْ قَمْلِ الرَّأْسِ. الطِّفْلُ مُصابٌ بِقَمْلِ الرَّأْسِ.

mosquitoes	*ba3ūḍ*^{un}	**بَعوضٌ**
mosquito bite	*ladɣa*^{tu} *ba3ūḍa*^{tin}	**لَدْغَةُ بَعوضَةٍ**
A mosquito bit me.	*ladaɣatnī ba3ūḍa*^{tun}.	لَدَغَتْني بَعوضَةٌ.
moths	*3uṯ*^{un}	**عُثٌّ**
scorpion	*3aqrab*^{un} (*3aqārib*^{u})	**عَقْرَبٌ (عَقارِبُ)**
snail	*ɧalazūn*^{un} (*ɧalāzīn*^{u})	**حَلَزونٌ (حَلازينُ)**
spider	*3ankabūt*^{un} (*3anākib*^{u})	**عَنْكَبوتٌ (عَناكِبُ)**
spider web	*nasīj*^{u} *3ankabūt*^{in} *šabaka*^{tu} *3ankabūt*^{un}	**نَسيجُ عَنْكَبوتٍ** **شَبَكَةُ عَنْكَبوتٌ**
I'm afraid of spiders.	*ʔana ʔaxāf*^{u} *min*^{a} *-l3anākib*^{i}.	أنا أخافُ مِنَ العَناكِبِ.
wasp	*dabbūr*^{un} (*dabābīr*^{u})	**دَبّورٌ (دَبابيرُ)**
worms	*dūd*^{un}	**دودٌ**

beak, bill	*minqār*^{un} (*manāqīr*^{u})	**مِنْقارٌ (مَناقيرُ)**
claw, talon	*mixlab*^{un} (*maxālib*^{u})	**مِخْلَبٌ (مَخالِبُ)**
feathers	*rīš*^{un}	**ريشٌ**
feeler, antenna	*qarn*^{u} *-stiš3ār*^{in}	**قَرْنُ اسْتِشْعارٍ**
fur	*farw*^{un} *firāʔ*^{un}	**فَرْوٌ** **فِراءٌ**
horn, antler	*qarn*^{un} (*qurūn*^{un})	**قَرْنٌ (قُرونٌ)**

paw, leg	*rijl*^{un} (*ʔarjul*^{un})	رِجْلٌ (أَرْجُلٌ)
tail	*đayl*^{un} (*đuyūl*^{un})	ذَيْلٌ (ذُيولٌ)
udder, teats	*ḍar3*^{un} (*ḍurū3*^{un})	ضَرْعٌ (ضُروعٌ)
wing	*janāђ*^{un} (*ʔajniђa*^{tun})	جَناحٌ (أَجْنِحَةٌ)

44 Plant Life

plant	*nabta*^{tun} *(nabāt*^{un}*)*	نَبْتَةٌ (نَباتٌ)
trees	*šajar*^{un} *(ʔašjār*^{un}*)*	شَجَرٌ (أَشْجارٌ)
bush, shrub	*šujayra*^{tun}	شُجَيْرَةٌ
leaves	*waraq*^{u} *šajar*^{in} *(ʔawrāq*^{u} *šajar*^{in}*)*	وَرَقُ شَجَرٍ (أَوْراقُ شَجَرٍ)
branch	*far3*^{un} *(furū3*^{un}*)*	فَرْعٌ (فُروعٌ)
trunk	*jiđ3*^{un} *(juđū3*^{un}*)*	جِذْعٌ (جُذوعٌ)
bark	*liħāʔ*^{un}	لِحاءٌ
bamboo	*xayzarān*^{un}	خَيْزَرانٌ
palm tree	*naxla*^{tun} *(naxīl*^{un}*)* *šajara*^{tu} *naxīl*^{in}	نَخْلَةٌ (نَخيلٌ) شَجَرَةُ نَخيلٍ
date palm	*naxla*^{tu} *-ttamr*^{i}	نَخْلَةُ التَّمْرِ
oak tree	*šajara*^{tu} *ballūṭ*^{in}	شَجَرَةُ بَلّوطٍ
pine tree	*šajara*^{tu} *ṣanawbar*^{in}	شَجَرَةُ صَنَوْبَرٍ
Royal Poinciana tree	*ranaf*^{un} *malakiyy*^{un} *šajara*^{tu} *-lbūnsiyānā*	رَنَفٌ مَلَكِيٌّ شَجَرَةُ البونْسِيانا
sycamore tree	*šajara*^{tu} *jummayz*^{in}	شَجَرَةُ جُمَّيْزٍ
willow tree	*šajara*^{tu} *ṣafṣāf*^{in}	شَجَرَةُ صَفْصافٍ
flower	*zahr*^{un} *(zuhūr*^{un}*)*	زَهْرٌ (زُهورٌ)

petal	*batla*^{tun}	**بَتْلَةٌ**
stem, stalk	*sāq*^{un} *(sīqān*^{un}*)*	**ساقٌ (سيقانٌ)**
carnation	*qurunful*^{un}	**قُرُنْفُلٌ**
daisy, mum, chrysanthemum	*ʔuqħuwān*^{un}	**أُقْحُوانٌ**
poppy	*šaqāʔiq*^{u} *-nnu3mān*^{i}	**شَقائِقُ النُّعْمانِ**
rose; flower	*ward*^{un} *(wurūd*^{un}*)*	**وَرْدٌ (وُرودٌ)**
sunflower	*dawwār*^{u} *-ššams*^{i}	**دَوّارُ الشَّمْسِ**
tulip	*tūlīb*^{un} *la3la3*^{un}	**توليبٌ** **لَعْلَعٌ**
violet	*banafsaj*^{un}	**بَنَفْسَجٌ**
cactus	*ṣabbār*^{un}	**صَبّارٌ**
moss	*ṭuħlub*^{un} *(ṭaħālib*^{u}*)*	**طُحْلُبٌ (طَحالِبُ)**
vine	*nabāt*^{un} *mutasalliq*^{un}	**نَباتٌ مُتَسَلِّقٌ**
seeds	*bađr*^{un} *(buđūr*^{un}*)*	**بَذْرٌ (بُذورٌ)**
to plant (a seed), **grow** (a plant)	*zara3a* [1s1]	**زَرَعَ**
(a plant) **to grow**	*namā*	**نَما**
This plant is really growing fast!	*tanmū hađih*^{i} *-nnabta*^{tu} *bi-sur3a*^{tin} *kabīra*^{tin}*!*	تَنمو هَذِهِ النَّبْتَةُ بِسُرْعَةٍ كَبيرَةٍ!
to water (a plant)	*saqā* [1d2]	**سَقَى**

to fertilize	*samada* [1s3]	**سَمَدَ**
to weed a garden	*3aššaba -lɧadīqa*ta	**عَشَّبَ الحَديقَةَ**
plant pot	*ɧawdᶑ*u *zirā3a*tin (*ʔaɧwādᶑ*u *zirā3a*tin)	**حَوْضُ زِراعَةٍ (أَحْواضُ زِراعَةٍ)**

45 Colors

color	*lawn*^{un} *(ʔalwān*^{un}*)*	لَوْنٌ (أَلْوانٌ)
black	*ʔaswad*^{u} [m.] *(sūd*^{un}*),* *sawdāʔ*^{u} [f.] *(sawdāwāt*^{un}*)*	أَسْوَدُ (سودٌ)، سَوْداءُ (سَوْداواتٌ)
white	*ʔabyaɖ*^{u} [m.] *(bīɖ*^{un}*),* *bayɖāʔ*^{u} [f.] *(bayɖāwāt*^{un}*)*	أَبْيَضُ (بيضٌ)، بَيْضاءُ (بَيْضاواتٌ)
blue	*ʔazraq*^{u} [m.] *(zurq*^{un}*),* *zarqāʔ*^{u} [f.] *(zarqāwāt*^{un}*)*	أَزْرَقُ (زُرْقٌ)، زَرْقاءُ (زَرْقاواتٌ)
red	*ʔaɦmar*^{u} [m.] *(ɦumr*^{un}*),* *ɦamrāʔ*^{u} [f.] *(ɦamrāwāt*^{un}*)*	أَحْمَرُ (حُمْرٌ)، حَمْراءُ (حَمْراواتٌ)
yellow	*ʔaʂfar*^{u} [m.] *(ʂufr*^{un}*),* *ʂafrāʔ*^{u} [f.] *(ʂafrāwāt*^{un}*)*	أَصْفَرُ (صُفْرٌ)، صَفْراءُ (صَفْراواتٌ)
green	*ʔaxɖar*^{u} [m.] *(xuɖr*^{un}*),* *xaɖrāʔ*^{u} [f.] *(xaɖrāwāt*^{un}*)*	أَخْضَرُ (خُضْرٌ)، خَضْراءُ (خَضْراواتٌ)
beige	*bēj*^{un}	بيْجٌ
brown	*buniyy*^{un}	بُنِيٌّ
fuchsia	*ʔurjuwāniyy*^{un}	أُرْجُوانِيٌّ
gray	*ramādiyy*^{un}	رَمادِيٌّ
lemon-yellow	*ʔaʂfar*^{u} *laymūniyy*^{un}	أَصْفَرُ لَيْمونِيٌّ
light blue	*ʔazraq*^{u} *fātiɦ*^{un}	أَزْرَقُ فاتِحٌ

navy blue	*ʔazraq^{u} dākin^{un}*	**أَزْرَقُ داكِنٌ**
olive	*zaytūniyy^{un}*	**زَيْتونِيٌّ**
orange	*burtuqāliyy^{un}*	**بُرْتُقالِيٌّ**
pink	*wardiyy^{un}* *zahriyy^{un}*	**وَرْدِيٌّ** **زَهْرِيٌّ**
purple, violet	*banafsajiyy^{un}*	**بَنَفْسَجِيٌّ**
turquoise	*fayrūziyy^{un}*	**فَيْروزِيٌّ**
shade	*daraja^{tun}*	**دَرَجَةٌ**
light __	*__ fātiḫ^{un}*	**__فاتِحٌ**
light green	*ʔaxḍar^{u} fātiḫ^{un}*	أَخْضَرُ فاتِحٌ
dark __	*__ dākin^{un}*	**__داكِنٌ**
dark red	*ʔaḫmar^{u} dākin^{un}*	أَحْمَرُ داكِنٌ
colorful, multi-colored	*mulawwan^{un}* *muta3addid^{u} -lʔalwān^{i}*	**مُلَوَّنٌ** **مُتَعَدِّدُ الأَلْوانِ**

46 Shapes, Sizes, and Measurements

shape	*šakl^{un} (ʔaškāl^{un})*	شَكْلٌ (أَشْكالٌ)
circle	*dāʔira^{tun} (dawāʔir^{u})*	دائِرَةٌ (دَوائِرُ)
circular	*dāʔiriyy^{un}*	دائِرِيٌّ
oval(-shaped)	*bayḍāwiyy^{u} [-ššakl^{i}]*	بَيْضاوِيُّ [الشَّكْلِ]
square; square(-shaped)	*murabba3^{un}* *murabba3^{u} [-ššakl^{i}]*	مُرَبَّعٌ مُرَبَّعُ [الشَّكْلِ]
rectangle; rectangular	*mustaṭīl^{un}* *mustaṭīl^{u} [-ššakl^{i}]*	مُسْتَطيلٌ مُسْتَطيلُ [الشَّكْلِ]
triangle; triangular	*muŧallaŧ^{un}* *muŧallaŧiyy^{u} [-ššakl^{i}]*	مُثَلَّثٌ مُثَلَّثِيُّ [الشَّكْلِ]

big, large	*kabīr^{un} (kibār^{un})*	كَبيرٌ (كِبارٌ)
small, little	*ṣaɣīr^{un} (ṣiɣār^{un})*	صَغيرٌ (صِغارٌ)
length; (person) **height**	*ṭūl^{un} (ʔaṭwāl^{un})*	طولٌ (أَطْوالٌ)
long	*ṭawīl^{un} (ṭiwāl^{un})*	طَويلٌ (طِوالٌ)
(person) **tall**	*ṭawīl^{u} -lqāma^{ti}* *(ṭiwāl^{u} -lqāma^{ti})*	طَويلُ القامَةِ (طِوالُ القامَةِ)
short	*qaṣīr^{un} (qiṣār^{un})*	قَصيرٌ (قِصارٌ)
width	*3arḍ^{un} (ʔa3rāḍ^{un})*	عَرْضٌ (أَعْراضٌ)

measurement	*qiyās*^{un} *miqyās*^{un} *(maqāyīs*^{u}*)*	قِياسٌ مِقْياسٌ (مَقاييسُ)
to measure	*qāsa* [1h2]	قاسَ
size, volume	*ɧajm*^{u} *(ʔaɧjām*^{un}*)*	حَجْمٌ (أَحْجامٌ)
surface area	*misāɧa*^{tun} *misāɧa*^{tu} *saʈɧ*^{in}	مِساحَةٌ مِساحَةُ سَطْحٍ
distance	*masāfa*^{tun}	مَسافَةٌ

millimeter	*milliīmitr*^{un}	مِلِّيمِتْرٌ
centimeter	*santīmitr*^{un}	سَنْتيمِتْرٌ
meter	*mitr*^{un} *(ʔamtār*^{un}*)*	مِتْرٌ (أَمْتارٌ)
kilometer	*kīlūmitr*^{in}	كيلومِتْرٍ
inch	*būʂa*^{tun}	بوصَةٌ
foot	*qadam*^{un}	قَدَمٌ
mile	*mīl*^{un} *(ʔamyāl*^{un}*)*	ميلٌ (أَمْيالٌ)

square meter	*mitr*^{un} *murabba3*^{un}	مِتْرٌ مُرَبَّعٌ
cubic meter	*mitr*^{un} *muka33ab*^{un}	مِتْرٌ مُكَعَّبٌ

weight	*wazn*^{un} *(ʔawzān*^{un}*)*	وَزْنٌ (أَوْزانٌ)

to weigh	*wazana* [1a2]	وَزَنَ
gram	*ɣirām^{un}*	غِرامٌ
kilogram	*kīlūɣirām^{in}*	كيلوغِرامٍ
ton (metric)	*ţunn^{un} (ʔaţnān^{un})*	طُنٌّ (أَطْنانٌ)
ounce	*ʔūnşa^{tun}*	أونْصَةٌ
pound	*raţl^{un}*	رَطْلٌ

47 Quantity

every; all	*kull^{u}* *jamī3^{u}*	**كُلّ** **جَميعُ**
every child	*kull^{u} ṭifl^{in}*	كُلّ طِفْلٍ
all of the children	*kull^{u} -lʔaṭfāl^{i}* *jamī3^{u} -lʔaṭfāl^{i}*	كُلّ الأَطْفالِ جَميعُ الأَطْفالِ
most	*mu3ẓam^{u}* *ʔaɣlab^{u}*	**مُعْظَمُ** **أَغْلَبُ**
most people	*mu3ẓam^{u} -nnās^{i}* *ʔaɣlab^{u} -nnās^{i}*	مُعْظَمُ النّاسِ أَغْلَبُ النّاسِ
some	*ba3ḍ^{un}*	**بَعْضٌ**
some people	*ba3ḍ^{u} -nnās^{i}*	بَعْضُ النّاسِ
no, none of	*lā* *lā ʔaḥad^{a} min* *lā šayʔ^{a} min*	**لا** **لا أَحَدَ مِنْ** **لا شَيْءَ مِنْ**
no students, none of the students	*lā ṭullāb^{a}* *lā ʔaḥad^{un} min^{a} -ṭṭullāb^{i}*	لا طُلّابَ لا أَحَدٌ مِنَ الطُّلّابِ
a lot of	*alkaṯīr^{u} min* *al3adīd^{u} min*	**الكَثيرُ مِنْ** **العَديدُ مِنْ**
a lot of money	*alkaṯīr^{u} min^{a} -lmāl^{i}*	الكَثيرُ مِنَ المالِ
a lot of people	*alkaṯīr^{u} min^{a} -nnās^{i}*	الكَثيرُ مِنَ النّاسِ

a little	*alqalīl^{u}*	**القَليلُ**
a little time	*alqalīl^{u} min^{a} -lwaqt^{i}*	القَليلُ مِنَ الوَقْتِ
a little money	*alqalīl^{u} min^{a} -lmāl^{i}*	القَليلُ مِنَ المالِ
a few, some	*biḍ3^{un}* *ba3ḍ^{un}*	**بِضْعٌ** **بَعْضٌ**
a few people	*ba3ḍ^{u} -nnās^{i}* *ba3ḍ^{u} -lʔašxāṣ^{i}*	بَعْضُ النّاسِ بَعْضُ الأَشْخاصِ
a couple of	*-ān^{i}*	**انِ**
a couple of months	*šahrān^{i}*	شَهْرانِ
a few	*biḍ3a^{tu} __*	**بِضْعَةُ __**
a few days	*biḍ3a^{tu} ʔayyām^{in}*	بِضْعَةُ أَيّامٍ
several	*3idda^{tu} __* *al3adīd^{u} min*	**عِدَّةُ __** **العَديدُ مِنْ**
several kinds	*3idda^{tu} ʔanwā3^{in}* *3idda^{tu} ʔaṣnāf^{in}*	عِدَّةُ أَنْواعٍ عِدَّةُ أَصْنافٍ

48 Numbers

number, numeral	*raqm^{u} (ʔarqām^{un})*	رَقْمٌ (أَرْقامٌ)
number (quantity)	*3adad^{un} (ʔa3dād^{un})*	عَدَدٌ (أَعْدادٌ)
to count	*3adda* [1g3]	عَدَّ
odd	*fardiyy^{un}*	فَرْدِيٌّ
even	*zawjiyy^{un}*	زَوْجِيٌّ
zero	*şifr^{un}*	صِفْرٌ
cardinal number	*3adad^{un} ʔaşliyy^{un}*	عَدَدٌ أَصْلِيٌّ

The numbers 1-19 have two forms. The first, as listed below is used when counting 1, 2, 3... and preceding a masculine noun. The second is used before feminine nouns. The number for 'one,' however, follows its noun.

one	*wāħid^{un} [m.], wāħida^{tun} [f.]*	واحِدٌ، واحِدَةٌ
two	*iŧnān^{i} [m.], iŧnatān^{i} [f.]*	اِثْنانِ، اِثْنَتانِ

The number for 'two' is generally not needed to modify a noun in Arabic. Instead, the dual suffix ان -ān^{i} is used, as in the example below.

two tables and two chairs	*ţāwilatān^{i} wa-kursiyyān^{i}*	طاوِلَتانِ وَكُرْسِيّانِ

The rules governing numbers in Modern Standard Arabic are complex and outside the scope of this book. As a basic rule, we can say that the numbers 3-10 are followed by a plural noun, while numbers over 10 are followed by a singular (accusative) noun.

three	*ŧalāŧa^{tun}, ŧalāŧ^{u}*	ثَلاثَةٌ، ثَلاثُ
four	*ʔarba3a^{tun}, ʔarba3^{u}*	أَرْبَعَةٌ، أَرْبَعُ
five	*xamsa^{tun}, xams^{u}*	خَمْسَةٌ، خَمْسُ

six	*sitta*^{tun}, *sitt*^{u}	سِتَّةٌ، سِتٌّ
seven	*sab3a*^{tun}, *sab3*^{u}	سَبْعَةٌ، سَبْعُ
eight	*ŧamāniya*^{tun}, *ŧamān*^{in} *(ŧamānī)*	ثَمانِيَةٌ، ثَمانٍ (ثَمانِي)
nine	*tis3a*^{tun}, *tis3*^{u}	تِسْعَةٌ، تِسْعُ
ten	*3ašara*^{tun}, *3ašr*^{un}	عَشَرَةٌ، عَشْرٌ
eleven	*ʔaɦad*^{a} *3ašar*^{a}, *ʔiɦdā 3ašara*^{ta}	أَحَدَ عَشَرَ، إِحْدى عَشْرَةَ
twelve	*iŧnā 3ašar*^{a}, *iŧnatā 3ašara*^{ta}	اِثْنا عَشَرَ، اِثْنَتا عَشْرَةَ
thirteen	*ŧalāŧa*^{ta} *3ašar*^{a}, *ŧalāŧ*^{a} *3ašara*^{ta}	ثَلاثَةَ عَشَرَ، ثَلاثَ عَشْرَةَ
fourteen	*ʔarba3a*^{ta} *3ašar*^{a}, *ʔarba3*^{a} *3ašara*^{ta}	أَرْبَعَةَ عَشَرَ، أَرْبَعَ عَشَرَةَ
fifteen	*xamsa*^{ta} *3ašar*^{a}, *xams*^{a} *3ašara*^{ta}	خَمْسَةَ عَشَرَ، خَمْسَ عَشْرَةَ
sixteen	*sitta*^{ta} *3ašar*^{a}, *sitt*^{a} *3ašara*^{ta}	سِتَّةَ عَشَرَ، سِتَّ عَشَرَةَ
seventeen	*sab3a*^{ta} *3ašar*^{a}, *sab3*^{a} *3ašara*^{ta}	سَبْعَةَ عَشَرَ، سَبْعَ عَشَرَةَ
eighteen	*ŧamāniya*^{tu} *3ašar*^{a}, *ŧamāniy*^{a} *3ašara*^{ta}	ثَمانِيَةُ عَشَرَ، ثَمانِيَ عَشَرَةَ
nineteen	*tis3a*^{ta} *3ašar*^{a}, *tis3*^{a} *3ašara*^{ta}	تِسْعَةَ عَشَرَ، تِسْعَ عَشَرَةَ
twenty	*3išrūn*^{a}	عِشْرونَ

Compound numbers with 20, 30, etc., are literally phrased 'one and twenty', 'two and twenty', etc.

twenty-one	*wāɦid*^{un} *wa-3išrūn*^{a}, *ʔiɦdā wa-3išrūn*^{a}	واحِدٌ وَعِشْرونَ، إِحْدى وَعِشْرونَ
twenty-two	*iŧnān*^{i} *wa-3išrūn*^{a}, *iŧnatān*^{i} *wa-3išrūn*^{a}	اِثْنانِ وَعِشْرونَ، اِثْنَتانِ وَعِشْرونَ

twenty-three	*ŧalāŧa*^{tun} *wa-3išrūn*^{a}, *ŧalāŧ*^{un} *wa-3išrūn*^{a}	ثَلاثَةٌ وَعِشْرونَ، ثَلاثٌ وَعِشْرونَ
thirty	*ŧalāŧūn*^{a}	ثَلاثونَ
forty	*ʔarba3ūn*^{a}	أَرْبَعونَ
fifty	*xamsūn*^{a}	خَمْسونَ
sixty	*sittūn*^{a}	سِتّونَ
seventy	*sab3ūn*^{a}	سَبْعونَ
eighty	*ŧamānūn*^{a}	ثَمانونَ
ninety	*tis3ūn*^{a}	تِسْعونَ
one hundred	*miʔa*^{tun}	مِئَةٌ
two hundred	*miʔatān*^{i}	مِئَتانِ
three hundred	*ŧalāŧumiʔa*^{tin}	ثَلاثُمِئَةٍ
four hundred	*ʔarba3umiʔa*^{tin}	أَرْبَعُمِئَةٍ
five hundred	*xamsumiʔa*^{tin}	خَمْسُمِئَةٍ
six hundred	*sittumiʔa*^{tin}	سِتُّمِئَةٍ
seven hundred	*sab3umiʔa*^{tin}	سَبْعُمِئَةٍ
eight hundred	*ŧamānimiʔa*^{tin}	ثَمانِمِئَةٍ
nine hundred	*tis3umiʔa*^{tin}	تِسْعُمِئَةٍ
(one) thousand	*ʔalf*^{un} (*ʔālāf*^{un})	أَلْفٌ (آلافٌ)
two thousand	*ʔalfān*^{i}	أَلْفانِ

three thousand	*ŧalāŧa^{tu} ʔālāf^{in}*	**ثَلاثَةُ آلافٍ**
four thousand	*ʔarba3a^{tu} ʔālāf^{in}*	**أَرْبَعَةُ آلافٍ**
five thousand	*xamsa^{tu} ʔālāf^{in}*	**خَمْسَةُ آلافٍ**
six thousand	*sitta^{tu} ʔālāf^{in}*	**سِتَّةُ آلافٍ**
seven thousand	*sab3a^{tu} ʔālāf^{in}*	**سَبْعَةُ آلافٍ**
eight thousand	*ŧamāniya^{tu} ʔālāf^{in}*	**ثَمانِيَةُ آلافٍ**
nine thousand	*tis3a^{tu} ʔālāf^{in}*	**تِسْعَةُ آلافٍ**
ten thousand	*3ašara^{tu} ʔālāf^{in}*	**عَشَرَةُ آلافٍ**
eleven thousand	*ʔaɦad^{a} 3ašar^{a} ʔalf^{an}*	**أَحَدَ عَشَرَ أَلْفًا**
twenty thousand	*3išrūn^{a} ʔalf^{an}*	**عِشْرونَ أَلْفًا**
one hundred thousand	*miʔa^{tu} ʔalf^{in}*	**مِئَةُ أَلْفٍ**
million	*milyōn^{un}*	**مِلْيونٌ**
billion	*milyār^{un}*	**مِلْيارٌ**
arithmetic, calculation	*ɦisāb^{un}*	**حِسابٌ**
to calculate, to work out	*ɦasaba* [1s3]	**حَسَبَ**
calculator	*ʔāla^{tun} ɦāsiba^{tun}*	**آلَةٌ حاسِبَةٌ**
How did you work that out in your head? I need a calculator!	*kayf^{a} ɦasabt^{a} đalik^{a} fī đihnik^{a}? ʔana ʔaɦtāj^{u} li-ʔāla^{tin} ɦāsiba^{tin}!*	كَيْفَ حَسَبْتَ ذَلِكَ فِي ذِهْنِكَ؟ أَنا أَحْتاجُ لِآلَةٍ حاسِبَةٍ!

to add, add up	*jama3a* [1s1] *ʔaḍāfa* [4h]	**جَمَعَ** **أَضافَ**
Add up the price of all the items to get the total.	*ijma3 si3r^{a} kull^{i} -lʔaṣnāf^{i} li-taħṣul^{a} 3alā -lʔijmāliyy^{i}.*	اِجْمَعْ سِعْرَ كُلِّ الأَصْنافِ لِتَحْصُلَ عَلى الإجْمالِيِّ.
to subtract	*ṭaraħa* [1s1]	**طَرَحَ**
Subtract the smaller amount from the larger one to find the difference.	*iṭraħ^{i} -lqīma^{ta} -lʔaṣɣar^{a} min^{a} -lʔakbar^{i} li-ʔījād^{i} -lfarq^{i}.*	اِطْرَحِ القيمَةَ الأَصْغَرَ مِنَ الأَكْبَرِ لِإيجادِ الفَرْقِ.
to multiply by	*ḍaraba* [1s2] *fī*	**ضَرَبَ فِي**
Multiply the length and width to find the area of the rectangle.	*iḍrib^{i} -ṭṭūl^{a} fī -l3arḍ^{i} li-ʔījād^{i} misāħa^{ti} -lmustaṭīl^{i}.*	اِضْرِبِ الطّولَ فِي العَرْضِ لِإيجادِ مِساحَةِ المُسْتَطيلِ.
to divide by	*qasama* [2s] *3alā*	**قَسَمَ عَلى**
Divide the total by the number of people to find the average.	*iqsim^{i} -lʔijmālyy^{a} 3alā 3adad^{i} -lʔašxāṣ^{i} li-ʔījād^{i} -lmutawassiṭ^{i}.*	اِقْسِمِ الإجْمالِيَّ عَلى عَدَدِ الأَشْخاصِ لِإيجادِ المُتَوَسِّطِ.
to equal, be equal to	*sāwā* [3d]	**ساوى**
equals, is	*yusāwī*	**يُساوي**
plus	*zāʔid^{un}* *muḍāfa^{tun} ʔilā*	**زائِدٌ** **مُضافَةٌ إِلى**
Three plus two equals five.	*ŧalāŧa^{tun} zāʔid^{u} -ŧnayn^{i} yusāwī xamsa^{tan}.* *ŧalāŧa^{tun} muḍāfa^{tun} ʔilā -ŧnayn^{i} yusāwī xamsa^{tan}.*	ثَلاثَةٌ زائِدُ اثْنَيْنِ يُساوي خَمْسَةً. ثَلاثَةٌ مُضافَةٌ إِلى اثْنَيْنِ يُساوي خَمْسَةً.
minus	*nāqiṣ^{un}*	**ناقِصٌ**

Ten minus nine equals one.	*3ašara^{tun} nāqiṣ^{u} tis3a^{tin} yusāwī wāħid^{an}.*	عَشَرَةٌ ناقِص تِسْعَةٍ يُساوي واحِدًا.
times	*ḍarb^{un}*	**ضَرْبٌ**
Three times four equals twelve.	*ŧalāŧa^{tun} ḍarb^{u} ʔarba3a^{tin} yusāwī -ŧnay 3ašar^{a}.*	ثَلاثَةٌ ضَرْبُ أَرْبَعَةٍ يُساوي اثْنَيْ عَشَرَ.
divided by	*maqsūm^{un} 3alā*	**مَقْسومٌ عَلى**
Twenty divided by four equals five.	*3išrūn^{a} maqsūma^{tun} 3alā ʔarba3a^{tin} yusāwī xamsa^{tan}.*	عِشْرونَ مَقْسومَةٌ عَلى أَرْبَعَةٍ يُساوي خَمْسَةً.

ordinal number	*3adad^{un} tartībiyy^{un}*	**عَدَدٌ تَرْتيبِيٌّ**
first	*ʔawwal^{un}, ʔūlā (ʔawāʔil^{u})*	**أَوَّلٌ، أولى (أَوائِلُ)**
second	*ŧān^{in}*	**ثانٍ**
third	*ŧāliŧ^{un}*	**ثالِثٌ**
fourth	*rābi3^{un}*	**رابِعٌ**
fifth	*xāmis^{un}*	**خامِسٌ**
sixth	*sādis^{un}*	**سادِسٌ**
seventh	*sābi3^{un}*	**سابِعٌ**
eighth	*ŧāmin^{un}*	**ثامِنٌ**
ninth	*tāsi3^{un}*	**تاسِعٌ**
tenth	*3āšir^{un}*	**عاشِرٌ**

There are no unique ordinal forms for numbers over 10. The cardinal number is used. An ordinal number can be distinguished from a cardinal number because it follows the noun it modifies and usually takes the definite article. Compare the following:

There are twenty books, and the twentieth book is mine.	*hunālik^{a} 3išrūn^{a} kitāb^{an}, wa-lkitāb^{u} -l3išrūn^{a} lī.*	هُنالِكَ عِشْرونَ كِتابًا، وَالكِتابُ العِشْرونَ لي.
the last __	*ʔāxir^{u} __*	آخِرُ __
fraction	*juzʔ^{un} (ʔajzāʔ^{un})*	جُزْءٌ (أَجْزاءٌ)
whole	*kull^{u}* *jamī3^{u}*	كُلٌّ جَميعٌ
half	*niṣf^{un} (ʔanṣaāf^{un})*	نِصْفٌ (أَنْصافٌ)
Two halves make a whole.	*anniṣfān^{i} yukmilān^{i} ba3ḍahumā.*	النِّصْفانِ يُكْمِلانِ بَعْضَهُما.
a third	*ŧuluŧ^{un} (ʔaŧlāt^{un})*	ثُلْثٌ (أَثْلاثٌ)
a fourth, a quarter	*rub3^{un} (ʔarbā3^{un})*	رُبْعٌ (أَرْباعٌ)
a fifth	*xumus^{un} (ʔaxmās^{un})*	خُمُسٌ (أَخْماسٌ)
three fifths	*ŧalāŧa^{tu} ʔaxmās^{in}*	ثَلاثَةُ أَخْماسٍ

Fractions above 10 are formed with ordinal numbers separated by عَلى *3alā*.

one twelfth (1/12)	*wāħid^{un} 3alā -ŧnay 3ašar^{a}*	واحِدٌ عَلى اثْنَيْ عَشَرَ
three twentieths (3/20)	*ŧalāŧa^{tun} 3alā 3išrīn^{a}*	ثَلاثَةٌ عَلى عِشْرينَ
percentage	*nisba^{tun} miʔawiyya^{tun} (nisab^{u} miʔawiyya^{tun})*	نِسْبَةٌ مِئَويَّةٌ (نِسَبٌ مِئَويَّةٌ)
a large percentage	*nisba^{tun} kabīra^{tun}*	نِسْبَةٌ كَبيرَةٌ
what percentage of __	*mā hiya -nnisba^{tu} -lmiʔawiyya^{tu} min __*	ما هِيَ النِّسْبَةُ المِئَويَّةُ مِنْ __

percent	*fī -lmiʔa^ti* *bi-lmiʔa^ti*	**فِي المِئَةِ** **بِالمِئَةِ**
fifty percent of people	*xamsūn^a fī -lmiʔa^ti min^a -nnās^i*	خَمْسونَ فِي المِئَةِ مِنَ النّاسِ

49 Time

time	*waqt*^{un} *(ʔawqāt*^{un}*)*	وَقْتٌ (أَوْقاتٌ)

day	*yawm*^{un} *(ʔayyām*^{un}*)*	يَوْمٌ (أَيّامٌ)
in the morning	*fī -ṣṣabāḫ*^{i}	فِي الصَّباحِ
at noon	*fī -ẓẓahīra*^{ti} *fī -ẓẓuhr*^{i}	فِي الظَّهِيرَةِ فِي الظُّهْرِ
in the afternoon	*ba3d*^{a} *-ẓẓuhr*^{i} *ba3d*^{a} *-ẓẓahīra*^{ti}	بَعْدَ الظُّهْرِ بَعْدَ الظَّهِيرَةِ
in the evening, at night	*fī -lmasāʔ*^{i} *fī -llayl*^{i}	فِي المَساءِ فِي اللَّيْلِ
at midnight	*fī muntaṣaf*^{i} *-llayl*^{i}	فِي مُنْتَصَفِ اللَّيْلِ

three days **ago**	*qabl*^{a} *ŧalāŧa*^{ti} *ʔayyām*^{in}	قَبْلَ ثَلاثَةِ أَيّامٍ
the day before yesterday	*ʔawwal*^{a} *ʔams*^{i}	أَوَّلَ أَمْسِ
yesterday	*ʔams*^{i} *fī -lʔams*^{i}	أَمْسِ فِي الأَمْسِ
yesterday morning	*albāriḫa*^{ta} *ṣabāḫan* *ṣabāḫ*^{a} *ʔams*^{in}	البارِحَةَ صَباحًا صَباحَ أَمْسٍ
last night	*layla*^{ta} *ʔams*^{i} *allayla*^{ta} *-lmāḍiya*^{ta}	لَيْلَةَ أَمْسِ اللَّيْلَةَ الماضِيَةَ

today	*alyawm*^{a}	اليَوْمَ
this morning	*hađā -ṣṣabāħ*^{u} *ṣabāħ*^{a} *-lyawm*^{i}	هَذا الصَّباحُ صَباحَ اليَوْمِ
this afternoon	*ba3d*^{a} *ẓuhr*^{i} *-lyawm*^{i}	بَعْدَ ظُهْرِ اليَوْمِ
this evening, tonight	*hađā -lmasāʔ*^{u} *hađih*^{i} *-llayla*^{ta}	هَذا المَساءُ هَذِهِ اللَّيْلَةَ
tomorrow	*ɣadan*	غَدًا
tomorrow morning	*ṣabāħ*^{a} *-lɣad*^{i} *ɣadan ṣabāħan*	صَباحَ الغَدِ غَدًا صَباحًا
tomorrow evening	*masāʔ*^{a} *ɣad*^{in}	مَساءَ غَدٍ
the day after tomorrow	*ba3d*^{a} *ɣad*^{in}	بَعْدَ غَدٍ
in three days	*ba3d*^{a} *ŧalāŧa*^{ti} *ʔayyām*^{in}	بَعْدَ ثَلاثَةِ أَيّامٍ
within three days	*xilāl*^{a} *ŧalāŧa*^{ti} *ʔayyām*^{in} *fī ɣuḍūn*^{i} *ŧalāŧa*^{ti} *ʔayyām*^{in}	خِلالَ ثَلاثَةِ أَيّامٍ فِي غُضونِ ثَلاثَةِ أَيّامٍ

every day	*kull*^{a} *yawm*^{in}	كُلَّ يَوْمٍ
every other day	*kull*^{a} *yawmayn*^{i} *bayn*^{a} *-lyawm*^{i} *wa-lʔāxar*^{i}	كُلَّ يَوْمَيْنِ بَيْنَ اليَوْمِ وَالآخَرِ
all day	*ṭiwāl*^{a} *-lyawm*^{i}	طِوالَ اليَوْمِ

week	*ʔusbū3*^{un} *(ʔasābī3*^{u}*)*	أُسْبوعٌ (أَسابيعُ)

weekday, workday	*yawm^{u} 3amal^{in}*	**يَوْمُ عَمَلٍ**
(on) the weekend	*fī nihāya^{ti} -lʔusbū3^{i}*	**فِي نِهايَةِ الأُسْبوعِ**
Sunday	*alʔaɦad^{u}*	**الأَحَدُ**
Monday	*alitnayn^{u}*	**الِاثْنَيْنُ**
Tuesday	*attulātāʔ^{u}*	**الثُّلاثاءُ**
Wednesday	*alʔarbi3āʔ^{u}*	**الأَرْبِعاءُ**
Thursday	*alxamīs^{u}*	**الخَميسُ**
Friday	*aljum3a^{tu}*	**الجُمْعَةُ**
Saturday	*assabt^{u}*	**السَّبْتُ**
See you on Saturday!	*ʔarāk^{a} yawm^{a} -ssabt^{i}!*	أَراكَ يَوْمَ السَّبْتِ!

last week	*alʔusbū3^{u} -lmāḍī*	**الأُسْبوعُ الماضي**
this week	*hađā -lʔusbū3^{u}*	**هَذا الأُسْبوعُ**
next week	*alʔusbū3^{u} -lmuqbil^{u}*	**الأُسْبوعُ المُقْبِلُ**
I'll tell you next week or the week after.	*saʔuxbiruk^{a} -lʔusbū3^{a} -lmuqbil^{a} ʔaw^{i} -lʔusbū3^{a} -llađī yalīh.*	سَأُخْبِرُكَ الأُسْبوعَ المُقْبِلَ أَوِ الأُسْبوعَ الَّذي يَليه.

month	*šahr^{u} (ʔašhur^{in})*	**شَهْرٌ (أَشْهُرٍ)**

For each month, there are two names listed below. The second ones are used in Iraq and the Levant (Lebanon, Syria, Palestine, and Jordan). Variations of the first ones are used in the Maghreb (Algeria, Morocco, and Tunisia). Some international newspapers will use both names separated by a slash: 29 يناير/ كانون الثانى 2022

January	*yanaāyir*^{u} *kānūn*^{u} *-ŧŧānī*	يَنَايِرُ كانونُ الثّاني
February	*fibraāyir*^{u} *šubāṭ*^{u}	فِبْرَايِرُ شُباطُ
March	*maāris*^{u} *ʔāđār*^{u}	مَارِسُ آذارُ
April	*ʔabriīl*^{u} *nīsān*^{u}	أَبْرِيلُ نيسانُ
May	*māyū* *ʔayyār*^{u}	مايو أَيّارُ
June	*yūniyū* *ḫuzayrān*^{u}	يونِيو حُزَيْرانُ
July	*yūliyū* *tammūz*^{u}	يولِيو تَمّوزُ
August	*ʔaɣusṭusu* *ʔāb*^{u}	أَغُسْطُسُ آبُ
September	*sabtambaru* *ʔaylūl*^{u}	سَبْتَمْبَرُ أَيْلولُ
October	*ʔuktuūbiru* *tišrīn*^{u} *-lʔawwal*^{u}	أُكْتُوبِرُ تِشْرِينُ الأَوَّلُ
November	*nūfimbiru* *tišrīn*^{u} *-ŧŧānī*	نوفِمْبِرُ تِشْرِينُ الثّاني

December	*dīsambaru* *kānūn^{u} -lʔawwal^{i}*	**ديسَمْبَرُ** **كانونُ الأَوَّلِ**
I was born in December.	*ʔana wulidt^{u} fī kānūn^{a} -lʔawwal^{i}.* *ʔana wulidt^{u} fī dīsambar^{a}.*	أَنا وُلِدْتُ في كانونَ الأَوَّلِ. أَنا وُلِدْتُ في ديسَمْبَرَ.
calendar	*taqwīm^{un} (taqāwīm^{u})*	**تَقْويمٌ (تَقاويمُ)**

last month	*aššahr^{u} -lmāḍī*	**الشَّهْرُ الماضي**
this month	*hađā -ššahr^{u}*	**هَذا الشَّهْرُ**
next month	*aššahr^{u} -lqādim^{u}*	**الشَّهْرُ القادِمُ**

season	*faṣl^{un} (fuṣūl^{un})*	**فَصْلٌ (فُصولٌ)**
spring	*arrabī3^{u}*	**الرَّبيعُ**
summer	*aṣṣayf^{u}*	**الصَّيْفُ**
fall, autumn	*alxarīf^{u}*	**الخَريفُ**
winter	*aššitāʔ^{u}*	**الشِّتاءُ**
I like to go to Alexandria in the winter.	*ʔuḥibb^{u} -đđahāb^{a} ʔilā -lʔiskandariyya^{ti} fī faṣl^{i} -ššitāʔ^{i}.*	أُحِبُّ الذَّهابَ إلى الإسْكَنْدَرِيَّةِ في فَصْلِ الشِّتاءِ.

holiday	*3īd^{un} (ʔa3yād^{un})*	**عيدٌ (أَعْيادٌ)**
New Year's Eve	*layla^{tu} raʔs^{i} -ssana^{ti} -lmīlādiyya^{ti}*	**لَيْلَةُ رَأْسِ السَّنَةِ الميلادِيَّةِ**
New Year's Day	*raʔs^{u} -ssana^{ti} -lmīlādiyya^{ti}*	**رَأْسُ السَّنَةِ الميلادِيَّةِ**

Valentine's Day	*3īd^u -lɦubb^i*	عيدُ الحُبِّ
Independence Day	*yawm^u -listiqlāl^i*	يَوْمُ الاِسْتِقْلالِ
Liberation Day	*yawm^u -ttaɦrīr^i*	يَوْمُ التَّحْرِيرِ
Halloween	*3īd^u -rru3b^i*	عيدُ الرُّعْبِ
Thanksgiving	*3īd^u -ššukr^i*	عيدُ الشُّكْرِ
Mother's Day	*yawm^u -lʔumm^i*	يَوْمُ الأُمِّ
Labor Day (May 1)	*3īd^u -l3ummāl^i* *yawm^u -l3ummāl^i*	عيدُ العُمّالِ يَوْمُ العُمّالِ

Ramadan	*ramaḍān^u*	رَمَضانُ
Eid Al-Fitr, the Lesser Eid	*3īd^u -lfiṭr^i*	عيدُ الفِطْرِ
Eid Al-Adha, the Feast of the Sacrifice, the Greater Eid	*3īd^u -lʔaḍɦā*	عيدُ الأَضْحى
Mawlid (Birth of the Prophet Mohammad)	*almawlid^u -nnabawiyy^u*	المَوْلِدُ النَّبَوِيُّ

Christmas	*3īd^u -lmīlād^i*	عيدُ الميلادِ
Epiphany	*3īd^u -lɣiṭās^i*	عيدُ الغِطاسِ
Easter	*3īd^u -lfiṣɦ^i*	عيدُ الفِصْحِ

year	*3ām^{un} (ʔa3wām^{un})* *sana^{tun} (sanawāt^{un})*	عامٌ (أَعْوامٌ) سَنَةٌ (سَنَواتٌ)

twenty years **ago**	*munđ^{u} 3išrīn^{a} 3ām^{an}*	**مُنْذُ** عِشْرِينَ عامًا
last year	*al3ām^{a} -lmāḏ̣ī*	**العامَ الماضي**
this year	*hađā -l3ām^{a}*	**هَذا العامَ**
next year	*al3ām^{a} -lqādim^{a}*	**العامَ القادِمَ**
in five years	*ba3d^{a} xams^{i} sanawāt^{in}*	**بَعْدَ** خَمْسِ سَنَواتٍ

period, era, age	*fatra^{tun}* *ħiqba^{tun}* *3aṣr^{un} (3uṣūr^{un})* *3ahd^{un} (3uhūd^{un})*	**فَتْرَةٌ** **حِقْبَةٌ** **عَصْرٌ (عُصورٌ)** **عَهْدٌ (عُهودٌ)**
decade	*3aqd (3uqūd^{un})*	**عَقْد (عُقودٌ)**
in the 1980s	*fī -ŧŧamānīnāt^{i}*	في الثَّمانيناتِ
century	*qarn^{un} (qurūn^{un})*	**قَرْنٌ (قُرونٌ)**
in the 19th century, in the 1800s	*fī -lqarn^{i} -ttāsi3^{a} 3ašar^{a}*	في القَرْنِ التّاسِعَ عَشَرَ
millennium	*ʔalfiyya^{tun}*	**أَلْفِيَّةٌ**

in the present	*fī -lħāḏ̣ir^{i}*	**في الحاضِرِ**
now	*alʔān^{a}* *ħāliyyan*	**الآنَ** **حالِيًّا**
in the past	*fī -lmāḏ̣ī*	**في الماضي**
just, just now	*li-ttaww^{i}*	**لِلتَّوِّ**

I just went to the bank.	*laqad đahabt^{u} ʔilā -lbank^{i} li-ttaww^{i}.*	لَقَدْ ذَهَبْتُ إِلى البَنْكِ لِلتَّوِّ.
a long time ago, in the past	*munđ^{u} waqt^{in} ţawīl^{in}*	**مُنْذُ وَقْتٍ طَويلٍ**
in the future	*fī -lmustaqbal^{i}*	**فِي المُسْتَقْبَلِ**
right away, immediately	*3alā -lfawr*	**عَلى الفَوْر**
Okay, I'll do it right away!	*ħasanan, saʔaf3al^{u} đalik^{a} 3alā -lfawr^{i}!*	حَسَنًا، سَأَفْعَلُ ذَلِكَ عَلى الفَوْرِ!
soon, in a bit	*qarīban* *ba3d^{a} qalīl^{in}*	**قَريبًا** **بَعْدَ قَليلٍ**
I'll go to bed soon.	*sa-ʔađhab^{u} ʔilā -lfirāš^{i} qarīban.* *sa-ʔađhab^{u} ʔilā -lfirāš^{i} ba3d^{a} qalīl^{in}.*	سَأَذْهَبُ إِلى الفِراشِ قَريبًا. سَأَذْهَبُ إِلى الفِراشِ بَعْدَ قَليلٍ.
later	*lāħiqan*	**لاحِقًا**
one day, someday	*fī yawm^{in} min^{a} -lʔayyām^{i}* *yawman mā*	**فِي يَوْمٍ مِنَ الأَيّامِ** **يَوْمًا ما**

hour	*sā3a^{tun}*	**ساعَةٌ**
minute	*daqīqa^{tun} (daqāʔiq^{u})*	**دَقيقَةٌ (دَقائِقُ)**
second	*ŧāniya^{tun} (ŧawān^{in})*	**ثانِيَةٌ (ثَوانٍ)**
What time is it?	*kam^{i} -ssā3a^{tu}?*	**كَمِ السّاعَةُ؟**
It's one o'clock. (1:00)	*assā3a^{tu} -lwāħida^{tu}.*	**السّاعَةُ** الواحِدَةُ.
It's two o'clock. (2:00)	*assā3a^{tu} -ŧŧāniya^{tu}.*	السّاعَةُ الثّانِيَةُ.

It's three o'clock. (3:00)	*assā3a*^{tu} *-ŧŧāliŧa*^{tu}.	السّاعَةُ الثّالِثَةُ.
It's **five past** three. (3:05)	*assā3a*^{tu} *-ŧŧāliŧa*^{tu} *wa-xams*^{u} *daqāʔiq*^{a}.	السّاعَةُ الثّالِثَةُ وَخَمْسُ دَقائِقَ.
It's **ten past** three. (3:10)	*assā3a*^{tu} *-ŧŧāliŧa*^{tu} *wa-3ašr*^{u} *daqāʔiq*^{a}.	السّاعَةُ الثّالِثَةُ وَعَشْرُ دَقائِقَ.
It's **a quarter past** three. (3:15)	*assā3a*^{tu} *-ŧŧāliŧa*^{tu} *wa-rrub3*^{u}. *assā3a*^{tu} *-ŧŧāliŧa*^{tu} *wa-xams*^{a} *3ašra*^{ta} *daqīqa*^{tan}.	السّاعَةُ الثّالِثَةُ وَالرُّبْعُ. السّاعَةُ الثّالِثَةُ وَخَمْسَ عَشْرَةَ دَقيقَةً.
It's **twenty past** three. (3:20)	*assā3a*^{tu} *-ŧŧāliŧa*^{tu} *wa-ŧŧulŧ*^{u}. *assā3a*^{tu} *-ŧŧāliŧa*^{tu} *wa-3išrūn*^{a} *daqīqa*^{tan}.	السّاعَةُ الثّالِثَةُ وَالثُّلْثُ. السّاعَةُ الثّالِثَةُ وَعِشْرونَ دَقيقَةً.
It's **twenty-five past** three. (3:25)	*assā3a*^{tu} *-ŧŧāliŧa*^{tu} *wa-xams*^{un} *wa-3išrūn*^{a} *daqīqa*^{tan}.	السّاعَةُ الثّالِثَةُ وَخَمْسٌ وَعِشْرونَ دَقيقَةً.
It's **half past** three. (3:30)	*assā3a*^{tu} *-ŧŧāliŧa*^{tu} *wa-nniṣf*^{u}. *assā3a*^{tu} *-ŧŧāliŧa*^{tu} *wa-ŧalāŧūn*^{a} *daqīqa*^{tan}.	السّاعَةُ الثّالِثَةُ وَالنِّصْفُ. السّاعَةُ الثّالِثَةُ وَثَلاثونَ دَقيقَةً.
It's **twenty-five to** four. (3:35)	*assā3a*^{tu} *-ŧŧāliŧa*^{tu} *wa-xams*^{un} *wa-ŧalāŧūn*^{a} *daqīqa*^{tan}.	السّاعَةُ الثّالِثَةُ وَخَمْسٌ وَثَلاثونَ دَقيقَةً.
It's **twenty to** four. (3:40)	*assā3a*^{tu} *-ŧŧāliŧa*^{tu} *wa-ʔarba3ūn*^{a} *daqīqa*^{tan}.	السّاعَةُ الثّالِثَةُ وَأَرْبَعونَ دَقيقَةً.
It's **a quarter to** four. (3:45)	*assā3a*^{tu} *-ŧŧāliŧa*^{tu} *wa-xams*^{un} *wa-ʔarba3ūn*^{a} *daqīqa*^{tan}.	السّاعَةُ الثّالِثَةُ وَخَمْسٌ وَأَرْبَعونَ دَقيقَةً.
It's **ten to** four. (3:50)	*assā3a*^{tu} *-ŧŧāliŧa*^{tu} *wa-xamsūn*^{a} *daqīqa*^{tan}.	السّاعَةُ الثّالِثَةُ وَخَمْسونَ دَقيقَةً.

It's **five to four.** (3:55)	*assā3a*^{tu} *-ŧŧāliŧa*^{tu} *wa-xams*^{un} *wa-xamsūn*^{a} *daqīqa*^{tan}.	السّاعَةُ الثّالِثَةُ وَخَمْسٌ وَخَمْسونَ دَقيقَةً.
It's **almost** four o'clock.	*assā3a*^{tu} *-rrābi3a*^{tu} *taqrīban.*	السّاعَةُ الرّابِعَةُ تَقْريبًا.

The following expressions are the Arabic equivalents of 'a.m.' and 'p.m.' The hours for which each expression is commonly used is listed. There is some overlap, allowing more than one expression for certain times of the day.

in the morning (4-11 a.m.)	*fī -şşabāɦ*^{i} *şabāɦan*	فِي الصَّباحِ صَباحًا
9 a.m.	*assā3a*^{tu} *-ttāsi3a*^{tu} *şabāɦan*	السّاعَةُ التّاسِعَةُ صَباحًا
in the afternoon (12-3 p.m.)	*ba3d*^{a} *-z̧z̧uhr*^{i}	بَعْدَ الظُّهْرِ
3 p.m.	*aŧŧāliŧa*^{tu} *ba3d*^{a} *-z̧z̧uhr*^{i} *aŧŧāliŧa*^{tu} *3aşran*	الثّالِثَةُ بَعْدَ الظُّهْرِ الثّالِثَةُ عَصْرًا
in the afternoon (3-6 p.m.)	*al3aşr*^{a} *3aşran*	العَصْرَ عَصْرًا
in the evening (5-7 p.m.)	*fī -lmasāʔ*^{i} *masāʔan*	فِي المَساءِ مَساءً
at night (7 p.m. - 3 a.m.)	*fī -llayl*^{i} *laylan*	فِي اللَّيْلِ لَيْلًا
in the morning (3-6 a.m.)	*fī -lfajr*^{i} *fajran*	فِي الفَجْرِ فَجْرًا
what time, when	*matā* *fī ʔayy*^{i} *waqt*^{in}	مَتى فِي أَيِّ وَقْتٍ

What time do you get up?	*matā tastayqiẓ^{u}?* *fī ʔayy^{i} waqt^{in} tastayqiẓ^{u}?*	مَتى تَسْتَيْقِظُ؟ فِي أَيِّ وَقْتٍ تَسْتَيْقِظُ؟
at __ o'clock	*assā3a^{tu} __*	**السّاعَةُ __**
around __ o'clock	*ħawālay^{i} -ssā3a^{ti} __*	**حَوالَيِ السّاعَةِ __**
I usually get up around seven.	*3ādatan mā ʔastayqiẓ^{u} ħawālay^{i} -ssā3a^{ti} -ssābi3a^{ta}.*	عادَةً ما أَسْتَيْقِظُ حَوالَيِ السّاعَةِ السّابِعَةَ.
at __ o'clock sharp	*fī tamām^{i} -ssā3a^{ti} __* *assā3a^{tu} __ bi-ḍḍabṭ^{i}*	**فِي تَمامِ السّاعَةِ __** **السّاعَةُ __ بِالضَّبْطِ**

early	*mubakkiran* *bākiran* *fī waqt^{in} mubakkir^{in}*	**مُبَكِّرًا** **باكِرًا** **فِي وَقْتٍ مُبَكِّرٍ**
I went home early from school today.	*3udt^{u} ʔilā -lmanzil^{i} bākiran min^{a} -lmadrasa^{ti} -lyawm^{a}.*	عُدْتُ إِلَى المَنْزِلِ باكِرًا مِنَ المَدْرَسَةِ اليَوْمَ.
late	*mutaʔaxxir^{un}* *fī waqt^{in} mutaʔaxxir^{in}*	**مُتَأَخِّرٌ** **فِي وَقْتٍ مُتَأَخِّرٍ**
He got home late at night.	*waṣala ʔilā -lmanzil^{i} fī waqt^{in} mutaʔaxxir^{in} min^{a} -llayl^{i}.*	وَصَلَ إِلَى المَنْزِلِ فِي وَقْتٍ مُتَأَخِّرٍ مِنَ اللَّيْلِ.

since; for	*munđ^{u}*	**مُنْذُ**
I've been living in Cairo since 2010.	*ʔa3īš^{u} fī -lqāhira^{ti} munđ^{u} 3ām^{i} ʔalfayn^{i} wa-3ašara^{tin}.*	أَعيشُ فِي القاهِرَةِ مُنْذُ عامِ أَلْفَيْنِ وَعَشَرَةٍ.
for	*li-mudda^{ti}*	**لِمُدَّةِ**

I've been learning Arabic for two years.	*ʔana ʔata3allam^u -lluɣa^ta -l3arabiyya^ta munđ^u 3āmayn^i.*	أنا أَتَعَلَّمُ اللُّغَةَ العَرَبِيَّةَ مُنْذُ عامَيْنِ.
until	*ɧattā* *ʔilā*	**حَتّى** **إلى**
I watched TV until eleven o'clock.	*šāhadt^u -ttilfāz^a ɧattā -ssā3a^ti -lɧādiya^ti 3ašra^ta.*	شاهَدْتُ التِّلْفازَ حَتّى السّاعَةِ الحادِيَةِ عَشْرَةَ.

50 Pronouns

I	*ʔana*	**أَنا**
we	*naɧnu*	**نَحْنُ**
you	*ʔanta* [m. sing.] *ʔanti* [f. sing.] *ʔantumā* [dual] *ʔantum* [m. pl.] *ʔantunna* [f. pl.]	**أَنْتَ** **أَنْتِ** **أَنْتُما** **أَنْتُمْ** **أَنْتُنَّ**
he; it	*huwa* [m. sing.]	**هُوَ**
she; it; they	*hiya* [f. sing.]	**هِيَ**
they	*humā* [dual] *hum* [m. pl.] *hunna* [f. pl.]	**هُما** **هُمْ** **هُنَّ**
this (these)	*hađā* [m. sing.], *hađih*[i] [f. sing.] *(haʔulāʔ*[i] [pl.]*)*	**هَذا، هَذِهِ (هَؤُلاءِ)**
that (those)	*đāka/đālik*[a] [m. sing.], *tilk*[a] [f. sing.] *(ʔūlaʔika/ʔūlāʔ*[u] [pl.]*)*	**ذاكَ/ذالِكَ، تِلْكَ** **(أولَئِكَ/أولاءُ)**
everyone	*aljamī3*[u] *alkull*[u]	**الجَميعُ** **الكُلُّ**
Everyone needs friends.	*aljamī3*[u] *yaɧtāj*[u] *ʔilā ʔaṣdiqāʔ*[a].	الجَميعُ يَحْتاجُ إِلى أَصْدِقاءَ.

someone	*šaxṣ^{un} mā*	**شَخْصٌ ما**
Someone is at the door.	*yūjad^{u} šaxṣ^{un} mā 3ind^{a} -lbāb^{i}.*	يوجَدُ شَخْصٌ ما عِنْدَ البابِ.
anyone	*ʔayy^{u} šaxṣ^{in}* *ʔayy^{u} wāħid^{in}*	**أيُّ شَخْصٍ** **أيُّ واحِدٍ**
Anyone can do it.	*yumkin^{u} laʔayy^{i} šaxṣ^{in} fi3lah^{u}.*	يُمْكِنُ لَأيِّ شَخْصٍ فِعْلَهُ.
no one	*lā ʔaħad^{a}*	**لا أحَدَ**
No one lives forever.	*lā ʔaħad^{a} ya3īš^{u} li-lʔabad^{i}.*	لا أَحَدَ يَعيشُ لِلْأَبَدِ.

everything	*kull^{u} šayʔ^{in}*	**كُلُّ شَيْءٍ**
Everything is ready.	*kull^{u} šayʔ^{in} jāhiz^{un}.*	كُلُّ شَيْءٍ جاهِزٌ.
something	*šayʔ^{un} mā*	**شَيْءٌ ما**
I want to eat something sweet.	*ʔurīd^{u} ʔan ʔākul^{a} šayʔ^{an} ħulw^{an}.*	أُريدُ أَنْ آكُلَ شَيْئًا حُلْوًا.
anything	*ʔayy^{u} šayʔ^{in}*	**أيُّ شَيْءٍ**
What do you want to eat? – Anything is fine.	*māđā turīd^{u} ʔan taʔkul^{a}? – ʔayy^{a} šayʔ^{in}.*	ماذا تُريدُ أَنْ تَأْكُلَ؟ – أَيَّ شَيْءٍ.
nothing	*lā šayʔ^{a}*	**لا شَيْءَ**
What did you buy? – Nothing!	*māđā -štarayt^{a}? – lā šayʔ^{a}!*	ماذا اشْتَرَيْتَ؟ – لا شَيْءَ!

51 Question Words

what	*māđā* *mā*	**ماذا** **ما**
What is that?	*mā hađā?*	ما هَذا؟
What do you want?	*māđā turīd^{u}?*	ماذا تُريدُ؟
who	*man*	**مَنْ**
Who told you that?	*man qāl^{a} lak^{a} đalik^{a}?*	مَنْ قالَ لَكَ ذَلِكَ؟
Who did you tell?	*li-man qult^{a}?* *man ʔaxbart^{a}?*	لِمَنْ قُلْتَ؟ مَنْ أَخْبَرْتَ؟
which __	*ʔayy^{u} __* *mā __*	**أيُّ __** **ما__**
Which movie do you want to see?	*ʔayy^{u} fīlm^{in} turīd^{u} ʔan tušāhid^{a}?* *mā -lfīlm^{u} -llađī tawadd^{u} mušāhadatah^{u}?*	أيُّ فيلْمٍ تُريدُ أنْ تُشاهِدَ؟ ما الفيلْمُ الَّذي تَوَدُّ مُشاهَدَتَهُ؟
where	*ʔayn^{a}*	**أَيْنَ**
Where do you live?	*ʔayn^{a} ta3īš^{u}?*	أَيْنَ تعيشُ؟
when	*matā*	**مَتَى**
When are you going on vacation?	*matā satađhab^{u} fī ʔijāza^{tin}?*	مَتى سَتَذْهَبُ فِي إجازَةٍ؟
what time	*fī ʔayy^{i} waqt^{in}* *fī ʔayy^{i} sā3a^{tin}*	**فِي أيِّ وَقْتٍ** **فِي أيِّ ساعَةٍ**

What time did you get here?	*fī ʔayy^{i} waqt^{in} waṣalt^{a} ʔilā hunā?* *matā waṣalt^{a} hunā?*	في أيِّ وَقْتٍ وَصَلْتَ إلى هُنا؟ مَتى وَصَلْتَ هُنا؟
how	*kayf^{a}*	**كَيْفَ**
How do you usually get to work?	*kayf^{a} tađhab^{u} li-l3amal^{i} 3ādatan?*	كَيْفَ تَذْهَبُ لِلْعَمَلِ عادَةً؟
why	*li-māđā*	**لِماذا**
Why are you late?	*li-māđā taʔaxxarat?*	لِماذا تَأَخَّرْتَ؟
how many, how much	*kam*	**كَمْ**
How many people are there in your family?	*kam 3adad^{u} -lʔafrād^{i} fī 3āʔilatik^{a}?*	كَمْ عَدَدُ الأَفْرادِ في عائِلَتِكَ؟
How much does this cost?	*kam yukallif^{u} hađā?*	كَمْ يُكَلِّفُ هَذا؟
How much water is there in the bottle?	*kam yūjad^{u} min^{a} -lmāʔ^{i} fī -zzujāja^{ti}?*	كَمْ يوجَدُ مِنَ الماءِ في الزُّجاجَةِ؟
How many people died in the revolution?	*kam šaxṣ^{an} māt^{a} fī -ŧŧawra^{ti}?*	كَمْ شَخْصًا ماتَ في الثَّوْرَةِ؟
how long	*kam ṭūl^{u}*	**كَمْ طولُ**
How long is this carpet?	*kam ṭūl^{u} hađih^{i} -ssajjāda^{ti}?*	كَمْ طولُ هَذِهِ السَّجّادَةِ؟
how long, how much time	*kam yastaɣriq^{u}*	كَمْ يَسْتَغْرِقُ
How long does it take you to get to work?	*kam tastaɣriq^{u} li-lwuṣūl^{i} ʔilā -l3amal^{i}?*	كَمْ تَسْتَغْرِقُ لِلْوُصولِ إلى العَمَلِ؟
how long, since when	*kam maḍā* *munđ^{u} matā*	**كَمْ مَضى** **مُنْذُ مَتى**
How long have you been married?	*kam maḍā 3alā zawājik^{a}?* *munđ^{u} matā wa-ʔant^{a} mutazawwij^{un}?*	كَمْ مَضى عَلى زَواجِكَ؟ مُنْذُ مَتى وَأَنْتَ مُتَزَوِّجٌ؟

how old	*kam 3umr^u^*	**كَمْ عُمْرُ**
How old are you?	*kam 3umruk^a^?*	كَمْ عُمْرُكَ؟
how big	*kam misāɧa^tu^* *kam ɧajm^u^*	**كَمْ مِساحَةُ** **كَمْ حَجْمُ**
How big is your house?	*kam hiya misāɧa^tu^ baytik^a^?*	كَمْ هِيَ مِساحَةُ بَيْتِكَ؟
how far	*kam^i^ -lmasāfa^tu^* *kam tab3ud^u^*	**كَمِ المَسافَةُ** **كَمْ تَبْعُدُ**
How far is it from here to downtown?	*kam^i^ -lmasāfa^tu^ min hunā ʔilā wasaṭ^i^ -lmadīna^ti^?*	كَمِ المَسافَةُ مِنْ هُنا إِلى وَسَطِ المَدينَةِ؟
how often; how many times	*kam marra^tan^*	**كَمْ مَرَّةً**
How often do you exercise?	*kam marra^tan^ tatamarran^u^ ɣāliban?*	كَمْ مَرَّةً تَتَمَرَّنُ غالِبًا؟

52 Adverbs

slowly	*bi-buṭʔ^{in}*	بِبُطْءٍ
fast, quickly	*bi-sur3a^{tin}*	بِسُرْعَةٍ
especially	*xuṣūṣan*	خُصوصًا
at least	*3alā -lʔaqall^{i}*	عَلى الأَقَلِّ
almost, nearly, around, about	*taqrīban* *ɧawālay*	تَقْريبًا حَوالَيْ
again	*mujaddadan* *ŧāniyatan* *marra^{tan} ʔuxrā*	مُجَدَّدًا ثانِيَةً مَرَّةً أُخْرى
alone	*waɧduh^{u}*	وَحْدُهُ
also, too, as well	*ʔayḍan* *kađalik^{a}*	أَيْضًا كَذٰلِكَ
here	*hunā*	هُنا
there	*hunāk^{a}*	هُناكَ
everywhere	*fī kull^{i} makān^{in}*	فِي كُلِّ مَكانٍ
I see him everywhere.	*ʔarāh^{u} fī kull^{i} makān^{in}.*	أَراهُ فِي كُلِّ مَكانٍ.
somewhere	*fī makān^{in} (mā)*	فِي مَكانٍ (ما)

I want to go somewhere fun.	*ʔurīd^{u} ʔan ʔađhab^{a} ʔilā makān^{in} mumti3^{in}.*	أُرِيدُ أَنْ أَذْهَبَ إِلى مَكانٍ مُمْتِعٍ.
anywhere	*fī ʔayy^{i} makān^{in}*	**فِي أَيِّ مَكانٍ**
You can buy it anywhere.	*yumkinuk^{a} širāʔah^{u} fī ʔayy^{i} makān^{in}.*	يُمْكِنُكَ شِرائَهُ فِي أَيِّ مَكانٍ.
nowhere	*lā makān^{a}*	**لا مَكانَ**
Nowhere is safe.	*lā makān^{a} ʔāmin^{un}.*	لا مَكانَ آمِنٌ.

always	*dāʔiman*	**دائِمًا**
She always does her homework.	*hiya dāʔiman tuʔaddī wājibātihā -lmanzilyya^{ti}.*	هِيَ دائِمًا تُؤَدّي واجِباتِها المَنْزِلِيَّةِ.
sometime	*fī waqt^{in} mā*	**فِي وَقْتٍ ما**
Let's have coffee sometime.	*da3nā natanāwal^{u} -lqahwa^{ta} fī waqt^{in} mā.*	دَعْنا نَتَناوَلُ القَهْوَةَ فِي وَقْتٍ ما.
sometimes	*ʔaħyānan* *ba3ḍ^{a} -lʔaħyān^{i}*	**أَحْيانًا** **بَعْضَ الأَحْيانِ**
I sometimes get up late.	*ʔaħyānan ʔastayqiẓ^{u} mutaʔaxxiran.*	أَحْيانًا أَسْتَيْقِظُ مُتَأَخِّرًا.
anytime	*fī ʔayy^{i} waqt^{in}*	**فِي أَيِّ وَقْتٍ**
You can call me anytime.	*bi-ʔimkānik^{a} -littiṣāl^{u} bī fī ʔayy^{i} waqt^{in}.*	بِإِمْكانِكَ الاِتِّصالُ بِي فِي أَيِّ وَقْتٍ.
never	*ʔabadan* *muṭlaqan* *qaṭṭ^{u}*	**أَبَدًا** **مُطْلَقًا** **قَطُّ**

I never eat breakfast.	*ʔana lā ʔatanāwal^{u} wajba^{ta} -lʔifṭār^{i} ʔabadan.*	أنا لا أتناوَلُ وَجْبَةَ الإفْطارِ أبَدًا.
usually	*3ādatan* *fī -l3āda^{ti}*	**عادَةً** **في العادَةِ**
I usually go to work by car, but I sometimes walk.	*3ādatan mā ʔađhab^{u} ʔilā -l3amal^{i} bi-ssayyāra^{ti}, lakinnanī ʔaħyānan ʔamšī.*	عادَةً ما أَذْهَبُ إلى العَمَلِ بالسَّيّارَةِ، لَكِنَّني أَحْيانًا أَمْشي.
often	*ɣāliban* *fī -lɣālib^{i}* *kaŧīran*	**غالِبًا** **في الغالِبِ** **كَثيرًا**
I often see him at the café.	*ɣāliban mā ʔarāh^{u} fī -lmaqhā.* *kaŧīran mā ʔarāh^{u} fī -lmaqhā.*	غالِبًا ما أَراهُ في المَقْهى. كَثيرًا ما أَراهُ في المَقْهى.

somehow	*bi-ṭarīqa^{tin} mā* *bi-ṭarīqa^{tin} ʔaw bi-ʔuxrā*	**بِطَريقَةٍ ما** **بِطَريقَةٍ أَوْ بِأُخْرى**
The cat somehow got in the house.	*daxalat^{i} -lqiṭṭa^{tu} -lmanzil^{a} bi-ṭarīqa^{tin} mā.*	دَخَلَتِ القِطَّةُ المَنْزِلَ بِطَريقَةٍ ما.
very	*jiddan*	**جِدًّا**
very good	*jayyid^{un} jiddan*	جَيِّدٌ جِدًّا

__ enough	*__ bimā yakfī*	**__بِما يَكْفي**
big enough	*kabīr^{un} bimā yakfī*	كَبيرٌ بِما يَكْفي
too __	*__ jiddan*	**__جِدًّا**

too big	*kabīr^{un} jiddan*	كَبيرٌ جِدًّا
too much, too many	*alkaŧīr^{u} min* *kaŧīr^{un} jiddan*	**الكَثيرُ مِنْ** **كَثيرٌ جِدًّا**
too much money	*alkaŧīr^{u} min^{a} -lmāl^{i}* *māl^{un} kaŧīr^{un} jiddan*	الكَثيرُ مِنَ المالِ مالٌ كَثيرٌ جِدًّا
too many people	*alkaŧīr^{u} min^{a} -nnās^{i}* *ʔašxāş^{un} kaŧīrūn^{a} jiddan*	الكَثيرُ مِنَ النّاسِ أَشْخاصٌ كَثيرونَ جِدًّا

well	*bi-šakl^{in} jayyid^{in}* *jayyidan*	**بِشَكْلٍ جَيِّدٍ** **جَيِّدًا**
She speaks Arabic well.	*tataɦaddaŧ^{u} -lluɣa^{ta} -l3ar abiyya^{ta} jayyidan.*	تَتَحَدَّثُ اللُّغَةَ العَرَبِيَّةَ جَيِّدًا.

still	*mā zāl^{a}* *lā zāl^{a}*	**ما زالَ** **لا زالَ**
I'm still hungry.	*mā zilt^{u} jāʔi3^{an}.*	ما زِلْتُ جائِعًا.

not... yet	*lam... ba3d^{u}* *lam... ɦattā -lʔān^{a}*	**لَمْ... بَعْدُ** **لَمْ... حَتّى الآنَ**
Isn't he here yet?	*ʔalam yaşil^{u} hunā ba3d^{u}?*	أَلَمْ يَصِلْ هُنا بَعْدُ؟
I haven't finished my coffee yet.	*lam ʔantah^{i} min qahwatī ba3d^{u}.* *lam ʔukmil qahwatī ɦattā -lʔān^{a}.*	لَمْ أَنْتَهِ مِنْ قَهْوَتي بَعْدُ. لَمْ أُكْمِلْ قَهْوَتي حَتّى الآنَ.

already	*bi-lfi3l^i* *musbaqan*	**بِالفِعْلِ** **مُسْبَقًا**
I already told you!	*laqad ʔaxbartuk^a bi-lfi3l^i!* *laqad ʔaxbartuk^a musbaqan!*	لَقَدْ أَخْبَرْتُكَ بِالفِعْلِ! لَقَدْ أَخْبَرْتُكَ مُسْبَقًا!
I've already eaten lunch.	*laqad ʔakalt^u -lɣadāʔ^a bi-lfi3l^i.*	لَقَدْ أَكَلْتُ الغَداءَ بِالفِعْلِ.

just	*li-ttaww^i*	**لِلتَّوِّ**
I just ate.	*laqad ʔakalt^u li-ttaww^i.*	لَقَدْ أَكَلْتُ لِلتَّوِّ.
I just told you!	*laqad ʔaxbartuk^a li-ttaww^i!*	لَقَدْ أَخْبَرْتُكَ لِلتَّوِّ!

inside	*fī -ddāxil^i* *dāxil^a*	**فِي الدّاخِلِ** **داخِلَ**
It's hot today. Let's stay inside.	*aṭṭaqs^u ḥārr^un -lyawm^a. da3nā nabqā fī -ddāxil^i.*	الطَّقْسُ حارٌّ اليَوْمَ. دَعْنا نَبْقى فِي الدّاخِلِ.
outside	*fī -lxārij^i* *xārij^a*	**فِي الخارِجِ** **خارِجَ**
Let's sit outside.	*da3ūnā najlis^u fī -lxārij^i.*	دَعونا نَجْلِسُ فِي الخارِجِ.
abroad, overseas	*fī -lxārij^i* *xārij^a -lbilād^i*	**فِي الخارِجِ** **خارِجَ البِلادِ**
Does he live abroad?	*hal ya3īš^u fī -lxārij^i?*	هَلْ يَعيشُ فِي الخارِجِ؟
I'm going abroad next week.	*saʔusāfir^u xārij^a -lbilād^i -lʔusbū3^a -l muqbil^i.*	سَأُسافِرُ خارِجَ البِلادِ الأُسْبوعَ المُقْبِلِ.

upstairs	*aṭṭābaq^u -l3ulwiyy^u*	**الطّابَقُ العُلْوِيُّ**
Come upstairs!	*ta3āl^a ʔilā -ṭṭābaq^i -l3ulwiyy^i!*	تَعالَ إِلى الطّابَقِ العُلْوِيِّ!
downstairs	*aṭṭābaq^u -ssufliyy^u*	**الطّابَقُ السُّفْلِيُّ**

53 Conjunctions

and	*wa*	وَ
or	*ʔaw*	أَوْ
but	*lakinn*^{a}	لَكِنَّ
whether, if	*ʔiđā* *mā ʔiđā*	إِذا ما إِذا
that	*allađī* [m. sing.] *(allađīn*^{a} [m. pl.]*),* *allatī* [f. sing.] *(allātī/ālllwātī* [f. pl.]*)*	الَّذي (الَّذينَ)، الَّتي (اللّاتي/اللّواتي)
because	*li-ʔann*^{a} *bi-sabab*^{i}	لِأَنَّ بِسَبَبِ
I'm tired today because I went to bed late last night.	*ʔana mut3ab*^{un} *-lyawm*^{a} *li-ʔannanī nimt*^{u} *mutaʔaxxiran -llayla*^{ta} *-lmāḍiya*^{ta}.	أنا مُتْعَبٌ اليَوْمَ لِأَنَّني نِمْتُ مُتَأَخِّرًا اللَّيْلَةَ الماضِيَةَ.
I feel good because I exercise every day.	*ʔaš3ur*^{u} *ʔannanī bi-ħāla*^{tin} *jayyida*^{tin} *li-ʔannanī ʔumāris*^{u} *-rryāḍa*^{ta} *kull*^{a} *yawm*^{in}.	أَشْعُرُ أَنَّني بِحالَةٍ جَيِّدَةٍ لِأَنَّني أُمارِسُ الرِّياضَةَ كُلَّ يَوْمٍ.
so	*li-đalik*^{a} *li-hađā* *bi-ttālī*	لِذَلِك لِهَذا بِالتّالي
I went to bed late last night, so I'm tired today.	*nimt*^{u} *mutaʔaxxiran -llayla*^{ta} *-lmāḍiya*^{ta}, *li-đalik*^{a} *ʔana mut3ab*^{un} *-lyawm*^{a}.	نِمْتُ مُتَأَخِّرًا اللَّيْلَةَ الماضِيَةَ، لِذَلِكَ أنا مُتْعَبٌ اليَوْمَ.

so that, in order to	li- likay bi-ḩayṯ^{u} min ʔajl^{i}	**لِ** **لِكَيْ** **بِحَيْثُ** **مِنْ أَجْلِ**
You have to study hard in order to learn Arabic well.	3alayk^{a} ʔan tadrus^{a} bi-jidd^{in} li-tata3allam^{a} -lluɣa^{ta} -l3arabiyya^{ta} jayyidan.	عَلَيْكَ أَنْ تَدْرُسَ بِجِدٍّ لِتَتَعَلَّمَ اللُّغَةَ العَرَبِيَّةَ جَيِّدًا.
We had to leave home early in order to get there on time.	idṭurirnā ʔilā muɣādara^{ti} -lmanzil^{i} mubakkiran li-kay naṣil^{a} ʔilā hunāk^{a} fī -lwaqt^{i} -lmuḩaddad^{i}.	اِضْطُرِرْنا إِلى مُغادَرَةِ المَنْزِلِ مُبَكِّرًا لِكَيْ نَصِلَ إِلى هُناكَ فِي الوَقْتِ المُحَدَّدِ.
after	ba3d^{a} ʔan	**بَعْدَ أَنْ**
I had dinner after I got home last night.	tanāwalt^{u} -l3ašāʔ^{a} ba3d^{a} ʔan waṣalt^{u} ʔilā -lmanzil^{i} -llayla^{ta} -lmāḍiya^{ta}.	تَناوَلْتُ العَشاءَ بَعْدَ أَنْ وَصَلْتُ إِلى المَنْزِلِ اللَّيْلَةَ الماضِيَةَ.
I always have dinner after I get home.	dāʔiman mā ʔatanāwal^{u} -l3ašāʔ^{a} ba3d^{a} ʔan ʔaṣil^{a} ʔilā -lmanzil^{i}.	دائِمًا ما أَتَناوَلُ العَشاءَ بَعْدَ أَنْ أَصِلَ إِلى المَنْزِلِ.
I'll have dinner after I get home this evening.	sa-ʔatanāwal^{u} -l3ašāʔ^{a} ba3d^{a} ʔan ʔaṣil^{a} ʔilā -lmanzil^{i} hađā -lmasāʔ^{a}.	سَأَتَناوَلُ العَشاءَ بَعْدَ أَنْ أَصِلَ إِلى المَنْزِلِ هَذا المَساءَ.
before	qabl^{a} ʔan	**قَبْلَ أَنْ**
He opened the window before he went to bed last night.	fataḩ^{a} -nnāfiđa^{ta} qabl^{a} ʔan yanām^{a} -llayla^{ta} -lmāḍiya^{ta}.	فَتَحَ النّافِذَةَ قَبْلَ أَنْ يَنامَ اللَّيْلَةَ الماضِيَةَ.
He always opens the window before he goes to bed.	dāʔiman mā yaftaḩ^{u} -nnāfiđa^{ta} qabl^{a} ʔan yanām^{a}.	دائِمًا ما يَفْتَحُ النّافِذَةَ قَبْلَ أَنْ يَنامَ.

He'll open the window before he goes to bed tonight.	*sa-yaftaħ^{u} -nnāfiđa^{ta} qabl^{a} ʔan yanām^{a} -llayla^{ta}.*	سَيَفْتَحُ النّافِذَةَ قَبْلَ أَنْ يَنامَ اللَّيْلَةَ.
until	*ħattā* *ʔilā ʔan*	**حَتّى** **إلى أَنْ**
I lived in Alexandria until I graduated from university.	*3išt^{u} fī -lʔiskandariyya^{ti} ʔilā ʔan taxarrajt^{u} min^{a} -ljāmi3a^{ti}.*	عِشْتُ فِي الإسْكَنْدَرِيَّةِ إلى أَنْ تَخَرَّجْتُ مِنَ الجامِعَةِ.
I'll stay in a hotel until I find an apartment.	*saʔaẓall^{u} fī funduq^{in} ħattā ʔajid^{a} šuqqa^{tan}.*	سَأَظَلُّ فِي فُنْدُقٍ حَتّى أَجِدَ شُقَّةً.
while	*baynamā* *ʔaŧnāʔ^{a}* *fīmā* *fī ħīn^{i}*	**بَيْنَما** **أَثْناءَ** **فيما** **فِي حينِ**
I did my homework while I was watching TV.	*ʔaddayt^{u} wājibī -lmanziliyy^{i} baynamā kunt^{u} ʔušāhid^{u} -ttilfāz^{a}.*	أَدَّيْتُ واجِبي المَنْزِلِيِّ بَيْنَما كُنْتُ أُشاهِدُ التِّلْفازَ.
if	*ʔiđā* *law*	**إذا** **لَوْ**
If I have enough money, I'll buy it.	*saʔaštarīh^{i} ʔiđā ma3ī mā yakfī min^{a} -lmāl^{i}.*	سَأَشْتَريهِ إذا مَعي ما يَكْفي مِنَ المالِ.
If I had enough money, I'd buy it.	*law kān^{a} ladayy^{a} mā yakfī min^{a} -lmāl^{i}, laāštaraytuh^{u}.*	لَوْ كانَ لَدَيَّ ما يَكْفي مِنَ المالِ، لَاشْتَرَيْتُهُ.
If I had had enough money, I would have bought it.	*law kān^{a} ladayy^{a} mā yakfī min^{a} -lmāl^{i}, lakunt^{u} qad^{i} -štaraytuh^{u}.*	لَوْ كانَ لَدَيَّ ما يَكْفي مِنَ المالِ، لَكُنْتُ قَدِ اشْتَرَيْتُهُ.

when	*3indamā* *matā*	**عِنْدَما** **مَتى**
When we got home from work, we went straight to bed.	*3indamā 3udnā ʔilā -lmanzil[i] min[a] -l3amal[i], đahabnā mubāšara[tan] ʔilā -lfirāš[i].*	عِنْدَما عُدْنا إلى المَنْزِلِ مِنَ العَمَلِ، ذَهَبْنا مُباشَرَةً إلى الفِراشِ.
I don't know when they're coming.	*lā ʔa3rif[u] matā sa-yaʔtūn[a].*	لا أَعْرِفُ مَتى سَيَأْتونَ.
where	*ʔayn[a]*	**أَيْنَ**
I can't remember where I put my keys.	*lā ʔatađakkar[u] ʔayn[a] waḍa3t[u] mafātīḫī.*	لا أَتَذَكَّرُ أَيْنَ وَضَعْتُ مَفاتيحي.
why	*li-māđā* *li-m[a]*	**لِماذا** **لِمَ**
Do you know why he said that?	*hal ta3rif[u] li-ma qāl[a] đalik[a]?*	هَلْ تَعْرِفُ لِمَ قالَ ذَلِكَ؟
who	*man*	**مَنْ**
I want to know who did it.	*ʔurīd[u] ʔan ʔa3rif[a] man fa3al[a] đalik[a].*	أُريدُ أَنْ أَعْرِفَ مَنْ فَعَلَ ذَلِكَ.
what	*māđā* *mā*	**ماذا** **ما**
I want to know what you did.	*ʔurīd[u] ʔan ʔa3rif[a] mā fa3altah[u].*	أُريدُ أَنْ أَعْرِفَ ما فَعَلْتَهُ.
I know what you did.	*ʔa3lam[u] māđā fa3alt.* *ʔa3lam[u] mā fa3altah[u].*	أَعْلَمُ ماذا فَعَلْتَ. أَعْلَمُ ما فَعَلْتَهُ.

54 Prepositions

at, in, on	*fī*	**فِي**
inside (of)	*dāxil^{a}*	**داخِلَ**
in the box	*fī -ṣṣundūq^{i}*	فِي الصُّنْدوقِ
outside of; out of	*xārij^{a}*	**خارِجَ**
on; onto	*3alā*	**عَلى**
on the table	*3alā -ṭṭāwila^{ti}*	عَلى الطّاوِلَةِ
He fell onto the hood of the car.	*saqaṭa 3alā ɣiṭāʔ^{i} muɦarrik^{i} -ssayyāra^{ti}.*	سَقَطَ عَلى غِطاءِ مُحَرِّكِ السَّيّارَةِ.
to	*ʔilā*	**إِلى**
from	*min*	**مِنْ**
from my house to school	*min manzilī ʔilā -lmadrasa^{ti}*	**مِنْ مَنْزِلي إِلى المَدْرَسَةِ**
above, over	*fawq^{a}*	**فَوْقَ**
The painting is hanging over the sofa.	*allawɦa^{tu} mu3allaqa^{tun} fawq^{a} -lʔarīka^{ti}.*	اللَّوْحَةُ مُعَلَّقَةٌ فَوْقَ الأَريكَةِ.
The airplane flew over the mountains.	*ɦallaqat^{i} -ṭṭāʔira^{tu} fawq^{a} -ljibāl^{i}.*	حَلَّقَتِ الطّائِرَةُ فَوْقَ الجِبالِ.
He jumped over the fence.	*qafaz^{a} fawq^{a} -ssyāj^{i}.*	قَفَزَ فَوْقَ السّياجِ.
under, beneath	*taɦt^{a}*	**تَحْتَ**
under the table	*taɦt^{a} -ṭṭāwila^{ti}*	تَحْتَ الطّاوِلَةِ

between	*bayn^{a}*	**بَيْنَ**
The post office is between the bank and the supermarket.	*yaqa3^{u} maktab^{u} -lbarīd^{i} bayn^{a} -lbank^{i} wa-ssūbar mārkit.*	يَقَعُ مَكْتَبُ البَرِيدِ بَيْنَ البَنْكِ وَالسّوبَرْ مارْكِتْ.
near, close to	*qurb^{a}* *bi-lqurb^{i} min* *qurāba^{ta}*	**قُرْبَ** **بِالقُرْبِ مِنْ** **قُرابَةَ**
The Sphinx is near the Pyramids.	*yaqa3^{u} ʔabū -lhōl^{i} bi-lqurb^{i} min^{a} -lʔahrāmāt^{i}.*	يَقَعُ أبو الهوْلِ بِالقُرْبِ مِنَ الأَهْراماتِ.
far from	*ba3īd^{un} 3an*	**بَعيدٌ عَنْ**
Aswan is far from Alexandria.	*ʔaswān^{u} ba3īda^{tun} 3an^{i} -lʔiskandariyya^{ti}.*	أَسْوانُ بَعيدَةٌ عَنِ الإِسْكَنْدَرِيَّةِ.
next to	*bi-jānib^{i}* *bi-jiwār^{i}*	**بِجانِبِ** **بِجِوارِ**
There's a coffee shop next to my office.	*hunāk^{a} maqha^{n} bi-jiwār^{i} maktabī.*	هُناكَ مَقْهًى بِجِوارِ مَكْتَبي.
along, beside	*3alā ṭūl^{i}* *3alā -mtidād^{i}*	**عَلى طولِ** **عَلى امْتِدادِ**
We walked along the river.	*mašaynā 3alā ṭūl^{i} -nnahr^{i}.*	مَشَيْنا عَلى طولِ النَّهْرِ.
in front of; across from, opposite	*ʔamām^{a}* *muqābil^{a}* *3alā -ljānib^{i} -lʔāxar^{i} min*	**أَمامَ** **مُقابِلَ** **عَلى الجانِبِ الآخَرِ مِنْ**
I sat down in front of the TV.	*jalast^{u} ʔamām^{a} -ttilfāz^{i}.*	جَلَسْتُ أَمامَ التِّلْفازِ.
He sat across from the interviewer.	*jalas^{a} muqābil^{a} -lmuɧāwir^{i}.*	جَلَسَ مُقابِلَ المُحاوِرِ.

behind	*xalf*^{a} *warāʔ*^{a}	**خَلْفَ** **وَراءَ**
I parked my car behind the house.	*rakant*^{u} *sayyāratī xalf*^{a} *-lmanzil*^{i}.	رَكَنْتُ سَيّارَتي خَلْفَ المَنْزِلِ.
around, surrounding	*ħawl*^{a} *yuħīṭ*^{u} *bi-*	**حَوْلَ** **يُحيطُ بِ**
There's a fence surrounding the house.	*hunāk*^{a} *syāj*^{un} *yuħīṭ*^{u} *bi-lmanzil*^{i}.	هُناكَ سياجٌ يُحيطُ بِالمَنْزِلِ.
through, across	*3abr*^{a}	**عَبْرَ**
The train went through the tunnel.	*marra -lqiṭār*^{u} *3abr*^{a} *-nnafaq*^{i}.	مَرَّ القِطارُ عَبْرَ النَّفَقِ.
He swam across the river.	*sabaħ*^{a} *3abr*^{a} *-nnahr*^{i}.	سَبَحَ عَبْرَ النَّهْرِ.

Often a verb followed by a preposition in English (such as 'down' and 'up') will translate as a verb without a preposition.

Don't go down the ladder.	*lā tanzil*^{i} *-ssullam*^{a}.	لا تَنْزِلِ السُّلَّمَ.
The cat climbed up the tree.	*tasallaqat*^{i} *-lqiṭṭa*^{tu} *-ššajara*^{ta}.	تَسَلَّقَتِ القِطَّةُ الشَّجَرَةَ.
down from; off	*ʔasfal*^{a} *min 3alā*	**أَسْفَلَ** **مِنْ عَلى**
The cat climbed down the tree.	*nazalat*^{i} *-lqiṭṭa*^{tu} *ʔasfal*^{a} *-ššajara*^{ti}.	نَزَلَتِ القِطَّةُ أَسْفَلَ الشَّجَرَةِ.
The book fell off the table.	*saqaṭa -lkitāb*^{u} *min 3alā -ṭṭāwila*^{ti}.	سَقَطَ الكِتابُ مِنْ عَلى الطّاوِلَةِ.
past, by	*ʔamām*^{a} *bi-jānib*^{i}	**أَمامَ** **بِجانِبِ**
I walked past the restaurant.	*mašayt*^{u} *ʔamām*^{a} *-lmaṭ3am*^{i}. *mašayt*^{u} *bi-jānib*^{i} *-lmaṭ3am*^{i}.	مَشَيْتُ أَمامَ المَطْعَمِ. مَشَيْتُ بِجانِبِ المَطْعَمِ.

Prepositions are highly idiomatic, making them notoriously tricky to translate. Notice how 'against' is translated in the following English sentences literally as 'on' and 'in front of' in Arabic.

He leaned against the car.	*ittakaʔa 3alā -ssayyāra*^{ti}.	اِتَّكَأَ عَلى السَّيّارَةِ.
The table is against the wall.	*aṭṭāwila*^{tu} *ʔamām*^{a} *-lḥāʔiṭ*^{i}.	الطّاوِلَةُ أَمامَ الحائِطِ.
toward	*naḥw*^{a} *bi-ttijāh*^{i}	**نَحْوَ** **بِاتِّجاهِ**
He ran toward the door.	*rakaḍa naḥw*^{a} *-lbāb*^{i}.	رَكَضَ نَحْوَ البابِ.
The train is heading toward Cairo.	*yattajih*^{u} *-lqiṭār*^{u} *naḥw*^{a} *-lqāhira*^{ti}.	يَتَّجِهُ القِطارُ نَحْوَ القاهِرَةِ.
with	*ma3*^{a}	**مَعَ**
I had dinner with my friends.	*tanāwalt*^{u} *-l3ašāʔ*^{a} *ma3*^{a} *ʔaṣdiqāʔī*.	تَناوَلْتُ العَشاءَ مَعَ أَصْدِقائي.
by, with	*bi-* *bi-wāsiṭa*^{ti}	**بِـ** **بِواسِطَةِ**
I came to work by bus.	*jiʔt*^{u} *li-l3amal*^{i} *bi-lḥāfila*^{ti}.	جِئْتُ لِلْعَمَلِ بِالحافِلَةِ.
She wrote the letter by hand.	*katabat*^{i} *-rrisāla*^{ta} *bi-xaṭṭ*^{i} *yadihā*.	كَتَبَتِ الرِّسالَةَ بِخَطِّ يَدِها.
She wrote the letter with a pencil.	*katabat*^{i} *-rrisāla*^{ta} *bi-qalam*^{in} *raṣāṣ*^{in}.	كَتَبَتِ الرِّسالَةَ بِقَلَمِ رَصاصٍ.
without	*bidūn*^{i}	**بِدونِ**
I can't live without you.	*lā ʔastaṭī3*^{u} *-l3ayš*^{a} *bidūnik*^{a}.	لا أَسْتَطيعُ العَيْشَ بِدونِكَ.

55 Verbs

The following common verbs did not fit neatly into other categories. If you cannot find a verb here, try the index in the back of the book to see if it is listed under another category.

to abandon, desert	*taxallā* [5d] *3an* *hajara* [1s3] *taraka* [1s3]	تَخَلّى عَنْ هَجَرَ تَرَكَ
to accept	*wāfaqa* [3s] *qabila*	وافَقَ قَبِلَ
to accompany	*rāfaqa* [3s]	رافَقَ
to adjust	*ḍabaṭa* [1s3] *3addala* [2s]	ضَبَطَ عَدَّلَ
to admit	*i3tarafa* [8s]	اِعْتَرَفَ
to advise, recommend	*naṣaḥa* [1s1] *ʔawṣā* [4d(b)] *bi-*	نَصَحَ أَوْصى بِ
to affect	*ʔaṯṯara* [2s(a)]	أَثَّرَ
to allow	*samaḥa* [1s1]	سَمَحَ
to answer, respond, reply	*ʔajāba* [4h] *radda* [1g3]	أَجابَ رَدَّ
to apologize for	*i3taḏara 3an*	اِعْتَذَرَ عَنْ
to appear	*ẓahara* [1s1]	ظَهَرَ
to appreciate	*qaddara* [1s4]	قَدَّرَ

to approve of	*wāfaqa* [3s] *3alā*	وافَقَ عَلى
to arrange, organize	*rattaba* [2s] *naẓẓama* [2s]	رَتَّبَ نَظَّمَ
to ascend, go up	*ṣa3ida* [1s4] *i3talā* [8d]	صَعِدَ اِعْتَلى
to ask	*saʔala* [1s1(a)]	سَأَلَ
to attend	*ɧaḍara* [1s3]	حَضَرَ
to be	*kāna* [1h3]	كانَ
to be able to, can	*ʔamkanah*^{u} [4s] *qadara* [1s2] *3alā* *istaṭā3a* [10h] *ʔan* *tamakkana* [5s] *min*	أَمْكَنَهُ قَدَرَ عَلى اِسْتَطاعَ أَنْ تَمَكَّنَ مِنْ
Can you swim?	*hal yumkinuk*^{a} *-ssibāɧa*^{tu}*?*	هَلْ يُمْكِنُكَ السِّباحَةُ؟
I can't understand a word you're saying.	*lā ʔastaṭī3*^{u} *fahm*^{a} *kalima*^{tin} *mimmā taqūl*^{u}*.*	لا أَسْتَطيعُ فَهْمَ كَلِمَةٍ مِمّا تَقولُ.
to become, be	*ʔaṣbaɧa* [4s]	أَصْبَحَ
to beg, plead	*tawassala* [5s]	تَوَسَّلَ
to begin, start	*badaʔa* [1s1(b)]	بَدَأَ
to behave	*taṣarrafa* [5s]	تَصَرَّفَ
to bet	*rāhana* [3s]	راهَنَ

to blame __ for	*lāma* [1h3] __ *3alā* *ʔalqā* [4d] *bi-llawm^i 3alā*	**لامَ ــــ عَلى** **أَلْقى بِاللَّوْمِ عَلى**
to break	*kasara* [1s2]	**كَسَرَ**
to bring, get	*jalaba* [1s3] *ʔaɦɖara* [4s]	**جَلَبَ** **أَحْضَرَ**
to burn	*ʔaɦraqa* [4s]	**أَحْرَقَ**
to care	*ihtamma* *i3tanā* *iktaraŧa*	**اِهْتَمَّ** **اِعْتَنى** **اِكْتَرَثَ**
to carry, lift	*ɦamala* [1s2]	**حَمَلَ**
Did she carry the box to the kitchen?	*hal ɦamalat^i -ṣṣundūq^a ʔilā -lmaţbax^i?*	هَلْ حَمَلَتِ الصُّنْدوقَ إِلى المَطْبَخِ؟
He lifted the child up.	*ɦamala -ţţifl^a.*	حَمَلَ الطِّفْلَ.
to change	*ɣayyara* [2s]	**غَيَّرَ**
to change, be changed	*taɣayyara* [5s]	**تَغَيَّرَ**
to chase, pursue	*ţārada* [3s]	**طارَدَ**
to cheat, deceive	*ɣašša* [1g3] *xada3a* [1s1]	**غَشَّ** **خَدَعَ**
to cheer, encourage	*hatafa* [1s2] *šajja3a* [2s]	**هَتَفَ** **شَجَّعَ**
to choose	*ixtāra* [8h1]	**اِخْتارَ**

to climb, ascend	*tasallaqa* [5s] *ṣa3ida* [1s4]	تَسَلَّقَ صَعِدَ
to close, lock	*ʔaɣlaqa* [4s] *ʔaqfala* [4s]	أَغْلَقَ أَقْفَلَ
to come	*ʔatā* [1d2(a)]	أَتى
to compare	*qārana* [3s]	قارَنَ
to contact	*tawāṣala* [6s] *ma3a* *ittaṣala* [8a1] *bi-* *rāsala* [3s]	تَواصَلَ مَعَ اِتَّصَلَ بِ راسَلَ
to continue	*wāṣala* [3s] *istamarra* [10g] *istakmala* [10s]	واصَلَ اِسْتَمَرَّ اِسْتَكْمَلَ
to decline	*rafaḍa* [1s2]	رَفَضَ
to decrease, reduce	*qallala* [2s] *naqaṣa* [1s3] *ħadda* [1g3] *min*	قَلَّلَ نَقَصَ حَدَّ مِنْ
to demand	*ṭalaba* [1s3]	طَلَبَ
to deny	*ʔankara* [4s]	أَنْكَرَ
to descend, go down	*nazala* [1s2]	نَزَلَ
to describe	*waṣafa* [1a2]	وَصَفَ
to design	*ṣammama* [2s]	صَمَّمَ

to differ	*ixtalafa* [8s]	**إِخْتَلَفَ**
to disappear	*axtafā* [8d1]	**اخْتَفى**
to do, make	*fa3ala* [1s1] *3amila* [1s4]	**فَعَلَ** **عَمِلَ**
to drop	*ʔasqaṭa* [4s]	**أَسْقَطَ**
He dropped his book.	*ʔasqaṭ^{a} kitābah^{u}.*	أَسْقَطَ كِتابَهُ.
to edit, correct	*ħarrara* [2s] *3addala* [2s] *ṣaħħaħa* [2s]	**حَرَّرَ** **عَدَّلَ** **صَحَّحَ**
to express	*3abbara* [2s] *3an*	**عَبَّرَ عَنْ**
I can't express myself in Arabic very well.	*lā ʔastaṭī3^{u} -tta3bīra3an nafsī bi-lluɣa^{ti} -l3arabiyya^{ti} bi-šakl^{in} jayyid^{in}.*	لا أَسْتَطيعُ التَّعْبيرَعَنْ نَفْسي بِاللُّغَةِ العَرَبيَّةِ بِشَكْلٍ جَيِّدٍ.
to fall	*saqaṭa* [1s3] *waqa3a* [1a1]	**سَقَطَ** **وَقَعَ**
to find	*wajada* [1a2]	**وَجَدَ**
to finish, come to an end	*intahā* [8d1]	**إِنْتَهى**
to finish, end, complete, accomplish	*ʔanhā* [4d] *ʔanjaza* [4d]	**أَنْهى** **أَنْجَزَ**
to fix	*ʔaṣlaħa* [4s]	**أَصْلَحَ**
to float	*ṭafā* [1d3]	**طَفا**

The ball is floating on the water.	*taṭfū -lkura^{tu} fawq^{a} -lmāʔ^{i}.*	تَطْفو الكُرَةُ فَوْقَ الماءِ.
to get, take, receive, obtain	*ʔaxađa* [1s3(a)] *ħaṣala 3alā* *talaqqā* [5d]	**أَخَذَ** **حَصَلَ عَلى** **تَلَقّى**
to give	*ʔa3ṭā* [4d]	**أَعْطى**
to go	*đahaba* [1s1]	**ذَهَبَ**
to happen	*ħadaŧa* [2s] *ħaṣala* [1s3]	**حَدَثَ** **حَصَلَ**
to have	*malaka* [1s3] *imtalaka* [8s] *ħaẓiya* [1d4] *bi-*	**مَلَكَ** **اِمْتَلَكَ** **حَظِيَ بِ**
to help	*sā3ada* [3s]	**ساعَدَ**
to hit	*ḍaraba* [1s2]	**ضَرَبَ**
to imagine	*taxayyala* [5s]	**تَخَيَّلَ**
to intend to	*nawā* [1d2]	**نَوى**
I intend to succeed at my job.	*ʔanwī -nnajāħ^{a} fī waẓīfatī.*	أَنْوي النَّجاحَ فِي وَظيفَتي.
to jump	*qafaza* [1s2]	**قَفَزَ**
to keep, continue (doing)	*tāba3a* [3s] *istamarra* [10g]	**تابَعَ** **اِسْتَمَرَّ**

to leave; quit	*taraka* [1s3] *ɣādara* [3s] *istaqāla* [10h]	تَرَكَ غادَرَ اِسْتَقالَ
to lie	*kađaba* [1s2]	كَذَبَ
to live	[1h2]	عاشَ
to look	*naẓara* [1s3]	نَظَرَ
to lose	*xasira* [1s4]	خَسِرَ
to mean	*qaṣada* [1s2]	قَصَدَ
to move	*taħarraka* [5s]	تَحَرَّكَ
He hasn't moved in ten minutes.	*lam yataħarrak munđ^u 3ašr^i daqāʔiq^a.*	لَمْ يَتَحَرَّكْ مُنْذُ عَشْرِ دَقائِقَ.
to move (something)	*ħarraka* [2s] *naqala* [1s3]	حَرَّكَ نَقَلَ
I can't move my leg!	*lā ʔastaṭī3^u taħrīk^a sāqī!*	لا أَسْتَطيعُ تَحْريكَ ساقِي!
to open	*fataħa* [1s1]	فَتَحَ
to order, command	*ʔamara* [1s3(a)]	أَمَرَ
to order, request	*ṭalaba* [1s3]	طَلَبَ
to pass, go past	*marra* [1g3] *3abara* [1s3]	مَرَّ عَبَرَ
to pick up	*iltaqaṭa* [8s]	اِلْتَقَطَ
He picked the book up from the table.	*iltaqaṭ^a -lkitāb^a min 3alā -ṭṭāwila^{ti}.*	اِلتَقَطَ الكِتابَ مِنْ عَلى الطّاوِلَةِ.

to prepare	*ɦaḍḍara* [2s] *jahhaza* [2s]	حَضَّرَ جَهَّزَ
to prohibit	*mana3a* [2s] *ɦaẓara* [1s3]	مَنَعَ حَظَرَ
to punish	*3āqaba* [3s]	عاقَبَ
to put, set (down)	*waḍa3a* [1a1]	وَضَعَ
He set down the book on the table.	*waḍa3[a] -lkitāb[a] 3alā -ṭṭāwila[ti].*	وَضَعَ الكِتابَ عَلى الطّاوِلَةِ.
to say, tell	*qāla* [1h3] *ʔaxbara* [4s] *taɦaddaŧa* [2s]	قالَ أَخْبَرَ تَحَدَّثَ
to show	*3araḍa* [1s2] *ʔaẓhara* [4s] *ista3raḍa* [8s]	عَرَضَ أَظْهَرَ اِسْتَعْرَضَ
to sink	*ɣariqa* [1s4]	غَرِقَ
The Titanic sank over a hundred years ago.	*ɣariqat safīna[tu] taytānīk munđ[u] ʔakŧar[i] min miʔa[ti] 3ām[in].*	غَرِقَتْ سَفِينَةُ تَيْتانيكْ مُنْذُ أَكْثَرِ مِنْ مِئَةِ عامٍ.
to stay	*ẓalla* [1g1] *baqiya* [1d4] *makaŧa* [1s3]	ظَلَّ بَقِيَ مَكَثَ
to succeed	*najaɦa* [1s1]	نَجَحَ
to suggest, propose	*iqtaraɦa* [8s]	اِقْتَرَحَ
to take	*ʔaxađa* [1s3(a)]	أَخَذَ

to tear	*mazzaqa* [1s2]	مَزَّقَ
to thank	*šakara* [1s3]	شَكَرَ
to tie	*rabaţa* [1s2]	رَبَطَ
to touch	*lamasa* [1s2]	لَمَسَ
to try, attempt	*ɧāwala* [3s]	حاوَلَ
to try, try out	*jarraba* [2s]	جَرَّبَ
to use	*istaxdama* *ista3mala*	اِسْتَخْدَمَ اِسْتَعْمَلَ
to wait	*intaẓara* [8s]	اِنْتَظَرَ
to walk, go, leave	*ɣādara* [3s] *đahaba* [1s1]	غادَرَ ذَهَبَ
to welcome, greet	*raɧɧaba* [2s] *ɧayyā* [2d]	رَحَّبَ حَيّا

56 Adjectives

The following common adjectives did not fit neatly into other categories. If you cannot find an adjective here, try the index in the back of the book to see if it is listed under another category.

good	*jayyid*^{un}	جَيِّدٌ
bad	*sayyiʔ*^{un}	سَيِّءٌ
hard	*ṣulb*^{un}	صُلْبٌ
soft	*layyin*^{un} *ṭariyy*^{un}	لَيِّنٌ طَرِيٌّ
difficult, hard	*ṣa3b*^{un}	صَعْبٌ
easy	*sahl*^{un}	سَهْلٌ
important	*muhimm*^{un}	مُهِمٌّ
necessary	*ḍarūriyy*^{un}	ضَرورِيٌّ
strong	*qawiyy*^{un} *(ʔaqwiyāʔ*^{u}*)*	قَوِيٌّ (أَقْوِياءُ)
weak	*ḍa3īf*^{un} *(ḍu3afāʔ*^{u}*)*	ضَعيفٌ (ضُعَفاءُ)
deep	*3amīq*^{un}	عَميقٌ
shallow	*ḍaḥl*^{un}	ضَحْلٌ
long; (person) **tall**	*ṭawīl*^{un} *(ṭiwāl*^{un}*)*	طَويلٌ (طِوالٌ)
He's very tall.	*ʔinnah*^{u} *ṭawīl*^{un} *jiddan.*	إِنَّهُ طَويلٌ جِدًّا.
short	*qaṣīr*^{un} *(qiṣār*^{un}*)*	قَصيرٌ (قِصارٌ)

She's quite short.	*ʔinnahā qaṣīra^{tun} jiddan.*	إِنَّها قَصيرَةٌ جِدًّا.
old, ancient	*qadīm^{un} (qudmāʔ^{u})* *3atīq^{a} (3itāq^{un})*	قَديمٌ (قُدماءُ) عَتيقَ (عِتاقٌ)
new	*jadīd^{un} (judud^{un})*	جَديدٌ (جُدُدٌ)
clear, obvious	*wāḍiɦ^{un}*	واضِحٌ
His answer was very clear.	*kānat ʔijābatuh^{u} wāḍiɦa^{tan} jiddan.*	كانَتْ إِجابَتُهُ واضِحَةً جِدًّا.
unclear	*mubham^{un}* *ɣayr^{u} wāḍiɦ^{in}* *ɣāmiḍ^{un}*	مُبْهَمٌ غَيْرُ واضِحٍ غامِضٌ
clean	*naẓīf^{un} (nuẓafāʔ^{u})*	نَظيفٌ (نُظَفاءُ)
dirty	*muttasix^{un}*	مُتَّسِخٌ
heavy	*ŧaqīl^{un}*	ثَقيلٌ
light	*xafīf^{un} (xifāf^{un})*	خَفيفٌ (خِفافٌ)
ready	*musta3idd^{un}* *jāhiz^{un}*	مُسْتَعِدٌّ جاهِزٌ
Are you ready yet?	*hal ʔant^{a} musta3idd^{un} ba3d^{u}?*	هَلْ أَنْتَ مُسْتَعِدٌّ بَعْدُ؟
I'm ready!	*ʔana musta3idd^{un}!* *ʔana jāhiz^{un}!*	أَنا مُسْتَعِدٌّ! أَنا جاهِزٌ!
(person) **right**	*muɦiqq^{un}* *3alā ɦaqq^{in}*	مُحِقٌّ عَلى حَقٍّ
Yes, you're right!	*ʔajal, ʔant^{a} muɦiqq^{un}!*	أَجَلْ، أَنْتَ مُحِقٌّ!

(person) **wrong**	*muxṭiʔ^{un}*	مُخْطِئٌ
I think you're wrong (about that).	*ʔa3taqid^{u} ʔannak^{a} muxṭiʔ^{un}.*	أَعْتَقِدُ أَنَّكَ مُخْطِئٌ.
slow	*baṭīʔ^{un}*	بَطِيءٌ
fast, quick	*sarī3^{un}*	سَرِيعٌ
hot	*sāxin^{un}*	ساخِنٌ
warm	*dāfiʔ^{un}*	دافِئٌ
cool, cold	*bārid^{un}*	بارِدٌ
famous	*mašhūr^{un} (mašāhīr^{u})* *šahīr^{un}*	مَشْهورٌ (مَشاهيرُ) شَهيرٌ
independent	*mustaqill^{un}*	مُسْتَقِلٌّ
busy	*mašɣūl^{un}*	مَشْغولٌ
empty; available, free	*fāriɣ^{un}* *mutāħ^{un}* *mutafarriɣ^{un}*	فارِغٌ مُتاحٌ مُتَفَرِّغٌ
Are you free tomorrow?	*hal ʔant^{a} mutafarriɣ^{un} ɣadan?*	هَلْ أَنْتَ مُتَفَرِّغٌ غَدًا؟
full	*mumtaliāʔ^{un}*	مُمْتَلِئٌ
useful	*mufīd^{un}*	مُفيدٌ
useless	*3adīm^{u} -lfāʔida^{ti}* *ɣayr^{u} mufīd^{in}*	عَديمُ الفائِدَةِ غَيْرُ مُفيدٍ
careful, cautious	*ħađir^{un}* *ħarīṣ^{un}*	حَذِرٌ حَريصٌ

careless	*muhmil*^{un} *lā mubāl*^{in}	مُهمِلٌ لا مُبالٍ
absent-minded	*šārid*^{u} *-đđihn*^{i} *šārid*^{u} *-lfikr*^{i}	شارِدُ الذِّهْنِ شارِدُ الفِكْرِ
open	*maftūħ*^{un}	مَفْتوحٌ
closed	*muɣlaq*^{un}	مُغْلَقٌ
wet	*muballal*^{un}	مُبَلَّلٌ
dry	*jāaff*^{un}	جاَفٌّ
quiet	*hādiʔ*^{un}	هادِئٌ
noisy	*muz3ij*^{un}	مُزْعِجٌ
rough	*xašin*^{un}	خَشِنٌ
smooth	*nā3im*^{un}	ناعِمٌ
narrow; tight	*ɖayyiq*^{un}	ضَيِّقٌ
wide; loose	*wāsi3*^{un}	واسِعٌ
dark	*dākin*^{un}	داكِنٌ
bright, light	*sāʈi3*^{un} *muɖīʔ*^{un}	ساطِعٌ مُضيءٌ
sharp	*ħādd*^{un}	حادٌّ
blunt	*maŧlūm*^{un}	مَثْلومٌ
additional	*ʔiɖāfiyy*^{un}	إِضافِيٌّ

the same __	*nafs*^{u} *-l__*	نَفْسُ الـــ
similar	*mušābih*^{un}	مُشابِهٌ
different	*muxtalif*^{un}	مُخْتَلِفٌ
possible	*mumkin*^{un}	مُمْكِنٌ
impossible	*mustaḫīl*^{un} *ɣayr*^{u} *mumkin*^{in}	مُسْتَحِيلٌ غَيْرُ مُمْكِنٍ
probable, likely	*muḫtamal*^{un}	مُحْتَمَلٌ

Notebook

section	English	Pronunciation	Arabic

Index

abandon **306**
abdomen **31**
ablution **217**
abortion **115**
about **292**
above **302**
abroad **176, 296**
abs **171**
absent-minded **318**
Abu Dhabi **235**
academy **98**
accelerate **129**
accent **220**
accept **306**
accident **131**
accompany **306**
accomplish **310**
account **138**
accountant **91**
accusation **190**
accuse **190**
acne **27**
acrobat **158**
across **304**
across from **303**
act **157**
action movie **156**
actor **91, 157**
adapter **50**
add **271**
additional **318**
address **139**
adjective **226**
adjust **170, 306**
administration **194**
admire **209**
admit **306**
adolescence **3**
adolescent **2**
adopt **10**
adore **209**
adult **2**
advanced **222**
adverb **226**
advertisement **144**
advise **306**
affair **15**
affect **306**
affix **139**
Afghanistan **230**
afraid **205**
Africa **236**
after **299**
afternoon **275, 284**
afternoon prayer **217**
again **292**
age **3, 4, 0281**
agree **210**
agreement **210**
agriculture **196**
AIDS **112**
air **241**
air force **199**
air-conditioned **180**
air-conditioner **51**
airfare **177**
airmail **139**
airplane **177**
airport **177**
aisle **157**
aisle seat **178**
alarm clock **59**
alcohol **70**
Algeria **233**
Algerian **233**
Algiers **233**
alias **16**
alive **1**
all **265**
all day **276**
Allah **215**
alley **133**
allow **306**
almond **77**
almost **292**
alone **292**
along **303**
alphabet **222**
already **296**
also **292**
altar **218**
always **293**
American **231**
Amman **233**
ancestors **11**
ancient **316**
and **298**
angel **215**
angry **204**
animal **250**
aniseed **77**
ankle **30**
anniversary **14**
annoy **204**
annoyed **204**
annoying **204**
answer **99, 306**
answer the phone **120**
antenna **152, 255**
antibiotics **114**
antler **255**
ants **254**
anus **33**
anyone **288**
anything **288**
anytime **293**
anywhere **293**
apartment **46**
apartment building **135**
apologize **306**
app **120**
appear **306**
applaud **158**
applause **158**
apple **75**
applicant **87**
apply **87**
appointment **109, 195**
appreciate **306**
approve **307**
apricot **75**
April **278**
Arabian Peninsula **236**
Arabian Sea **236**
Arabic **221**
architect **91**
Arctic **240**
Argentina **232**
argue about **210**
arid **249**
arithmetic **270**
arm **28**
armchair **51**
armpit **28**
army **199**
around **285, 292, 304**
arrange **307**
arranged marriage **13**
arrest **188**
arrival **180**
arrive **180**
art **154**
artery **32**
article **141, 226**
artist **91, 154**
as well **292**
ascend **307, 309**
ashtray **159**
Asia **239**
ask **307**
asleep **57**
asparagus **73**
aspirin **114**
assault **187**
asthma **112**
at **302**
at least **292**
at midnight **275**
at night **275**

at noon **275**
atheism **216**
atheist **216**
athlete **91**
Atlantic Ocean **239**
Atlas Mountains **237**
ATM **138**
attack **187, 199**
attempt **314**
attend **307**
attend a lecture **99**
attorney **93**
audience **157**
auditorium **101, 156**
August **278**
aunt **9**
Australia **231, 239**
Austria **230**
Austrian **230**
author **140**
automatic **129**
autumn **279**
available **317**
average-looking **35**
ax **62**
aysh dora **79**
baby **1**
bachelor's degree **106**
back **31**
back seat **127**
back up **130**
backache **111**
backgammon **164**
backpack **100**
bad **244, 315**
bad luck **215**
bag **38, 83**
Baghdad **233**
baguette **79**
Bahrain **233**
Bahraini **233**
bait **155**
bake **54**
baked **83**
baker **91**
bakery **133**
baklava **73**
bald **26**
ball **164**
ballet dancer **162**
ballpoint pen **141**
bamboo **257**
banana **75**
band **160**
Band-Aid **113**
bandage **113**
bangs **26**
bank **133, 137**
bank manager **91**
bank teller **91**
banker **91**
baptism **219**
baptize **219**
barbell **169**
barber **91**
bare **33**
barette **38**
bargain **145**
bark **257**
barn **196**
basboosa **73**
baseball **165**
baseball cap **38**
basement **136**
basil **77**
basketball **165**
basketball hoop **165**
bathe **59**
bathing suit **39**
bathrobe **39**
bathroom **59**
bathtub **59**
battle **199**
bay **239**
be **307**
be able to **307**
beach **173**
beach umbrella **174**
beak **255**
bean **73**
beanie **38**
bear **251**
beard **26**
beat **31, 166**
beautiful **35**
beaver **251**
because **298**
become **307**
bed **56**
bedroom **55**
bedsheet **56**
bedside table **59**
bee-sting **254**
beef **80**
beef steak **80**
beehive **254**
beer **70**
bees **254**
beet **73**
beetle **254**
before **299**
beg **307**
begin **307**
beginner's **221**
behave **307**
behind **304**
beige **260**
Beirut **234**
belch **24**
Belgium **229**
belief **214**
believe **201**
believe in **214**
bell pepper **74**
belly **31**
belly button **31**
belly dancing **162**
belt **37**
belt buckle **37**
beneath **302**
berry **76**
beside **303**
bet **307**
between **303**
beverage **64**
Bible **218**
bicycle **124**
bicycle lane **124**
big **262**
bike path **124**
bike seat **124**
bikini **39**
bill **144, 147, 191, 255**
billiards **163**
billion **270**
biology **107**
bird **252**
birth **1**
birth control **116**
birthday **3**
birthmark **28**
bishop **164**
bite **23, 64**
bitter **67**
black **260**
black hair **25**
black pepper **77**
blackboard **100**
bladder **31**
blame **308**
bland **67**
blanket **56**
blemish **27**
blender **54**
blind **20**
blinds **48**
blink **19**
blond hair **25**
blood **32**
blood test **114**
blouse **37**
blow **247**
blow one's nose **21**
blue **260**
blueberry **76**
blunt **318**
board **178, 194**
boat **122**
body **5, 18**
boil **54**
boiled **83**
boiled egg **80**

Bolti **81**
bomb **200**
bone **32**
bonus **90**
boob **31**
book **140, 149, 181**
book (reserve) **177**
bookcase **59**
bookmark **140**
bookstore **140**
boots **40**
border **176**
born **1**
borrow **137**
bosom **31**
boss **87**
bottle **69**
bottom **33**
bowels **31**
bowl **52**
boxing **165**
boy **2**
boyfriend **12**
bra **36**
bracelet **44**
bracket **227**
braids **26**
brain **18**
brake **129**
branch **257**
Brazil **232**
bread **79**
break **101, 113, 308**
break into **187**
break the law **187**
break up **13**
break wind **33**
breakfast **68**
breast **31**
breastfeed **1**
breath **24**
breathe **24**
breathe in **172**
breathe out **172**
brick **136**
bride **14**
bridge **127**
briefcase **38**
bright **318**
bring **308**
broad bean **73**
broccoli **73**
brooch **44**
broom **49**
brother **7**
brow **18**
brown **260**
bruise **113**
brush (hair) **25**
brush (teeth) **23, 61**
buckle **37**
Buddha **216**
Buddhism **216**
Buddhist **216**
buffalo **251**
bug **254**
build **135**
building **135**
Bulgaria **230**
bumper **131**
bun **26**
burial **5**
burn **113, 308**
burned **113**
burp **24**
bury **5**
bus **122, 180**
bus driver **92, 123**
bus station **180**
bus stop **123**
bush **257**
business **194**
business class **177**
business trip **89, 194**
businessman **194**
businesswoman **194**
busker **161**
busy **317**
but **298**
butcher **92**
butcher shop **133**
butter **71**
butterfly **254**
buttocks **33**
button **39**
button up **39**
buy **143**
by **304, 305**
cabbage **74**
cabinet **52, 183**
cactus **258**
Caesar salad **75**
café **134**
cafeteria **101**
cage **250**
Cairo **233**
cake **72**
calculate **270**
calculation **270**
calculator **270**
calendar **279**
calf **30**
call **16, 120**
call to prayer **217**
calligraphy **222**
calories **170**
camel **197**
camera **155**
camp **175**
can **69, 307**
Canada **231**
canal **239**
canary **252**
cancel **178, 195**
cancer **113**
candidate **87**
candle **51**
candy **72**
capital **185**
capital city **185**
capital punishment **189**
capsicum **74**
car **124**
car door **127**
car door handle **127**
car insurance **127**
carbonated drink **68**
cardinal number **267**
cardiologist **109**
cards **163**
care **308**
career **91**
careful **317**
careless **318**
carnation **258**
carpenter **92**
carpet **48**
carrot **74**
carry **308**
carton **83**
cartoon **150**
case **225**
cashier **92, 145**
casserole dish **54**
cassette (tape) **152**
cast **113**
cat **250**
cataract **239**
catch **166**
cattle **196**
cauliflower **74**
cautious **317**
cavity **116**
CD **152**
CD player **152**
ceiling **48**
celery **74**
cell phone **120**
cemetary **5**
centimeter **263**
century **281**
cereals **198**
ceremony **214**
certain **210**
certificate **106**
chain **124**
chair **47, 194**
chairman **194**
chalk **100**
champion **167**
change **308**
change (clothes) **41, 169**

change (coins) **191**
change (money back) **143**
change gears **130**
change money **176**
changing room **169**
channel **151**
chapped **23**
charge **190**
chase **308**
cheap **144**
cheat **308**
cheat on **15**
check **103**
check in **178, 181**
check out **182**
check-up **110**
checkmate **163**
Cheddar cheese **71**
cheek **18**
cheer **308**
cheers **71**
cheese **71**
cheetah **251**
chef **92, 147**
chemistry **107**
cherry **76**
chess **163**
chess piece **163**
chest **31**
chew **23, 64**
chew gum **72**
chewing gum **72**
chick **197**
chicken **80**
chicken filet **80**
chickens **196**
chickpea **74**
chickpea salad **75**
child **1**
childhood **3**
childish **2**
children's program **150**
Chile **232**
chili pepper **74**
chin **18**
China **231**
Chinese **220**
Chinese characters **222**
chipped tooth **116**
chives **77**
chocolate **72**
choir **218**
choke on **24, 65**
choose **308**
chop (up) **54**
chop wood **63**
Christ **216**
Christian **216**
Christianity **216**
Christmas **280**
chrysanthemum **258**
chubby **34**
church **218**
church service **218**
cigar **158**
cigarette **158**
cigarette butt **159**
cinema **155**
cinnamon **77**
circle **262**
circular **262**
circus **158**
citizen **184**
citizenship **228**
city **133**
city hall **133**
civil servant **86**
class **98**
Classical Arabic **221**
classical music **160**
classroom **100**
claw **255**
clean **49, 316**
clean-shaven **27**
cleaner **92**
cleaning **116**
clear **316**
clear the table **52**
clever **202**
click on **117**
client **89**
cliff **238**
climate **249**
climb **309**
clinic **110**
close **118, 309**
close (eyes) **19**
close (mouth) **22**
close to **303**
closed **318**
cloth **43**
clothesline **42**
clothing **36**
cloud **246**
clove **77**
clown **158**
clutch **129**
coach **177**
coal **159**
coat **38**
cobra **253**
Coca Cola **69**
cockroach **254**
coconut **77**
coffee **69**
coffee beans **70**
coffee maker **55**
coffee shop **134**
coffin **5**
coin **191**
Coke **69**
cola **69**
cold **111, 317**
cold water **60**
coldness **245**
collar **36**
colleague **87**
college **98, 104**
college student **106**
colloquial language **221**
Colombia **231**
colon **227**
color **260**
colorful **261**
column **141**
comb (hair) **25**
come **309**
comedy program **150**
comet **241**
comfortable **180**
comic book **149**
comma **227**
command **312**
commerce **194**
commercial **194**
commercial venture **194**
commit a crime **187**
committee **194**
company **87, 194**
company representative **89**
compare **309**
compartment **180**
compass **242**
complain about **209**
complaint **209**
complete **310**
complexion **27**
composition **103**
computer **117**
computer program **118**
concrete **136**
condiments **77**
condom **116**
condor **252**
conference **195**
congested **111**
conjugate **225**
conjugation **225**
consciousness **201**
consonant **227**
constipated **112**
constitution **185**
construction **135**
construction worker **135**
contact **309**

contact lenses **43**
contagious **114**
continent **238**
continue **309, 311**
convict **189**
cook **54, 92, 147**
cookbook **54**
cookie **72**
cooking **53**
cool **317**
coolness **245**
coop **196**
copy **100**
corn **198**
corner **133**
corpse **5**
corral **196**
correct **99, 104, 310**
cosmos **241**
cost **144**
cotton **43**
cotton candy **72**
couch **51**
cough **24, 112**
council **194**
count **267**
counter **53, 139**
country **228**
couple **12**
couple of **266**
coupon **145**
courier bag **38**
court **188**
courtyard **61**
cousin **9, 10**
cow **196**
coworker **87**
crab **81**
cracker **72**
craft **91**
crash **132**
crazy **202**
cream **71**
cream soup **83**
cremate **6**
cremation **6**
cricket **254**
crime **187**
criminal **187**
criticism **209**
criticize **208**
crochet **154**
crocodile **253**
cross the street **126**
cross-eyed **20**
crosswalk **126**
crow **252**
crowd **157**
cruel **206**
cry **20, 203**
cubic meter **263**
cucumber **74**
culture **228**
cumin **77**
cup **69**
cupboard **52**
cured **114**
curly hair **25**
currency **191**
curriculum **99**
curry **77**
curtain **48**
cushion **56**
customer **146**
customer service representative **92**
customs **176**
customs officer **176**
cut **53, 113**
cut in half **54**
cute **35**
cuttlefish **82**
cyclist **124**
cyclone **248**
Czech **230**
Czech Republic **230**
dairy products **71**
daisy **258**
Damascus **235**
dance **162**
dancer **162**
dark **261, 318**
dark-skinned **27**
darkness **246**
darling **12**
darn **154**
dashboard **128**
date **76**
date (romantic) **12**
date palm **257**
dating **12**
daughter **7**
dawn prayer **217**
day **275**
day after tomorrow **276**
day before yesterday **275**
day off **148**
day shift **88**
dead **5**
Dead Sea **236**
deaf **22**
death **5**
death sentence **189**
debt **137**
decade **281**
deceased **5**
deceive **308**
December **279**
decide **201**
decision **202**
declare **176**
declare war on **199**
declension **225**
decline **225, 309**
decrease **309**
deep **315**
deep sleep **58**
deer **251**
defecate **33**
defend **199**
defense **190, 200**
definite **226**
definiteness **226**
Degla river **236**
degree **106**
delayed **178**
delete **118**
delicious **66**
deliver **139**
demand **309**
democracy **185**
democratic **185**
demolish **135**
demon **215**
demonstrate **186**
demonstration **186**
demonstrator **186**
Denmark **229**
dent **131**
dental floss **61**
dentist **92, 116**
dentistry **107**
deny **309**
depart **180**
department **105, 183**
departure **180**
deposit **138**
descend **309**
descendants **11**
describe **309**
desert **240, 306**
design **309**
desire **212**
desk **59, 100**
destroyed **132**
devil **215**
diabetes **112**
diabetic **112**
diagnose **110**
diagnosis **110**
diamonds **44**
diaper **1**
diarrhea **112**
dice **53, 164**
dictator **185**
dictatorship **185**
dictionary **224**
die **5**
diet **169**
Diet Coke **69**
Diet Pepsi **69**

differ **310**
different **319**
difficult **315**
dig **62**
diligent **206**
dinar **191**
dining room **51**
dining table **52**
dinner **68**
diploma **106**
dirham **191**
dirty **316**
disagree with **210**
disappear **310**
discount **144**
discussion **210**
disease **109**
dish **52**
dishwashing liquid **55**
dissertation **107**
distance **263**
dive **175**
divide by **271**
divorce **14**
divorced **14**
divorcee **14**
dizziness **111**
dizzy **111**
do **310**
do aerobics **171**
do cardio exercise **170**
do homework **103**
do housework **49**
do pull-ups **171**
do push-ups **171**
do sit-ups **171**
do the dishes **55**
do the laundry **42**
do the speed limit **130**
do yoga **171**
doctor **92, 109**
doctor's office **110**
doctorate **107**
documentary **150**
dog **250**
dog collar **250**
Doha **235**
doll **163**
dollar **191**
dolphin **252**
Domiati cheese **71**
donkey **196**
door **47**
doorman **47**
dormant **240**
dormitories **105**
double room **181**
double/queen/king bed **56**
doves **252**
down from **304**
download **118, 153**
downstairs **297**
downtown **133**
doze off **57**
dragon-fly **254**
drama **150, 156**
draw **154**
draw blood **114**
drawer **59**
drawing **154**
dream **57**
dress **38**
dresser **59**
drink **64**
drink and drive **71**
drive **125, 128**
driver **125**
driver's license **125**
drop **310**
drop off **127**
drought **249**
drowsy **57**
drum **161**
drunk **70**
dry **249, 318**
dry herbs **77**
dry off **60**
dry the laundry **42**
dryer **42**
dual **225**
ducks **197**
Duha prayer **217**
dumbbell **170**
dusk **242**
dust **49**
dust storm **248**
dusty **49**
Dutch **220**
duvet **56**
dye one's hair **25**
e-mail **119**
eagle **252**
ear **21**
ear wax **22**
earlobe **21**
early **285**
earn interest **138**
earn money **89**
earphones **153**
earring **44**
earrings **44**
earth **238**
earthquake **240**
east **242**
Easter **280**
eastern **243**
easy **315**
eat **64**
eat soup **82**
economics **107**
economy class **177**
edit **310**
editor **92**
educated **97**
education **97**
egg **80**
egg white **80**
eggplant **74**
Egypt **233**
Egyptian **233**
Egyptian Arabic **221**
Eid Al-Adha **280**
Eid Al-Fitr **280**
Eid prayers **217**
eight **268**
eighteen **268**
eighth **272**
eighty **269**
elbow **28**
elect **184**
elections **184**
electric razor **61**
electrical outlet **50**
electrician **92**
elementary school **97**
elephant **251**
elevator **135**
eleven **268**
elliptical trainer **170**
embarrassed by **205**
embroider **154**
emeralds **44**
emergency brake **128**
Emirates **235**
Emirati **235**
emotion **203**
emperor **184**
empire **184**
employ **87**
employed **86**
employee **87**
employer **87**
empress **184**
empty **317**
Empty Quarter **237**
encourage **308**
end **310**
engaged **13**
engagement **13**
engagement ring **44**
engineer **92**
England **229**
English **220, 229**
enjoy **208**
enjoyable **148**
enlist **199**
enough **294**
enroll **104**

enrollment **104**
entertain **153**
entrance exam **102**
entrepreneur **194**
envelope **139**
envious **207**
Epiphany **280**
episode **151**
equal **271**
equals **271**
equator **240**
era **281**
erase **141**
eraser **141**
erection **32**
erupt **240**
eruption **240**
escalator **135**
escape **189**
especially **292**
espresso **69**
essay **103**
Ethiopia **228**
Euphrates river **236**
euro **191**
Europe **238**
evade taxes **192**
evangelical **219**
even **267**
evening **275, 284**
evening prayer **217**
every **265**
every child **265**
every day **276**
every other day **276**
everyone **287**
everything **288**
everywhere **292**
evil **215**
exam **101**
exam results **102**
examination **110**
examine **110**
exchange **146**
exchange office **176**
exchange rate **177**
excited **204**
exciting **204**
exclamation mark **227**
excrement **33**
exercise **167, 171, 221**
expect **202**
expenses **192**
expensive **144**
experience **87**
experience nausea **112**
expiration date **66**
expire **176**
explode **200**
explosion **200**
express **180, 310**
expressway **126**
extend one's fingers **30**
extension cord **50**
extinct **240**
extra-large **41**
eye **19**
eye doctor **109**
eye of the storm **248**
eyebrow **18**
eyelash **19**
eyelid **19**
eyesight **20**
fabric **43**
face **18**
Facebook **119**
factory **195**
faculty **105**
fail **102**
faint **111**
fair **244**
fair-skinned **27**
fairy tale **140**
faith **214**
falafel **83**
falcon **252**
fall **279, 310**
fall asleep **56**
falling star **241**
family **7**
famous **317**
fantasy **157**
far from **303**
farm **196**
farmer **92, 196**
Farsi **220**
fart **33**
fast **292, 317**
fast food **72**
fast food restaurant **147**
fat **34, 82**
fateer **84**
fateer meshaltet **73**
father **7**
faucet **55**
fava bean **73**
fava beans **84**
fax **119**
fax machine **119**
fear **205**
Feast of the Sacrifice **280**
feathers **255**
February **278**
feces **33**
fed up with **204**
fee **144**
feed **250**
feel **203**
feeler **255**
feeling **203**
felucca **148**
feminine **225**
fence **47**
fender **131**
fender-bender **131**
fertilize **259**
feta cheese **72**
fever **111**
few **266**
fiancé **13**
fiancee **13**
field **197**
fifteen **268**
fifth **272, 273**
fifty **269**
fig **76**
file **117**
filling **116**
film **150, 156**
final exam **102**
finance **137**
financial **192**
finch **253**
find **310**
finger **29**
fingernail **29**
fingerprint **29**
fingertip **29**
finish **310**
finish work **88**
Finland **229**
fire **90**
fire station **134**
fired **90**
firefighter **92**
first **272**
first class **177**
first name **16**
fiscal **192**
fish **81, 253**
fishbone **81**
fisherman **92**
fishing **155**
fishing pole **155**
fishing tackle **155**
fist **30**
fitness **167**
five **267**
fix **310**
fixed price **145**
flashcard **224**
flat **238**
flat tire **128**
flat-chested **31**
flea **254**
flies **254**
flight **177**

flight attendant **92, 178**
float **310**
flood **249**
floor **46, 48, 136**
floss **61**
floss one's teeth **23**
flour **79**
flower **257, 258**
fluently **224**
flush the toilet **60**
flute **161**
fly **177**
fly a kite **148**
fog **247**
folder **117**
folk music **160**
follow a recipe **54**
food **64**
foot **30, 263**
football **165**
for **285**
forefathers **11**
forehead **18**
foreign language **220**
foreign(er) **228**
forest **240**
forget **201**
forgetful **201**
fork **52**
forty **269**
forward **152**
fountain **133**
four **267**
four-lane road **126**
fourteen **268**
fourth **272, 273**
fox **251**
fraction **273**
France **229**
freckles **28**
free **144, 186, 317**
free weights **170**
freedom **186**
freeze **239**
freezer **53**
freight **122**
French **220, 229**
fresh **66**
fresh herbs **77**
freshman **106**
Friday **277**
Friday prayer **217**
Friday sermon **217**
fried **83**
fried egg **80**
friend **148**
friendly **206**
frog **253**
from **302**
front door **47**
front seat **127**
front teeth **23**
frown **18, 203**
fruit **75**
fry **54**
fuchsia **260**
ful **84**
ful medames **84**
full **65, 317**
full brother **8**
full lips **23**
full name **16**
full sister **8**
full-time **86**
fun **148**
funds **192**
funeral **5**
funny **207**
fur **255**
furnished **47**
furniture **47**
fuse **50**
fuse box **50**
future **282**
future tense **226**
gain weight **169**
galabeya **37**
gall-bladder **32**
game **163**
game show **150**
garbage **55**
garbage can **55**
garbage collector **93**
garden **62**
gardener **47, 93**
gargle **61**
garlic **74**
gas **130, 131**
gas gauge **130**
gas pedal **129**
gas pump **130**
gas station **130**
gate **47, 178**
gazelle **251**
gear **129**
geese **197**
gender **225**
generous **206**
genie **215**
geography **107**
geology **107**
geometry **107**
German **220, 229**
Germany **229**
get **308, 311**
get along with **210**
get dressed **41**
get in **122**
get off **122**
get off work **88**
get older **2**
get on **122**
get out of **122**
get undressed **41**
get up **58**
ginger **78**
giraffe **251**
girl **2**
girlfriend **13**
give **311**
give birth **1, 115**
gland **32**
glass **69, 136**
glasses **43**
glove **39**
glove compartment **128**
gloves **39**
go **311, 314**
go bad **66**
go bald **26**
go camping **175**
go down **309**
go downstairs **136**
go fishing **155**
go for a walk **148**
go hiking **175**
go jogging **170**
go online **118**
go past **312**
go to bed **56**
go to the bathroom **33**
go up **307**
goal **164**
goat **196**
goatee **27**
god **214, 215**
goddess **214**
gold **44**
golf **165**
golf ball **165**
golf club **165**
golf course **165**
good **244, 315**
good luck **215**
good-looking **35**
gorge **238**
govern **183**
government **183**
grade **102**
graduate **105**
grain **198**
gram **264**
grammar **225**
grammatical **225**
grammatical rule **225**
grandchildren **9**
granddaughter **9**
grandfather **9**

grandma **9**
grandmother **9**
grandpa **9**
grandson **9**
grape **76**
grapefruit **76**
graphic novel **149**
grasshopper **254**
grasslands **240**
grateful **205**
grave **5**
gravestone **5**
graveyard shift **88**
gravy **78**
gray **260**
gray hair **25**
graze **197**
greasy **82**
Great Britain **229**
great-grandfather **9**
Greater Eid **280**
greedy **206**
Greek **220**
green **260**
green bean **73**
green light **126**
green onion **74**
green salad **75**
greet **314**
grenade **200**
grilled **83**
grip **30**
grocery store **134**
groom **14**
ground **238**
ground floor **136**
group **160**
grow **258**
grow (a plant) **258**
grow up **2**
guess **202**
guitar **161**
guitar strings **161**
gulf **239**
Gulf Arabic **221**
Gulf of Aden **236**
gums **23**
gym **168**
gym clothes **169**
gymnasium **100**
Hadith **218**
haggle over **145**
hail **247**
hail a taxi **123**
hair **24**
hair clip **38**
hair ribbon **38**
haircut **26**
hairdresser **93**
hairdryer **60**
half **273**
half-brother **8**
half-sister **8**
Halloumi cheese **71**
Halloween **280**
ham **81**
hamburger **72**
hammer **62**
hand **29**
hand brake **128**
handbag **38**
handicapped **109**
handsome **35**
handwriting **222**
hang **48**
hang out **149**
hang up **121**
hanger **59**
happen **311**
happy **203**
hard **315**
hard of hearing **22**
hard-working **206**
hardwood floor **48**
harsh **206**
harvest **198**
hat **38**
hate **208**
have **311**
have sex **15**
hawk **252**
hay **197**
hazelnut **77**
he **287**
head **18**
head office **195**
headache **111**
headboard **56**
headlight **131**
headline **141**
headphones **153**
headquarters **195**
headscarf **38**
headstone **5**
heal **114**
healing **114**
health **109**
health club **168**
healthful **67**
healthy **67, 109**
hear **22**
hearing aid **22**
heart **31**
heartbeat **31**
heat **245**
heat up **53**
heater **51**
heatwave **245**
heaven **214**
heavy **316**
Hebrew **220**
heel **30**
height **33, 262**
hell **215**
helmet **124**
help **311**
hens **196**
here **292**
high blood pressure **112**
high heels **40**
high school **98**
high-rise building **135**
highway **126**
hijab **38**
hill **238**
hilly **238**
Hindi **220**
Hindu **216**
Hinduism **216**
hippopotamus **251**
hips **31**
history **107**
hit **166, 311**
hitchhike **181**
hitchhiker **181**
hitchhiking **181**
hobby **208**
hockey **165**
hold **30**
holiday **279**
Holland **229**
home loan **137**
homework **103**
honey **80**
honeymoon **14**
hood **127**
hook **155**
hookah **159**
hope **212**
horn **255**
horror movie **157**
horse **197**
hose **62, 159**
hospital **110**
hot **317**
hot dog **81**
hot water **60**
hotel **181**
hour **282**
house **46**
house painter **93**
housekeeper **47**
how **290**
how big **291**
how far **291**
how long **290**
how many **290**
how much **290**
how often **291**
how old **291**
humid **249**
hundred

Hungary **230**
hunger **65**
hungry **65**
hunt **155**
hunter **155**
hunting **155**
hunting dog **155**
hunting rifle **155**
hurricane **248**
husband **8**
I **287**
ice **68**
ice cream **71**
idiocy **202**
if **298, 300**
ill **109**
illegal **189**
illegible **222**
illiteracy **97**
illiterate **97**
illness **109**
imagination **202**
imagine **202, 311**
imam **93, 217**
immature **2**
immediately **282**
important **315**
impossible **319**
imprisoned **189**
in **302**
in front of **303**
in love **12**
in order to **299**
incentive **90**
inch **263**
income **192**
incorrect **99**
indefiniteness **226**
Independence Day **280**
independent **317**
index finger **29**
India **231**
Indian Ocean **239**
indigestion **112**
Indonesia **231**
industry **195**
infant **1**
infection **114**
inflect **225**
inflection **225**
injection **114**
injured **113**
ink **141**
insane **202**
insect **254**
inside **296, 302**
insomnia **58**
installment **137**
instant coffee **70**
intelligence **201, 202**
intelligent **202**
intend to **311**
intention **212**
interest **137**
interested in **208**
intermediate **222**
intermission **157**
internal organs **31**
international **228**
Internet **118**
interrogate **188**
intersection **126**
interview **87**
intestines **31**
Iran **230**
Iraq **233**
Iraqi **233**
Ireland **229**
iris **19**
iron **42, 136**
ironing board **42**
irrigate **198**
is **271**
Islam **216**
Islamic **216**
island **238**
issue a visa **175**
Istanbuli cheese **72**
it **287**
Italian **220**
Italy **230**
jacket **38**
jam **80**
January **278**
Japan **231**
Japanese **220**
jar **83**
jaw **18**
jazz **160**
jealous **207**
jeans **37**
jellabiya **37**
jellyfish **254**
Jerusalem **234**
Jesus **216**
Jew **216**
jewelry **44**
Jewish **216**
jinn **215**
job **86, 87**
job interview **87**
jobless **90**
jog **170**
join a gym **168**
Jordan **233**
Jordan river **236**
Jordanian **233**
journey **173**
jovial **207**
Judaism **216**
judge **93, 188**
judgment **189**
juice **68**
July **278**
jump **311**
jump rope **172**
June **278**
jungle **240**
junior **106**
junk food **72**
just **281, 296**
just now **281**
justice **188**
kahk **73**
kangaroo **251**
keep **311**
kennel **250**
ketchup **78**
kettle **55**
key **48**
keyboard **117**
khamsin **247**
Khartoum **235**
kick **166**
kidney **31**
kill **187**
kilogram **264**
kilometer **263**
kind **206**
kindergarten **97**
king **164, 183**
kingdom **183**
kiss **15**
kitchen **52**
knee **30**
knife **52**
knight **164**
knit **154**
knit one's brow **18**
knitting needle **154**
know **202**
knowledge **202**
knuckles **30**
koala **251**
Korean **220**
koshari **84**
kunafeh **73**
Kuwait **234**
Kuwait City **234**
Kuwaiti **234**
Labor Day **280**
laboratory **101**
laborer **93**
lake **239**
lamb **81**
lamp **50**
land **178, 238**
landlady **46**
landlord **46**
lane **126**
language **220**
language academy **98**

laptop **117**
large **41, 262**
larynx **24**
last **273**
last name **16**
last night **275**
last week **277**
last year **281**
late **285**
later **282**
laugh **203**
laughter **203**
laundry basket **42**
lava **240**
law **107, 188**
lawn **61**
lawyer **93, 188**
lay an egg **197**
lay off **90**
layover **179**
lazy **206**
learn **97, 221**
leash **250**
leather **43**
leave **312, 314**
leaves **257**
Lebanese **234**
Lebanon **234**
lecture **98**
lecture hall **100**
lecturer **103**
left **123**
leg **30, 256**
legal **188**
legible **222**
lemon **76**
lemon-yellow **260**
lend **137**
length **262**
leopard **251**
Lesser Eid **280**
lesson **99**
letter **139, 222**
Levant **236**
Levantine Arabic **221**
level **221**
liberate **200**
liberation **200**
Liberation Day **280**
library **100, 140**
Libya **234**
Libyan **234**
lice **254**
license plate **127**
lie **312**
life **1**
lift **171, 308**
lift weights **170**
light **50, 316, 318**
light (color) **261**
light switch **50**
lighter **159**
lightning **248**
likable **207**
like **208**
likely **319**
line **120**
linen **43**
linguistics **108**
lion **251**
lip **23**
liquor **70**
lira **191**
listen to **224**
listening **224**
literate **97**
literature **108**
little **262, 266**
little finger **29**
live **1, 312**
lively **207**
liver **31**
liver sandwich **84**
livestock **196**
living room **51**
lizard **253**
loaf of bread **79**
loan **137**
lobby **182**
lobster **81**
lock **309**
locker **169**
locker room **169**
locust **254**
long **262, 315**
long hair **25**
long johns **36**
long time ago **282**
long-sleeved shirt **36**
loofah **60**
look **312**
look for a job **86**
look forward to **213**
look up (a word) **224**
looks (appearance) **35**
loose **41, 318**
lose **166, 312**
lose (to) **166**
lose weight **169**
lot of **265**
love **12, 208, 209**
love passionately **12**
lover **12**
low **245**
lower **171**
lower lip **23**
lunch **68**
lunch break **88, 101**
lung **31**
luqmat al-qadi **73**
lute **161**
magazine **149**
maid **47, 93**
mail **139**
mail carrier **139**
mailbox **139**
major **105**
major in **105**
majority **184**
make **310**
Malaysia **231**
mall **145**
man **2**
manager **87**
Manama **233**
mango **76**
manual **129**
manufacture **195**
map **100, 242**
march **186, 278**
margarine **71**
market **145**
marriage **13**
married **13**
married to **13**
marry **13**
masculine **225**
masjid **217**
master's degree **106**
matches **159**
mathematics **108**
mattress **56**
mature(-acting) **2**
Mawlid **280**
maximum **244**
May **278**
mayonnaise **78**
meagre **81**
meal **67**
mean **312**
means of transportation **122**
measure **263**
measurement **263**
meat **80**
mechanic **93**
medicine **108, 114**
Mediterranean Sea **236**
medium **41**
medium-sweet **70**
meet **195**
meet up with **148**
meeting **89, 195**
melt **239**
member **168**
member of parliament **183**
membership **168**
memory **201**
merchant **194**
merry **207**

messenger **215**
metal **136**
meteorite **241**
meter **263**
metro **123**
metro station **123**
Mexico **231**
microwave **53**
mid-term **102**
middle class **193**
middle finger **29**
middle school **97**
middle-aged **3**
migraine **111**
mile **263**
military **199**
milk **71, 196**
millennium **281**
millimeter **263**
million **270**
minced meat **80**
mind **18, 201**
mine **200**
mineral water **68**
minimum **245**
minister **183, 218**
ministry **183**
minor **105**
minority **184**
minus **271**
minute **282**
mirror **60**
mischievous **2**
miserable **244**
miss (the bus) **122**
missile **200**
mistake **99**
mixed nuts **77**
mixer **54**
mizmaar **161**
Modern Standard Arabic **221**
modest **206**
Mogadishu **235**
molar **23**
mole **28**
monarchy **183**
Monday **277**
monetary **192**
money **191**
monitor **117**
month **277**
moon **241**
mop **49**
morning **275, 284**
Moroccan **234**
Moroccan Arabic **221**
Morocco **234**
mortgage **137**
mosque **217**
mosquito bite **255**
mosquitoes **255**
moss **258**
most **265**
mother **7**
Mother's Day **280**
moths **255**
motorcycle **124**
mountain **238**
mountain range **238**
mountainous **238**
mourn **5**
mourning **5**
mouse **117, 251**
mouth **22**
mouth wash **61**
mouth-piece **159**
mouthful **64**
move **163, 312**
movie **150, 156**
movie star **157**
movie theater **156**
movie ticket **155**
mow the lawn **61**
MP **183**
MP3 **153**
MP3 player **153**
mug **69**
mule **196**
mullet **81**
multi-colored **261**
multiply by **271**
mulukhiyah **83**
mum **258**
murder **187**
murderer **187**
Muscat **234**
muscle **32**
museum **134**
mushroom **74**
music **160**
musical instrument **161**
musician **93, 161**
Muslim **216**
mussel **82**
mustache **26**
mustard **78**
nail **62**
naked **33**
name **16**
named **16**
nape of the neck **24**
napkin **52**
narrow **318**
narrow street **133**
nasal congestion **111**
nation **184, 228**
nationality **228**
native language **220**
naughty **2**
nauseous **112**
navel **31**
navy **199**
navy blue **261**
near **303**
nearly **292**
necessary **315**
neck **24**
necklace **44**
necktie **37**
Negev desert **237**
negotiate **123**
nerve **32**
Netherlands **229**
neuter **226**
never **293**
new **316**
New Testament **219**
New Year's Day **279**
New Year's Eve **279**
New Zealand **231**
newborn **1**
newlyweds **14**
news **151**
newspaper **141, 149**
next month **279**
next to **303**
next week **277**
next year **281**
ney (reed flute) **161**
nice **207, 244**
nickname **16**
Nigeria **228**
night shift **88**
nightgown **39**
nightmare **57**
Nile River **236**
nine **268**
nineteen **268**
ninety **269**
ninth **272**
nipple **31**
niqab **38**
no **265**
no one **288**
no students **265**
noisy **318**
nominate **184**
nomination **184**
non-smoker **158**
none of **265**
noon prayer **217**
north **242**
North America **238**
North Pole **243**
northeast **242**
northern **242**
northwest **242**
Norway **229**
nose **20**
nostril **21**

not working **88**
not... yet **295**
notebook **100**
nothing **288**
noun **226**
novel **140, 149**
November **278**
now **281**
nowhere **293**
number **267**
numeral **267**
nun **218**
nurse **93, 110**
nut **77**
nutmeg **78**
nylon **43**
o'clock **282**
oak tree **257**
oasis **240**
object **226**
obtain **311**
obvious **316**
occupation **200**
occupy **200**
ocean **239**
October **278**
octopus **82**
odd **267**
off work **88**
office **89, 195**
office building **135**
office worker **89**
often **294**
oil **83**
oily **82**
okay **210**
okra **74**
old **3, 316**
old age **3**
olive **74, 261**
olive complexion **28**
om ali **73**
Oman **234**
Omani **234**
omelet **80**
on **302**
one **267**
one day **282**
one-way ticket **179**
onion **74**
online **118**
onto **302**
open **312, 318**
operate on **115**
operation **115**
ophthalmologist **109**
opinion **210, 211**
opposite **303**
or **298**
orange **76, 261**
orange juice **68**
orchard **197**
orchestra **162**
order **312**
ordinal number **272**
oregano **78**
organize **307**
orphan **10**
orphanage **10**
orzo soup **83**
ostrich **252**
oud **161**
ounce **264**
out of **302**
out of tune **162**
outer space **241**
outside **296, 302**
oval **262**
oven **53**
over **302**
overpass **127**
overseas **296**
overtake **125**
overweight **34**
oyster **82**
P.E. **108**
Pacific Ocean **239**
pack (suitcase) **175**
pack of cigarettes **159**
package **139**
pagan **215**
paganism **215**
page **140**
page number **140**
pain **110**
paint **154**
painter **93**
painting **48, 154**
pair of ones **164**
pajamas **39**
Pakistan **230**
Palestine **234**
Palestinian **234**
palm **29**
palm tree **257**
palpitate **31**
pan **54**
pant leg **37**
panties **36**
pants **37**
pantyhose **36**
paper **103, 142**
paperclip **142**
Paradise **214**
paragraph **226**
parcel **139**
parentheses **227**
parenthesis **227**
parents **7**
park **126, 133**
park (a car) **126**
parking garage **126**
parking lot **126**
parliament **183**
parrot **252**
parsley **78**
part-time **86**
party **184**
pass **125, 312**
pass a test **102**
pass away **5**
pass gas **33**
passenger **125**
passing **5**
passion **12**
passport **175**
passport photo **175**
password **119**
past **281, 304**
past tense **226**
pasta **79**
pastor **218**
pastrami **80**
pastries **72**
patch **154**
patient **110**
pause **153**
paw **256**
pawn **164**
pay **89, 143**
pay by credit card **143**
pay off **137**
pay raise **90**
payday **89**
payment **137**
payment **137**
pea **74**
peace **199**
peach **76**
peacock **253**
peanut **77**
peanut butter **77**
pear **76**
pedal **124, 129**
pedestrian crossing **126**
pedestrians **125**
pee **33**
pen **141, 196**
pencil **141**
penguin **253**
peninsula **238**
penis **32**
penmanship **222**
pension **91**
penthouse apartment **46**
people **2, 184**
peppermint **78**
Pepsi **69**
percent **274**
percentage **273**

perform prayer **217**
period **98, 227, 281**
period piece **157**
Persian Gulf **236**
person **2**
personal trainer **168**
personality **206**
pet **250**
pet food **250**
petal **258**
Petra **237**
pharmacist **93**
Philippines **231**
philosophy **108**
phone **120**
phone call **120**
phone number **120**
photocopy **142**
photocopy machine **142**
photograph **154**
photographer **154**
photography **154**
physical education **108**
physics **108**
piano **161**
piano keys **162**
pick one's nose **21**
pick up **127, 312**
pick-up truck **122**
pickled vegetables **84**
pickpocket **188**
picture **48**
pie **73**
piece of bread **79**
pierced ears **22**
pig **196**
pigeons **253**
pill **114**
pillow **56**
pillowcase **56**
pilot **93, 178**
pimple **27**
pin **142**
pine tree **257**
pineapple **76**
pink **261**
pinky **29**
pipe **158**
pita bread **79**
pizza **72**
plains **240**
plan **201**
plan on **201**
planet **241**
plant **197, 257, 258**
plant pot **259**
plastic bag **146**
plastic surgeon **115**
plastic surgery **115**
plate **52**
plateau **238**
platform **179**
play **152, 156**
play (a game) **163**
play (a role) **157**
play (an instrument) **161**
play against **166**
player **166**
playground **101**
plead **307**
pleasant **207**
plow **197**
plug **50**
plug in **50**
plum **76**
plumber **93**
plump **34**
plural **225**
plus **271**
pocket **39**
poem **140**
poet **140**
poetry **140**
point to **30**
Poland **230**
polar bear **251**
police officer **93**
police station **134**
polish **40**
political **185**
political party **184**
political science **108**
politician **93, 185**
politics **185**
polo shirt **37**
pomegranate **76**
pony-tail **26**
poo **33**
poop **33**
poor **192**
pop music **160**
popcorn **156**
pope **218**
poppy **258**
popular music **160**
pork **81**
porter **182**
Portugal **229**
Portuguese **220**
possible **319**
post office **134, 139**
postcard **139**
poster **49**
posterior **33**
postpone **195**
pot **54**
potato **74**
potato chips **72**
potato salad **75**
pound **191, 264**
pound sterling **191**
poverty **192**
practice **221**
praise **208**
pray **214**
prayer **214, 217**
preach **217**
preach about **218**
predict **202**
prefer **209**
prefix **225**
pregnancy **115**
pregnant **115**
prepare **313**
preposition **226**
preschool **97**
prescribe **114**
prescription **114**
present **281**
present tense **226**
president **183**
presidential term **184**
press **153**
pretty **35**
price **144**
priest **94, 218**
primary school **97**
prime minister **183**
prince **183**
princess **184**
principal **103**
print **119, 141**
printer **119**
prison **189**
prisoner **189**
private parts **32**
private sector **86**
probable **319**
problem **110**
professor **94, 103**
prohibit **313**
promotion **90**
pronounce **224**
pronunciation **224**
prophet **215**
Prophet Muhammad **216**
proposal **195**
propose **13, 313**
prose **140**
prosecutor **188**
protein **80**
protest **186**
protester **186**
proud **205**
province **185**
pseudonym **16**
psychology **108**
public sector **86**

publish **141**
pull **171**
pulpit **218**
pulse **31**
punctuation **227**
punctuation mark **227**
pungent **67**
punish **313**
punishment **189**
pupil **19**
puppet **163**
purple **261**
purse **38**
pursue **308**
push **171**
pushpin **142**
put **313**
put aside **138**
put on **28, 41**
Pyramids **237**
Qatar **235**
Qatari **235**
qatayef **73**
quarter **273**
queen **164, 183**
question **99**
question mark **227**
quick **317**
quickly **292**
quiet **318**
quilt **56**
quit **312**
quit (a job) **90**
quit (smoking) **158**
quotation mark **227**
Quran **218**
Rabat **234**
rabbit **251**
radio **152**
radio station **152**
radish **75**
railroad **179**
rails **179**
railway **179**
rain **246**
rainbow **246**
raise **90**
raise one's hand **99**
Ramadan **280**
Ramallah **234**
rap **160**
rape **187**
rash **112**
raspberry **76**
rat **251**
raven **252**
ravine **238**
razor **61**
read **149, 222**
reading **222**
reading glasses **44**
ready **316**
real estate agent **94**
reality TV show **150**
rearview mirror **128**
receipt **143**
receive **311**
receiver **121**
receover **114**
recess **101**
recipe **54**
recite the Quran **218**
record **152**
recovery **114**
recruit **199**
rectangle **262**
red **260**
red hair **25**
red light **126**
Red Sea **236**
red wine **70**
reduce **309**
redundant **90**
reference book **140**
reform **185**
refrigerator **53**
refund **146**
related to **7**
relative **7**
relax **148**
relaxation **148**
religion **214**
religious **214**
remarry **14**
remember **201**
remind **201**
rent **46**
renter **46**
rep **171**
repairman **94**
repeat **225**
repetition **225**
reply **306**
report card **102**
reptiles **253**
republic **183**
request **312**
reservation **181**
reserve **181**
residence permit **176**
resign **90**
respond **306**
rest **148**
restaurant **134, 147**
retire **90**
retirement **91**
return **146**
reverse **130**
review **103**
revise **103**
revolution **186**
rewind **152**
rhinoceros **252**
rial **191**
rib **32**
rice **79**
rice pudding **73**
rich **192**
ride **124**
right **99, 124, 316**
right away **282**
ring **44, 120**
ring finger **29**
ringing in one's ear **22**
ringtone **120**
river **239**
Riyadh **235**
riyal **191**
roast **83**
rob **187**
rock music **160**
roll down **128**
roll up **128**
romance **12**
Romania **230**
romantic comedy **156**
Romy cheese **72**
roof **47**
rook **164**
room **47, 181**
rooster **197**
rose **258**
rosemary **78**
rot **66**
rough **318**
round-about **126**
round-trip ticket **179**
rouse **58**
Royal Poinciana tree **257**
royalty **183**
ruby **44**
rule over **183**
ruler **142**
run **170**
run a red light **126**
running machine **170**
runny nose **21**
rush hour **125**
Russia **230**
Russian **221**
sad **203**
sage **78**
Sahara Desert **237**
sailor **94, 199**
salad **75**
salad dressing **75**
salary **89**
sale **144**

salesperson **94**
saliva **23**
salmon **81**
salsa **78**
salt **78**
salty **67**
same **319**
Sanaa **236**
sand **174**
sand dunes **240**
sandals **40**
sandstorm **248**
sandwich roll **79**
Satan **215**
satellite dish **152**
satiated **65**
Saturday **277**
sauce **78**
Saudi **235**
Saudi Arabia **235**
sausage **81**
save **118, 138**
savings **138**
savings account **138**
saw **62**
say **313**
scale **172**
scan **119**
scanner **119**
scar **28**
scarf **38, 39**
scholarship **104**
school **97**
school bus **101**
school year **104**
schoolyard **101**
science **108**
science fiction **157**
scissors **141**
sclera **19**
score **167**
score a goal **165**
scorpion **255**
Scotland **229**
scowl **18**
scrambled egg **80**
screen **117, 156**
screening room **156**
screw **62**
screwdriver **62**
scrotum **33**
scuba diving **175**
sea **239**
seafood **81**
seagull **253**
seal **252**
sealion **252**
seaside resort **173**
season **151, 279**
seat **156**
seatbelt **131**
second **272, 282**
second class **179**
secondary school **98**
secretary **94, 183**
secular **214**
see **20**
seeds **258**
selfie **154**
sell **143**
semester **104**
seminar **195**
send **139**
senior **106**
sense of smell **21**
sentence **189, 226**
sentence to **189**
September **278**
series **150**
serious **206**
sermon **218**
servant **94**
serve **146**
service **147**
set **171**
set (down) **313**
settle **137**
seven **268**
seventeen **268**
seventh **272**
seventy **269**
several **266**
sew **153**
sewing machine **153**
sewing needle **153**
sex **15**
sexual organs **32**
shade **261**
shallow **315**
shampoo **60**
shape **262**
shark **81, 253**
sharp **318**
sharpen **142**
shave **27, 61**
shaving cream **61**
she **287**
sheep **196**
sheet of paper **142**
shekel **191**
shelf **48**
shellfish **82**
shepherd **196**
shin **30**
ship **122**
shipping **122**
shirt **36**
shisha **159**
shoe **40**
shoe polish **40**
shoe size **40**
shoelaces **40**
shoes **40**
shop **145, 194**
shop assistant **94, 146**
shop keeper **146**
shopkeeper **94**
shopping **143**
shopping bag **146**
shopping center **145**
short **34, 262, 315**
short hair **25**
short-sleeved **36**
shorts **37**
shot **114**
shoulder **30**
shoulder-length **25**
shovel **62**
show **313**
show (a movie) **156**
shower **59**
shrimp **82**
shrub **257**
shutters **48**
shy **206**
siblings **7**
sick **109**
sickness **109**
side view mirror **128**
sideburns **26**
sidewalk **125**
sign **138**
signature **138**
silent mode **120**
silk **43**
silver **45**
similar **319**
sin **215**
since **285**
since when **290**
sing **160**
singer **160**
singing **160**
single **13**
single bed **56**
single room **181**
singular **225**
sink **54, 60, 313**
sip **64, 82**
sister **7**
sitcom **150**
sitting room **51**
six **268**
sixteen **268**
sixth **272**
sixty **269**
size **41, 263**
skeleton **32**
sketch **154**
ski **166**
skiing **166**
skin **27**
skinny **34**

skirt **38**
skull **18**
skull cap **38**
skunk **252**
sky **241, 245**
skyscraper **135**
sleep **56**
sleep with **15**
sleepwalk **57**
sleepy **57**
sleeve **36**
slender **34**
slice **54**
slice of bread **79**
slippers **40**
Slovakia **230**
slow **317**
slow down **129**
slowly **292**
slurp soup **82**
small **41, 262**
small bird **253**
smell **21**
smile **22, 203**
smoke **158**
smoker **158**
smoking **158**
smooth **318**
smuggle **176**
snack **68**
snail **255**
snake **253**
snake eyes **164**
sneeze **21**
snore **57**
snorkel **175**
snot **21**
snow **247**
so **298**
so that **299**
soap **61**
soccer **164**
soccer field **165**
soccer game **165**
soccer match **150**
sociable **206**
social **186**
social studies **108**
society **186**
socket **50**
socks **41**
soda **68**
sofa **51**
soft **315**
soil **238**
soldier **94, 199**
sole **30**
Somali **235**
Somalia **235**
some **265, 266**
someday **282**
somehow **294**
someone **288**
something **288**
sometime **293**
sometimes **293**
somewhere **292**
son **7**
song **152, 160**
soon **282**
sophomore **106**
sore throat **112**
soul **214**
soup **82**
sour **67**
south **242**
South Africa **229**
South America **238**
South Korea **231**
South Pole **243**
southeast **242**
southern **242**
southwest **242**
soy sauce **79**
space **241**
Spain **229**
Spanish **221**
spare tire **128**
sparrow **253**
speak **223**
speakers **152**
speaking **223**
spearmint **78**
specialist **109**
spectator **157**
speech **223**
speed **130**
speed limit **127**
speed up **129**
speedometer **130**
spell **222**
spelling **222**
spices **77**
spicy **67**
spider **255**
spider web **255**
spinach **75**
spine **32**
spit **23**
spittle **23**
splint **113**
sponge **60**
spoon **52**
sport **164**
sporting event **150**
sports program **150**
sprained ankle **113**
spring **279**
square **133, 262**
square meter **263**
squid **82**
squirrel **252**
stable **197**
staircase **135**
stairs **135**
stale **66**
stalk **258**
stamp **139**
staple **142**
stapler **142**
star **157, 241**
start **307**
start (a car) **131**
start work **88**
state **185**
stationary bicycle **170**
stationery **141**
stationery shop **140**
stationery store **141**
stay **313**
stay up **58**
steak **80**
steal **187**
steel **136**
steer **128**
steering wheel **128**
stem **258**
stepdaughter **8**
stepfather **8**
stepmother **8**
stepson **8**
stereo **152**
stickshift **129**
still **295**
stitch **113**
stitches **113**
stomach **31**
stomachache **111**
stop **125, 153**
store **145, 194**
stork **253**
storm **247**
story **46, 136, 140**
stout **34**
stove **53**
straight **124**
straight hair **25**
strange **207**
strawberry **76**
stream **239**
street **133**
street musician **161**
strong **315**
structure **135**
stubble **27**
stuck in traffic **125**
student **97**
student loan **104**
studies **99**
study **99, 102**
stupid **202**
stupidity **202**
subject **107, 226**

subtract **271**
subway **123**
succeed **313**
suckle **1**
Sudan **235**
Sudanese **235**
Suez Canal **236**
suffix **225**
sugar **78**
suggest **313**
suit **37**
suit jacket **37**
suitcase **175**
summer **279**
summer vacation **101**
summit **185**
sun **241, 246**
sun umbrella **174**
sunbathe **174**
sunblock **174**
sunburn **174**
Sunday **277**
sunflower **258**
sunglasses **43**
sunlight **241**
Sunnah **218**
sunrise **241**
sunscreen **28**
sunset **241**
sunset prayer **217**
supermarket **134, 145**
superstition **215**
superstitious **215**
sura **218**
sure **210**
surface area **263**
surgeon **115**
surgery **115**
surprise **204**
surprised **204**
surprising **204**
surrounding **304**
swallow **24, 64, 253**
swamp **239**
swan **253**
sweat **28, 29**
sweater **38**
sweatshirt **39**
sweaty **29**
Sweden **229**
Swedish **229**
sweep **49**
sweet **67, 70, 207**
sweet pepper **74**
sweet potato **75**
sweets **72**
swim **174**
swimming **174**
swimming pool **174**
swimsuit **39**
Switzerland **230**
sycamore tree **257**
syllable **227**
Syria **235**
Syrian **235**
Syrian Desert **237**
t-shirt **36**
table **47**
table manners **84**
tahini salad **75**
tail **256**
Taiwan **231**
take **127, 311, 313**
take (transportation) **122**
take a break **88**
take a deep breath **24**
take a nap **57**
take a photo of **154**
take a shower/bath **59**
take a test **101**
take a vacation **173**
take notes **100**
take off **41, 178**
take out the garbage **55**
take the bus **180**
take the train **179**
talk in one's sleep **57**
talk on the phone **121**
talk show **151**
tall **33, 262, 315**
talon **255**
tan **174**
tangerine **76**
tank **200**
tanned **174**
tape **142**
task **86**
taste **22, 65, 66**
tasty **66**
tattoo **28**
tax **192**
taxi **123**
taxi driver **94, 123**
taxi meter **123**
tea **70**
teach **103, 104**
teacher **94, 103**
team **166**
tear **20, 314**
teats **256**
technician **95**
technology **117**
teddy **39**
teddy bear **163**
teknonym **17**
telephone **120**
television **51, 149**
tell **313**
temperature **244**
ten **268**
tenant **46**
tennis **166**
tennis court **166**
tennis net **166**
tennis racket **166**
tense **225**
tent **175**
tenth **272**
test **101**
testicle **32**
testicles **33**
text message **120**
textbook **100**
Thailand **231**
thank **314**
thankful **205**
Thanksgiving **280**
that **287, 298**
theater **101, 157**
theft **187**
there **292**
these **287**
thesis **107**
they **287**
thief **187**
thigh **30**
thimble **153**
thin **34**
think **210**
think about **201**
third **272, 273**
third class **179**
thirst **65**
thirsty **65**
thirteen **268**
thirty **269**
this afternoon **276**
this evening **276**
this month **279**
this morning **276**
this week **277**
this year **281**
those **287**
thousand **269**
thread **153**
three **267**
three fifths **273**
thriller **157**
throat **24**
through **304**
throw **166**
throw away **55**
throw up **112**
thumb **29**
thunder **248**

Thursday **277**
thyme **78**
thyroid gland **32**
ticket **177**
tidy up **49**
tie **37, 40, 314**
tiger **252**
tight **41, 318**
tights **36**
tiles **48**
time **275**
times **272**
tip **147**
tipsy **71**
tire **128**
tire pressure **128**
tired **204**
tiring **180, 205**
title **16**
to **302**
toast **79**
toaster **54**
tobacco **159**
today **276**
toddler **1**
toe **30**
toilet **60**
toilet paper **60**
toilet seat **60**
tomato **75**
tomato puree **78**
tomato sauce **79**
tomato soup **83**
tomorrow **276**
tomorrow evening **276**
tomorrow morning **276**
ton **264**
tongue **22**
tonight **276**
tonsils **24**
too **292**
too (much/many) **295**
tool **62**
tooth **23**
tooth pulled **116**
toothache **116**
toothbrush **61**
toothpaste **61**
top floor **136**
topaz **44**
tornado **248**
tortoise **253**
touch **314**
toupee **26**
tour **173**
tour guide **173**
tourism **173**
tourist **173**
tourist police **173**
tourist visa **176**
toward **305**
towel **60**
towel off **60**
towel rack **60**
tower **135**
town **133**
toy **163**
track **152, 179**
tractor **197**
trade **91, 194**
traffic **125**
traffic jam **125**
traffic light **126**
train **179, 250**
train car **180**
train station **179**
training session **168**
transit **179**
transportation **122**
travel **173**
travel abroad **176**
travel agent **96**
traveling **173**
tray **54**
treadmill **170**
treat **114**
treatment **114**
trees **257**
trek **175**
triangle **262**
trim **27**
trip **173**
Tripoli **234**
tropical **249**
tropics **240**
truck **122**
trumpet **161**
trunk **127, 257**
try **314**
try out **314**
Tuesday **277**
tuition **104**
tulip **258**
tuna **81**
tune **162**
Tunis **236**
Tunisia **235**
Tunisian **235**
tunnel **238**
turban **38**
turkey **197, 230**
Turkish **221, 230**
Turkish coffee **69**
turn **163**
turn (years old) **4**
turn down **151**
turn on/off **117, 151**
turn on/offoff **50, 131**
turn signal **128**
turn up **151**
turnip **75**
turquoise **261**
turtle **253**
TV program **149**
TV show **149**
twelve **268**
twenty **268**
twilight **242**
twin **7**
twin bed **56**
twin room **181**
Twitter **119**
two **267**
two-story **46**
typewriter **141**
typhoon **248**
udder **256**
ugly **35**
Ukraine **230**
unbutton **39**
uncle **9**
unclear **316**
uncomfortable **180**
under **302**
undergo **115**
undergraduate **106**
undershirt **36**
understand **201**
underwear **36**
unemployed **90**
unemployment **90**
unhealthy **67**
uniform **37**
United States **231**
universe **241**
university **98, 104**
university campus **105**
unmarried **13**
unpack **175**
unplug **50**
untie **40**
until **286, 300**
unzip **40**
upload **118**
upper class **193**
upper lip **23**
upset **204**
upstairs **297**
urinate **33**
urine **33**
use **314**
useful **317**
useless **317**
username **119**
usually **294**
vacation **173**
vacuum **49**
vacuum cleaner **49**
vagina **33**

Valentine's Day **280**
valid **176**
valley **238**
vandalism **188**
vandalize **188**
vanilla **78**
vase **52**
VAT **192**
vegetable **73**
vegetable oil **83**
vegetable soup **83**
vein **32**
Venezuela **231**
verb **226**
verse **218**
very **294**
veterinarian **96**
vibration **120**
vice president **183**
Vietnam **231**
village **133**
vine **258**
vinegar **79**
vinyl record **152**
violet **258, 261**
violin **161**
visa **175**
vision **20**
visit **153**
vocabulary **224**
volcano **240**
volleyball **166**
volleyball net **166**
volume **151, 263**
vomit **112**
vote **184**
voter **184**
vowel **226**
vulture **252**
wafer **72**
wage **89**
waist **31**
wait **314**
waiter **96, 147**
waiting room **179**
waitress **96, 147**
wake (up) **58**
Wales **229**
walk **314**
wall **48**
wall clock **48**
wallet **37**
walnut **77**
want **212**
war **199**
wardrobe **58**
warm **317**
warmth **245**
wash **18, 61**
washing machine **42**
wasp **255**
watch **37**
watch TV **51, 149**
water **68, 239, 258**
water heater **60**
water-pipe **159**
waterfall **239**
wave **174**
wavy hair **25**
we **287**
weak **315**
wealth **192**
wear **41**
wear glasses **20**
weather **244**
weather forecast **248**
weather report **151**
web page **118**
web site **118**
wed **13**
wedding **14**
wedding anniversary **14**
wedding ring **44**
Wednesday **277**
weed **259**
week **276**
weekday **277**
weekend **277**
weigh **264**
weigh oneself **172**
weight **34, 263**
weight machine **170**
welcome **314**
well **295**
well-behaved **2**
west **242**
western **242**
wet **318**
whale **252**
what **289, 301**
what time **284, 289**
wheat **198**
wheelchair **109**
when **284, 289, 301**
where **289, 301**
whether **298**
which **289**
while **300**
white **260**
white of **19**
white wine **70**
whiteboard **100**
who **289, 301**
whole **273**
why **290, 301**
wide **318**
widow **14**
widowed **14**
widower **14**
width **262**
wife **8**
wifi **118**
wig **26**
willow tree **257**
win **166**
wind **247**
window **48, 127, 139**
window seat **178**
windshield **127**
wine **70**
wing **256**
wink **19**
winter **279**
winter vacation **101**
wish **212, 213**
with **305**
withdraw **138**
without **305**
wolf **252**
woman **2**
wood **136**
wool **43**
word **224**
word order **226**
work **86**
work out **167, 270**
work overtime **88**
work permit **176**
workday **277**
working class **193**
working hours **88**
workout **167**
workout clothes **169**
worldwide **228**
worms **255**
wound **113**
wrap **146**
wrench **63**
wrinkled **42**
wrinkles **28**
wrist **29, 30**
write **222**
write a check **138**
writer **96, 140**
writing **222**
written exam **102**
wrong **99, 317**
wrong number **121**
x-ray **113**
yard **62**
yawn **23**
year **4, 280**
yeast **79**
yellow **260**
yellow light **126**
Yemen **236**
Yemeni **236**
yesterday **275**
yesterday morning **275**
yield to **125**

yogurt **71**
yolk **80**
you **287**
young **2**
youth **2, 3**
zero **267**
zip up **40**
zip-up sweater **39**
zipper **39**
zucchini **75**

www.ingramcontent.com/pod-product-compliance
Lightning Source LLC
Chambersburg PA
CBHW070126080526
44586CB00015B/1576
9781949650686